Michael Preute
Wenn Du alt wirst in Deutschland...

Michael Preute

Wenn Du alt wirst in Deutschland...

Der Ratgeber
für Wohnen und Leben im Alter

Piper
München Zürich

ISBN 3-492-03677-5
© R. Piper GmbH & Co. KG, München 1994
Umschlag: Federico Luci
Foto: Christel Plöthner
Gesamtherstellung: Clausen &Bosse, Leck
Printed in Germany

Für Anni Kopittke,
für Günter Broegger
und seine Uli

Inhalt

1. Lebensbilder

Zu dem Zeitpunkt, an dem ich dieses Buch zu schreiben beginne, steht mein 57. Geburtstag bevor. Ältere und alte Menschen, Frauen wie Männer, haben mich immer fasziniert und immer stark beeinflußt: Von ihnen lernte ich Ruhe und Gelassenheit, aber auch das Lachen über mich selbst, ein wenig Demut und vor allem Möglichkeiten, mit meinen eigenen kleinen und großen Krisen umzugehen, Geduld zu haben mit mir selbst, auch im Zweifelsfall stur und energisch für etwas zu kämpfen.

Dies ist ein Buch für alte Menschen, für ihre Kinder und Freunde, es ist kein Buch über *das Alter*, seine Probleme und die Theorien der Wissenschaftler dazu. Es ist ein Buch über die Realität der Lebenden und der Sterbenden, und es soll Wege aufzeigen, wie man kleine und große Krisen meistern kann, wie man zum Beispiel die Angst vor Altenheimen und Altenpflegeheimen in den Griff bekommt, indem man sich sorgfältig umschaut und begreift: Altenheime sind in vielen Fällen vermeidbar.

Die Leserin und der Leser müssen das Buch nicht auf Seite 1 beginnen und sich durchfressen bis zum Ende: Schlagen Sie es irgendwo auf, und lesen Sie die Lebensgeschichten von Menschen, von ganz normalen Frauen und Männern, lesen Sie ihre Berichte, und lesen Sie all die Anregungen, die ich sammelte und die von Wichtigkeit sind, wenn Sie das letzte Drittel Ihres Lebens bedenken und planen. Bedenken Sie eines: Die Altenpolitik in diesem Land ist eine Politik der Wortblasen und Beschönigungen. Auf meine Frage, ob denn die Altenpolitik erfolgreich oder aber gescheitert sei, antworteten die meisten hochspezialisierten Fachleute: »Es gibt gar keine Altenpolitik!« Mit allen meinen journalistischen Kolleginnen und Kollegen, die sich diesem brisanten Thema widmen, kann ich feststellen, daß Deutschland, eines der reichsten Länder der Welt, in der Sorge um das alltägliche Leben der alten Menschen ein Entwicklungsland ist. Schlimmer noch: Man sollte meinen, ein jeder habe das Recht auf einen würdigen Tod. In diesem Land ist das oft nicht so.

Trotzdem will ich Mut machen, denn in diesem Buch werden Menschen zu Wort kommen, die sich seit Jahren nicht mehr auf die Versprechungen der Politiker verlassen und die trotzdem und gerade weil der Zustand so elend ist, Lebensmöglichkeiten fanden und voller Aktivität alt werden. Noch etwas will ich zu Beginn sagen: In dieser harten Leistungsgesellschaft, die selbst Kindern und alten Menschen das Träumen verbietet, spielt bei der sorgfältigen Planung des Alters das Geld keine entscheidende Rolle mehr: Es ist möglich geworden, auch mit einer niedrigen Rente in Gemeinschaften zu leben, in denen Arbeit und Lachen, Traurigkeit und Tod in eigener Verantwortung stehen.

Lassen Sie also den Kopf nicht hängen, planen Sie rechtzeitig – möglicherweise wird das Alter die Zeit, in der Sie am intensivsten leben.

Springen wir mitten in das pralle Leben, denn erst wenn wir verstehen, was Altsein heißt, können wir etwas dagegen unternehmen, daß man uns abschiebt. Sprechen wir von Käthe.

Das Dorf, in dem ich lebe und arbeite, ist Berndorf in der Vulkaneifel. Eine berauschend schöne Landschaft, uraltes Bauernland. Berndorf hat 500 Einwohner, eine Einwohnerin war Käthe. Sie hat als Tochter eines Bauern ihr Leben lang hart gearbeitet, sie hätte am Ende ihres Arbeitslebens die übliche Bauernrente von etwa 430,– DM pro Monat bekommen, wenn ihr nicht ein außergewöhnliches Glück begegnet wäre. Sie heiratete nämlich mit 60 Jahren.

Sie war unter fünf Kindern aufgewachsen, drei Brüder fielen im Zweiten Weltkrieg, die Schwester zog fort. Käthe lebte in einem alten urigen Gehöft aus Bruchsteinen mit einem alten Mahlstein als Türschwelle, sie lebte zurückgezogen, ihre Gesprächspartner waren ihre Nachbarn, für den Fremden war sie meist nicht sichtbar. Es gibt Zeugen dafür, daß sie eine pa-

10

nische Angst vor Altenheimen und Altenpflegeheimen entwikkelte.

Da lebte ein paar Häuser entfernt der 80jährige Johann, der seine Frau verloren hatte und der Meinung war, der Mensch sei zum Alleinsein nicht geschaffen. Ganz klar: Er dachte auch daran, daß er immer älter und hinfälliger werden würde, also sah er sich aufmerksam nach einer Frau um, die ihm möglicherweise dieses Altsein erleichtern könnte. Er sah Käthe. Er heiratete sie, als er 80 und sie 60 war, und das Dorf schmunzelte. Die beiden späten Hochzeiter nahmen das nicht übel: Wie soll denn ein 30jähriger auch begreifen, was doppelt so alte Hochzeiter empfinden? Der Ortsbürgermeister formuliert es so: »Es war vollkommen richtig, daß die beiden heirateten. Sie hatten noch zehn wunderschöne Jahre miteinander.«

Ihr ganzes Leben lang hatte Käthe in Berndorf gelebt, hatte geschuftet, hatte ihr Geld auf Putzstellen, durch Flicken und Nähen verdient. Es war ein bescheidenes Leben, das jetzt zum ersten Mal durch einen Partner einen ganz anderen Stellenwert bekam. Johann sorgte rührend für sie, stattete sie mit Haushaltsgeld aus, gab ihr die Freiheit alltäglicher Entscheidungen und machte sie auf eine sehr einfache Weise reich: Sie hatte nie gehofft, einen Mann zu haben und für ihn da zu sein. Und selbstverständlich wollte sie ihrem Johann das Alter erleichtern und ihn pflegen, wenn der Fall einträte. Es kam alles ganz anders. Johann wurde in großer, nicht zu besiegender Rüstigkeit 90 und starb dann schnell und ohne Qual. Vorher aber schon wurde Käthe krank, ihre Nerven machten nicht mehr mit.

Als sie Johann beerdigt hatte, stellte sich heraus, daß er großzügig für sie gesorgt hatte, denn jetzt bekam sie noch eine zusätzliche Rente und hatte damit immerhin 1000,– Mark im Monat zur Verfügung. Johanns Haus wurde verkauft, sie bekam ihren Anteil und zog in das Haus zurück, in dem sie geboren worden war. Aber sie krebste weiter vor sich hin. Nach wie vor äußerte sie, sie wolle niemals in ein Heim.

Käthe wurde verwirrt. Sie kochte für zwei Leute, obwohl ihr

Johann längst auf dem Friedhof lag. Sie streichelte über das Kissen im Doppelbett und meinte, es sei ihr Mann. Dann war sie wieder klar, das Leben nahm seinen Lauf bis zur nächsten Phase der Verwirrung.

Wie üblich in kleinen deutschen Dörfern übernahm der Bürgermeister die Pflegschaft, und er und seine Frau sorgten für Käthe, so gut es ging. Schließlich sagte der betreuende Arzt: »Da muß ein Platz im Pflegeheim her!«, und der Bürgermeister machte sich auf, einen zu finden. Bei katholischen Nonnen bekam Käthe ein Bett, wurde in die Pflegestufe III eingestuft und kostet heute jeden Monat 5558,– Mark.

An diesem Punkt werden vornehmlich jüngere Leser erschreckt fragen: Stimmt das? Weit über 5000,– Mark? Das stimmt, und das ist in diesem Land keine Ausnahme, sondern der Normalfall. Der Kommentar dazu wird lauten: Für diese Summe bekomme ich ein Hotelzimmer mit allen Schikanen! Auch das stimmt. Die nächste Frage wird sein: Wie, um Gottes willen, ist so etwas zu finanzieren?

Käthes Finanzierung ist die übliche und fällt an keinem Punkt aus dem Rahmen. Von ihrem Mann Johann bekam sie außer der Rente einen Geldeswert von etwa 92000,– Mark überschrieben und vererbt. Als sie ihren elterlichen Hof verlassen mußte und eintauschte gegen das Pflegebett, mußte der Bürgermeister eine Zwangsversteigerung des Hauses ansetzen. Bei einem zusammengebrochenen Immobilienmarkt in der Eifel erbrachte das Haus 85000,– Mark. Von diesen insgesamt 177000,– Mark wird die monatliche Pflege zunächst bezahlt, wobei die 1000,– DM Rente einbehalten und gleichermaßen verwendet werden. 177000,– Mark reichen gerade einmal für knapp drei Jahre, dann ist Käthe arm, und ihre Pflege wird vom Sozialamt übernommen, das heißt, von der Allgemeinheit bezahlt.

Der Bürgermeister hat mit Käthe erhebliche Sorgen, denn er würde ihr wie jedem Bürger im Dorf das Altersheim gern ersparen. Er weiß nur nicht, wie er das bewerkstelligen soll, weil die Struktur der Angebote für alte Menschen dünn ist – das Altenpflegeheim ist in vielen, vor allem ländlichen Gebieten

nicht zu umgehen. Es sind häufig Wohnheime und Pflegeheime, in die die Bürgermeister selbst unter keinen Umständen
einziehen würden und in die sie im Grunde genommen auch
keinen ihrer Mitmenschen einweisen würden – wenn es denn
eine andere Möglichkeit gäbe. Wir werden später darauf zu-
rückkommen, denn hier liegt eine Riesenchance. Hier liegt
aber auch ein großes Risiko, denn der Markt für Altenunter-
künfte wird jetzt neu geordnet, es mehren sich die Fälle, in
denen die Alten zum großen Reibach genutzt werden: Ihre Unterbringung ist ein Riesengeschäft, ein Milliardenmarkt.

Zurück zu Käthe. Es ist nicht genau festzustellen, ob ihr klar
war, daß sie in ein Altenpflegeheim einziehen mußte. Es ist
auch unwahrscheinlich, daß sie jemals wieder so auf die Beine
kommt, daß irgendeine Art Leben in eigener Verantwortung
möglich wird. Ob sie so ein angenehmes Alter hat, muß be-
zweifelt werden, denn selbstverständlich funktionieren diese
Pflegeheime nur dann, wenn keiner der Patienten den Trott
stört, wenn niemand eine Extrawurst verlangt, jeder nur eisern
gehorcht.

Der Bürgermeister besucht Käthe regelmäßig und berichtet,
was er an ihrem Fall nicht begreift. Käthes erste Phase im
Altenheim war von vollkommener Orientierungslosigkeit bestimmt. Sie strich wie ein Schatten, nur zu sich selbst mur-
melnd, durch die Gänge, und wenn sie eigentlich auf die Toilette hätte gehen müssen, dann erledigte sie das Geschäft, wo
sie gerade stand. Selbstverständlich ist das nicht tragbar. Also
wurde sie in ein Bett verfrachtet und bekam einen Katheter.
Daher auch die Einweisung in die Pflegestufe III, daher auch
die immens hohen Kosten von 5558,– Mark im Monat. Nach
einiger Zeit ging es ihr sehr viel besser. Sie war ansprechbar
und nicht mehr verwirrt. Im Sinne von Käthes Brieftasche
machte der Bürgermeister das Pflegepersonal darauf aufmerksam, daß sie nun eigentlich entschieden billiger zu pflegen sei.
Zunächst wurde ihm zugesichert, das in Betracht zu ziehen,
aber nach vierzehn Tagen erreichte den Bürgermeister die
Nachricht: Pflegestufe III muß bleiben, denn jetzt geht es ihr
wieder viel schlechter, sie ist erneut verwirrt!

Das ist Alltag in deutschen Pflegeheimen: Altenpflegeheime stellen Schwerstpflegefälle oft buchstäblich her, um dadurch in den Genuß des höchsten Tagessatzes zu kommen – mit anderen Worten: um möglichst viel Geld aus dem Fall zu schlagen.

Nach einem Leben voll harter Arbeit stehen Käthe jetzt 180,– DM Taschengeld im Monat zu, die auf eine sehr merkwürdige und nicht nachprüfbare Art verwendet werden. Der Ortsbürgermeister ist als Pfleger verpflichtet, diese Summe monatlich abzurechnen, und er stellt fest: »Käthe sieht von den 180,– Mark pro Monat keinen Pfennig. Denn auf der Monatsrechnung steht zum Beispiel viermal Fußpflege, zweimal Friseur, sechzehn oder siebzehn Flaschen Limonade. Ist das bezahlt, bleibt ihr nichts mehr. Und kontrollieren kann ich diese Ausgaben nicht. Es kommt hinzu, daß sie von diesem Taschengeld Strümpfe, Kleider, Schuhe, Hausschuhe, Pullover, kurzum, eigentlich alles finanzieren soll. Um es einfach auszudrücken: Ich weiß nicht, ob sie mit ihrem Geld einen Grabstein wird bezahlen können, oder ihre eigene Totenmesse.«

Zu allem Überfluß ist eine behördlich vorgesetzte Stelle jetzt auf die Idee gekommen nachzuprüfen, ob der Vorgang der Zwangsversteigerung des Hauses zum Preis von 85000,– Mark ordnungsgemäß verlief und ob die Summe nicht hätte höher ausfallen müssen. Die Prüfung dieses Vorgangs wird teuer sein. Sie dürfte 1500,– Mark kosten. Dieses Geld muß Käthe zahlen. Nehmen wir an, Käthes körperlicher Zustand ist einigermaßen stabil und gut, nehmen wir weiter an, es gelingt, ihre Verwirrungszustände auf ein Minimum herunterzuführen. Dann bleibt die Frage: Wer kümmert sich um ihre Seele, wer streichelt ihr Gesicht, wenn sie traurig ist, und wer hält ihre Hand, wenn sie stirbt? Wir kennen die Antwort nicht, wir wissen nur, daß in Deutschland rund 620000 Menschen in etwa 8000 Altenheimen unter oft fragwürdigen Umständen leben, daß sich um ihre Seele und ihre Tränen in den wenigsten Fällen jemand kümmert.

Ich habe vierzig Fachleute gefragt, in welches Altenheim sie selbst einziehen würden und in welchem Altenpflegeheim sie selbst gepflegt werden möchten. Die Antworten verraten einen elenden Zustand: »Ich möchte in kein Altenheim, das ich kenne, und ich kenne auch kein Pflegeheim, in dem ich gepflegt werden möchte.«

Der Sozialpsychiater Paul-Otto Schmidt-Michel, über dessen hervorragende Arbeit beim Aufbau einer Familienpflege ich an anderer Stelle berichte, antwortete: »Wenn ich sehenden Auges und bei klarem Verstand in ein Altenheim einziehen müßte, würde ich wahrscheinlich an Selbstmord denken.« Derselbe Schmidt-Michel antwortet auf die Frage, auf wieviel Altenwohnheime und Pflegeheime wir denn verzichten können: »Mein Weg ist nur einer von vielen Wegen. Und wir werden viele Wege finden müssen. Ich denke, die Hälfte aller Heime sind überflüssig!« Das bedeutet klar: Wir haben 4000 Alten- und Pflegeheime zuviel. Aber wie können sie ersetzt werden? Wie wollen wir die Flut der alten Menschen bewältigen, die auf uns zukommt? Seien Sie sicher: Es gibt gute Antworten.

Doch zunächst einige Zahlen, die das Ausmaß der Altenkrise deutlich machen: Die UNO hat festgestellt, daß die Zahl der Menschen über 60 Jahre so schwindelerregend ansteigt, daß sie im Jahre 2025, also in etwa 30 Jahren, *weltweit* bei 1,2 Milliarden liegen wird. 1950 zählte man 13 Millionen über 80jährige, im Jahre 2025 werden es 137 Millionen sein.

Bleiben wir in *Deutschland*, da sind die Zahlen noch erschreckender: Dr. Hans Mohl, Chef der ZDF-Gesundheitspraxis-Redaktion, führt an, daß Deutschland 1939 bei einer Einwohnerzahl von 79 Millionen nur 16 über 100jährige zählte. 1965 lag diese Zahl bei 224. Im Jahre 1985 zählten wir bei 60 Millionen Einwohnern 1822 über 100jährige. 1988 lag diese Zahl schon bei 2515, 1989 bei 2727, 1990 bei 3014. Im Jahre 2030 werden wir 3 Millionen über 80jährige haben. Bei 80 Millionen Einwohnern werden in jenem Jahr 584000 Menschen ihren 90. Geburtstag feiern können. 12,5 Millionen Menschen werden über 65 sein. Der dann amtierende Bundespräsident wird 13000 über 100jährigen die herzlichsten Glückwünsche schicken.

Heutzutage sterben 20 Prozent aller Männer im Altenheim,

und 40 Prozent Männer über 80 Jahre leben dort. Ein Viertel aller Frauen stirbt heutzutage in einem Altenheim. Nicht ohne Hintersinn trug das Magazin »Focus« vom 16. August 1993 auf seinem Titelblatt das Bild eines reizenden Babys mit der Zeile »Pleite geboren«. Dieses Baby nämlich wird spätestens im Jahre 2030, wahrscheinlich aber viel eher, mutterseelenallein einen Rentner ernähren. Das bedeutet, daß dieses Menschlein auf 70 Prozent seines Bruttoeinkommens wird verzichten müssen, mit anderen Worten: Es ist wirklich pleite. Dieses Volk wird immer schneller immer älter. Die Fortschritte der Medizin sind so groß, daß im Jahre 2030 auf jeden Vollbeschäftigten ein Rentner kommen wird. Schon im Jahre 2010 ist jeder vierte Deutsche über 60 Jahre alt, 20 Jahre später jeder Dritte!

Kein Mensch, auch nicht Mitglieder der Regierung, kann eine einigermaßen vernünftige Erklärung geben, wie diese Gemeinschaft das alles finanzieren soll. Trotzdem behaupten sie fest, daß die Renten in jedem Fall gesichert seien und auch in Zukunft gezahlt werden können. Fachleute dagegen sind sich sicher, daß wahrscheinlich um die Jahrtausendwende unser gesamtes Rentensystem zusammenbrechen wird. Der SPD-Sozialexperte Dreßler mag sich nicht auf einen Termin festlegen, sagt nur lapidar: »Irgendwann kommt der Crash!«

Selbstverständlich haben die Deutschen längst gemerkt, daß wir die explodierende Zahl der alten Menschen nicht mehr finanzieren können, daß unsere Systeme versagen werden. In Heft 32 vom 9. August 1993 veröffentlichte »Focus« eine Untersuchung zum Thema »Die Zukunft der Deutschen«. Bei der Frage, welche Themen in der Zukunft sehr wichtig sein werden, rangierte an erster Stelle das Thema »Berufsbildung«. Gleich in zweiter Position steht die Altersversorgung, an dritter Stelle die Gesundheitsvorsorge, an vierter Stelle »Persönliche Sicherheit«. Seit 1990 steigt die Zahl der Menschen beständig und steil an, die Angst vor der Zukunft haben. Es sind zur Zeit etwa 36 Prozent im Westen, 39 Prozent im Osten. Da tauchte vor etwa zwei Jahren ein Zauberwort auf – Pflegeversicherung: Von der Regierung wird die Beruhigungspille verteilt, man könne Pflege und Versorgung im Alter mit Hilfe einer Versicherung zur Selbstverständlichkeit machen. Nun sind wir nach ausgiebigen Diskussionen im Sommer 1994 angekommen und müssen mit den Worten der Fachleute dazu feststellen: Die Pflegeversicherung, wie sie bis jetzt gedacht und geplant wird, deckt nicht einmal die Hälfte der Kosten, die bei der Umsorgung eines alten Menschen entstehen. Das heißt, daß für die meisten Alten, die irgendwann den Gang in ein Altenwohnheim oder Pflegeheim nicht vermeiden können, nach wie vor der erniedrigende Schritt zum Sozialamt nötig sein wird. Selbstverständlich ist die Frage der Bürger berechtigt: Haben die Politiker denn nicht gewußt, daß die Zahl der alten Menschen sprunghaft steigen wird? Haben sie nicht gewußt, daß unser Gesundheitssystem die geradezu wahnwitzigen Kosten nicht auffangen kann? Die Antwort macht wütend: Sie haben es gewußt, aber sich davor gedrückt, zukunftsweisende Marschrouten zu entwickeln. Sie haben sich verhalten wie Kinder, die im Dunkeln gegen ihre Angst anpfeifen.

In seinem bemerkenswerten Buch »Die Altersexplosion« mit dem Untertitel »Droht uns ein Krieg der Generationen?« stellt Dr. Hans Mohl vom ZDF fest, daß seit langem eine Zeitbombe tickt: 100 Millionen Senioren in Europa drängen auf politische Lösungen, wobei eindeutig am hilflosesten die Deutschen wirken. Mohl sagt, daß die Politik eine »amateurhafte Planung« entwickle, »verspätete Entscheidungen« treffe und »illusionäre Versprechungen« mache. Das muß man sich einmal klarmachen: Bereits 1948 hat die UNO in der Frage der Altenpolitik weltweit »neues Denken« gefordert und klar gesagt, daß die »Springflut« der Alten kommen werde. Im Herbst 1992 hat die Bundesregierung schließlich eine Enquête-Kommission zur »Zukunft der älter werdenden Generation« eingesetzt. Übrigens: Haben Sie gewußt, daß das Jahr 1993 das »Europäische Jahr der älteren Menschen und der Solidarität zwischen den Generationen« war? Falls Sie es nicht wußten: Ich nehme es Ihnen nicht übel, denn dieses multinationale Ereignis ist so schlecht vorbereitet und so schnell verordnet worden, daß selbst Altenheimfachleute, mit denen ich sprach, nichts davon wußten.

Ursula Lehr, einst wenig glückhafte Ministerin auch für die Alten und international anerkannte Fachfrau in Alten- und Altersfragen, sagte und schrieb: »Millionen von älteren Menschen brauchen eine Aufgabe und eine als sinnvoll erlebte Betätigung. Sie wollen sich nicht mit Seniorennachmittagen verbasteln lassen und nur gelegentlich mit Kaffee und Kuchen abspeisen lassen.« Frau Lehr hat recht. Und Inge Meysel stimmte ein: »Vergessen Sie eins nie: Sie werden auch mal alt. Und schneller als Sie denken!« Vielleicht sollte man hier ein Wort unseres Bundespräsidenten Richard von Weizsäcker anfügen: »Eine Gesellschaft wird daran gemessen, wie sie mit ihren Alten und Kranken umgeht.« Nimmt man das wörtlich, und ich nehme das wörtlich, sitzen die Deutschen auf der Strafbank. Sie lassen die, die ihnen das Leben gaben, ziemlich elend den Rest des Lebens leben. 1988 habe ich in einem »Spiegel-Report« über die »Endstation Elend« in den westdeutschen Altenheimen formuliert: »Unterschiedslos werden Greise und Greisinnen, leichte wie schwere Pflegefälle, nach strammdeutschen Dienstplänen geweckt, gewaschen, gewendet, gefüttert, auf den Topf gesetzt, ins Bett beordert – Pflege im Akkord, Versorgung im Fließbandverfahren.«

Dies allerdings vorab: Es wäre schlimm und unfair, würde ich behaupten, daß alle Altenheime und Pflegeheime schlecht sind. Es gibt gute, und von einigen werde ich berichten. In einem Punkt aber lasse ich mich auf Kompromisse nicht ein: Wir kümmern uns so gut wie gar nicht um die Gefühle der alten Menschen, um ihr seelisches Wohlergehen. Und auch die Gefühle derer, die diese Alten umsorgen und pflegen, scheinen uns schlicht wurscht zu sein: Wir bezahlen sie herzlich schlecht und lassen sie in ihrer Arbeit ersticken. Es gibt also genug zu tun, aber ich würde nicht raten, auf politische Lösungen zu hoffen. Wir brauchen private Initiativen, und einige davon werden hier vorgestellt. Sie sind in einer trostlosen Welt wie ein kleines Wunder.

Von Käthe wissen wir, daß sie altersumnebelt ihre Tage und Nächte verbringt. Sie wird nicht merken, daß sie 180,– DM Taschengeld bekommt und davon keinen Pfennig sieht. Aber wie ist es mit denen, die hellwach in ein Altersheim marschieren müssen? Ich will hier den Fall des Münsteraner Schuhmachers Erich Werl (Name, wie auch in den anderen Beispielen, geändert) anführen, um aufzuzeigen, wie Pflege heute meist funktioniert. Werl ist ein witziger, listiger alter Herr, der sein Leben in seinem Geburtshaus verbracht und dort auch seine Werkstatt betrieben hatte. Er lebte als Rentner allein in seiner Wohnung und hatte eigentlich nur ein vorübergehendes Handicap: Im Winter konnte er die Kohlen nicht mehr aus dem Keller holen, weil er sich den Knöchel böse verknackst hatte. Er versuchte, einen Zivildienstleistenden beim Sozialamt anzufordern. Statt dessen kam ein Behördenmensch, der nach einigen Gesprächsfetzen lapidar feststellte: »Tja, Opa, dann müssen wir ins Heim!« Das war für Erich Werl zunächst ein Schock, aber er beruhigte sich bei dem Gedanken, das sei nur für ein paar Tage. Also ging er ins nächste Altenheim. Dort allerdings erlitt er unverzüglich eine »ganzheitliche Pflege«, wie man das im Fachjargon nennt. Werl: »Ich wurde ausgezogen und ins Bett gelegt, obwohl ich putzmunter war, in keiner Weise krank. Dann kam der Hammer – eine Pflegerin kam rein und wollte mir eine Windel anlegen.« Seit diesem Erlebnis ist Werl, dem es gelang, in seine Wohnung zurückzukommen, für kein Altenheim und kein Seniorenstift mehr zu haben. Im Gegenteil: Er hat, wie sehr viele alte Menschen, mit denen ich sprechen konnte, eine geradezu panische Angst davor entwickelt. Er sagt, was sie alle sagen: »Wenn ich im Heim lande, komme ich nur mit den Füßen voran wieder raus.«

Woran liegt es eigentlich, daß Altenheime ein so schlechtes Image haben? Die Antwort ist einfach: Leider sind sie in der Mehrheit schlecht, leiden alle unter Personalnot, leider geht in zu vielen von ihnen die Würde des Menschen sang- und klanglos unter. Im Jahre 1985 veröffentlichte ich im »Spiegel« unter dem Titel »Dat Leben lohnt nich mehr« eine Beobachtung über den Alltag alleinstehender alter Menschen in der Großstadt.

Ich durfte sie über Wochen Tag und Nacht begleiten, und sie wurden meine Freunde. Jeder von ihnen fing bei der Vorstellung, morgen in ein Altenheim oder gar in ein Pflegeheim eingewiesen zu werden, an zu zittern. Sie waren eine Gruppe Menschen, die mit zuweilen wahnwitzig anmutenden Tricks den Weg ins Altenheim zu vermeiden versuchten. Sie schafften es merkwürdigerweise alle, bis auf eine Ausnahme. Sie alle starben zu Hause, wo sie ihre größte Freiheit hatten, und bei einigen habe ich den Verdacht, daß sie im Tode lächelten, weil sie so gut getrickst hatten.

1984 bezog ich eine Wohnung in der Kölner Südstadt, in der Wormser Straße. Die Straße ist nicht aufregend, etwa vierhundert Meter lang, gesäumt von meist viergeschossigen langweiligen Häusern. In der Wormser Straße ist selten etwas los, außer vielleicht in Lothars Kaffeebud, wie man hier den Kiosk nennt. Man kauft gegen kleines Geld seine Tasse Kaffee, seine Zeitungen und Zigaretten. Man kann auch Frikadellen haben oder belegte Brötchen. Das Leben fließt langsam und gemächlich, und jemand, der seinen alten Wagen gegen einen neuen eintauscht, erregt Neugier. Arbeiter wohnen hier, ganz normale Menschen mit den ganz normalen Problemen.

Ein Journalist muß zuweilen früh aufstehen, um an Neuigkeiten oder berichtenswerte Ereignisse zu kommen. An einem dieser frühen Morgen entdeckte ich um sechs Uhr, als Lothar die frischen Tageszeitungen einräumte, Vanessa. Und mit ihr entdeckte ich ungefähr zwanzig Menschen über 65 Jahre, die ein merkwürdiges, sehr verdecktes Dasein in dieser Straße führten.

Vanessa war nicht größer als ein Meter fünfzig, zierlich und schmal. Die Kopfhaut schimmerte durch ein braunes, dünnes Tuch. Ihr uralter Bademantel, schwarz und durchsetzt mit verwaschenen grünen Blättern, schien selbst für diese Tageszeit unglaublich, ihre Pantoffeln waren ausgelatscht. Sie sagte zart: »Den Express, bitte!«

Ich dachte: Schließlich kommen hier auch Hausfrauen mit dem Kopf voller Lockenwickler rein, warum also nicht jemand in einem Bademantel und ausgelatschten Pantoffeln? Ich vergaß es wieder.

Drei Monate später geschah Seltsames. Ich rollte einen Satz Winterreifen in den mir zugewiesenen Verschlag im Keller, als diese Vanessa plötzlich vor mir stand und leichthin sagte: »Ach, ich dachte, wir kriegen Besuch. Guten Tag!«

»Was machen Sie im Keller?« fragte ich.

»Ich wohne hier«, sagte sie munter. »Ich und Fräulein Scherz. Seit 53 Jahren.«

Das schien mir geradezu verrückt, denn ich hatte alte Menschen in der Wormser Straße nie bemerkt, die in meinem Keller schon gar nicht. Tatsächlich führten sie alle ein Dasein, dessen Wirklichkeit mir große Angst machte. Anfangs glaubte ich auch, das seien gestrandete Alte, irgendwie gescheitert, bis ich dann merkte, daß es in jeder Stadt und in jedem Ort, sogar in jedem Dorf Häuser gibt, wie das, in dem ich wohnte, und überall Wormser Straßen. Sie fallen einfach nicht auf.

Da hatte sich in einem der Häuser auf der anderen Straßenseite ein 70jähriger am Kleiderschrank aufgehängt. Seine Frau war gestorben, der Arzt stellte bei ihm einen Darmkrebs fest, und er zog die bittere und letzte Konsequenz.

Heute weiß ich, daß dieser Siebzigjährige überhaupt kein besonderer Fall ist, keine große Ausnahme. Ich weiß, daß die Bevölkerungsgruppe mit der höchsten Selbstmordrate in diesem Land die Gruppe der über siebzigjährigen Männer ist. Ich weiß auch, daß sich 1989 in Westdeutschland allein mindestens 3000 Männer über 70 das Leben nahmen, daß diese Zahl heute, in einem größer gewordenen Deutschland, bei viertausend im Jahr liegt.

Damals, 1985 in Köln, kam die Nachricht vom Tode dieses Mannes wie eine Neuigkeit aus einer anderen Welt zu mir. »Und eine gute Rente hatte er«, sagten die Nachbarn. »Über 2000,– Mark im Monat!« Sie sagten es nicht, aber viele dachten es: Da bringt man sich doch nicht um!

Auf einem Balkon im ersten Stock, winzig und ohne Sonne, mit ein paar Topfpflanzen wie ein Aufenthaltsraum hergerichtet, steht die 76jährige Meta und schüttet den Inhalt ihres

Nachttopfes auf die unten parkenden Autos. Offenbar haßt sie ihre Umwelt, weil sie für die gar nicht existiert.

Sie alle hier in der Wormser Straße haben sich ihr Alter anders vorgestellt, sie haben ihren Ruhestand ganz anders geplant. Kein einziger von ihnen hat geahnt, was Einsamkeit im Alter wirklich bedeutet, obwohl jeder von ihnen in jüngeren Jahren alte Leute hat dahingehen sehen, ohne Würde und allein. Mit mir nicht, haben sie alle gesagt, niemals mit mir! Jetzt schimpfen sie und versuchen, Erfahrungen weiterzugeben, aber niemand hört ihnen ernsthaft zu.

Wenn es regnete damals, die grauen Wintertage aufs Gemüt schlugen, flüchteten sie um die Ecke in Helmuts Regenbogen-Blumenladen, der heute – ein paar Jahre später – längst Pleite gemacht hat. Dort konnten sie sich hinsetzen, Blumen sind freundlich.

Von den über zwanzig alten Menschen in der Straße bekamen nur vier eine Rente, die ihnen ein angenehmes Leben ermöglichte. Die anderen plagten sich unermüdlich in Heimlichkeit.

Montagmorgen im Einkaufsladen »Zum Bösen Wolf« in der Wormser Straße. Da hielt ein alter Mann neben mir eine Dose mit Hundefutter in der Hand und fragte nebenbei: »Schmeckt das auch in der Suppe?«

»Da sind Sie aber falsch«, versuchte ich zu erklären. Vielleicht sah er schlecht, vielleicht hatte er etwas verwechselt. Aber er sagte muffig: »Ich bin nicht falsch!« Er kaufte fünf große Dosen, zusammen 6,5 Kilogramm. Wie ich später erfuhr, hatte er weder Hund noch Katze und auch keinen Freund oder eine Freundin mit Tieren.

Der Geschäftsführer des Marktes, Bernd Menzel, wußte, worum es ging: »Der Umsatz an Konserven für Haustiere steigt gewaltig. Nicht einmal mit Babynahrung schaffe ich solche Zuwachsraten.« Im Laden hat er ein Zwei-Meter-Regal mit Fleisch- und Wurstkonserven, die Gestelle mit den Dosen für Tierfutter sind 19 Meter lang. Er sagte damals, er habe in vier Tagen 629 Dosen Tierfutter verkauft, aber nur 290 kleine Dosen eines Sonderangebotes an Hühner- und Kalbsfrikassee.

Demnach mußten in den Wohnungen rund um die Wormser Straße viel mehr Hunde und Katzen leben als Menschen. Das war nicht so.

Ich erinnere mich gut: Ich hielt die Nachricht von der Tiernahrung für einen Bluff, eine Übertreibung. Monatelang lebte ich mit den alten Leuten und sprach mit ihnen – bis mir ein 76jähriger mit einer halbvollen Dose Katzennahrung in der Hand aus seiner Küche entgegenkam. Zuerst druckste er herum, dann sagte er patzig: »Schließlich haben wir im Krieg und in den Jahren danach Dinge gegessen, die nicht so gut schmeckten wie das da.« Vor ihm brutzelte braunes Katzenfutter in der Pfanne. Er ißt es nie kalt, er brät es immer mit viel Pfeffer und Salz.

56 Prozent aller alten Frauen in der Bundesrepublik bezogen damals und beziehen heute eine Mindestrente: eine Summe zwischen 600,– und 800,– Mark. Aber es ist nicht so sehr die materielle Not, es ist die tiefe Einsamkeit, die alte Menschen so bitter macht. Sie leben völlig isoliert, zu Tausenden im Verborgenen, mitten in der Stadt. Viele von ihnen wollen gar nicht, daß man sie sieht. Nur am frühen Morgen wagen sie sich auf die menschenleeren Straßen, denn sie wissen, daß man ihre Einsamkeit und Not erkennt.

Fast alle versuchen sie, ihre Depressionen mit Beruhigungsmitteln, Valium und ähnlichem, zu verscheuchen, die sie in großen Mengen für relativ wenig Geld bekommen. Sie gehen nicht einmal zum Arzt, sie rufen einfach an und sagen der Sprechstundenhilfe: »Ich brauche mal wieder was.«

Andere sind längst verzagt und versuchen ein Versteckspiel, denn Armut und Einsamkeit – das wissen sie – fallen auf.

Da war die schon vorgestellte 71jährige Vanessa, der ich zufällig im Keller begegnete, wo sie mit ihrer Freundin, dem Fräulein Scherz, in einem muffigen, etwa fünfzig Quadratmeter großen Kellerloch hauste. Die Fenster zum Hof lagen halb in der Erde, auf dem feuchten Steinboden kein Teppich. Ich wäre nie darauf gekommen, daß dort jemand wohnte, und mußte begreifen, daß die beiden Frauen so etwas wie das schlechte Gewissen der Wormser Straße waren. Fräulein

Scherz war 75 und eigentlich kein Fräulein. Sie war verheiratet gewesen. Als ich sie im Keller kennenlernte, traute sie sich schon seit fünf Jahren nicht mehr ins Bett, aus Angst, sie könnte nicht wieder hochkommen. Sie war entschieden zu schwer geworden, hockte meist auf dem Sofa und paßte sich irgendwie dem Leben ihrer immer aufgekratzten Freundin Vanessa an. Schlaf fanden die beiden erst morgens zwischen fünf und neun.

In ihrer Kellerwohnung hatten sie keine Toilette, die lag im Erdgeschoß einen Stock höher. Die Miete war entsprechend billig: 100,– Mark im Monat. Vanessas vollkommen freiwilliges Kellerdasein war die Folge eines Provisoriums, das sich verewigt hatte: Ihr Vater war Kapitän eines Vergnügungsdampfers auf dem Rhein gewesen und hatte den Keller angemietet, um den Winter verbringen zu können. Vanessa kam 1931 in dieses Haus. Sie lernte Schneiderin und sparte auf eine Aussteuer, die sie nie brauchte. Der Mann, den sie heiraten wollte, starb im Krieg. Vanessa: »Da waren meine Eltern beruhigt. Sie hatten immer Angst, ich würde aus dem Haus gehen.«

Das Fräulein Scherz, eine gelernte Weißnäherin, wohnte gleich um die Ecke. Sie war ganz kurz mit einem jungen Mann verheiratet gewesen, der in Stalingrad fiel. Die beiden Frauen taten sich zusammen und wohnten in Vanessas Keller – selbstverständlich unter dem ständigen Gerücht der Nachbarschaft, da stimme etwas nicht, sie seien Lesben. Sie machten Schneiderarbeiten auf Bestellung der Nachbarschaft. Das Geschäft lief immer schlecht, Vanessa versuchte es als Putzfrau – aber da war sie schon 60, und die Schmerzen setzten ein.

Als Vanessa nicht einmal mehr putzen konnte, entdeckte eine Nachbarin, daß sie keine Rente bezog. Aus Stolz und aus Schusseligkeit hatte sie nie eine beantragt. Erst dann bezog sie eine Mindestrente, die fehlenden neun rentenlosen Jahre zahlte der Staat nicht nach.

Vanessa und Fräulein Scherz lernten ihr Leben total abzuschirmen. Denn es gab einen entscheidenden Punkt der Angst: Altenheim oder Altenpflegeheim. Sie begriffen, daß dieser Keller sie unsichtbar machte, und sie tauschten ihn nicht gegen eine bessere Wohnung ein, obwohl der sehr entgegenkommende Vermieter ihnen das anbot.

Das hatte Folgen. Als Vanessa in das Krankenhaus mußte, weil Krebsverdacht bestand, entdeckten die Ärzte, daß sie vollkommen unterernährt war. Vanessa log, daß sich die Balken bogen, und erklärte unbeirrt, das Fräulein Scherz sei eine prima Köchin! Das stimmte nicht, Fräulein Scherz konnte überhaupt nicht kochen. Sie schaffte es nicht einmal, vom Sofa zur Kochecke zu laufen, ohne hinzufallen. Und dann wäre sie auch nicht wieder hochgekommen.

Es gelang Vanessa, das Altenpflegeheim zu vermeiden. Als ein sorgender Nachbar den beiden Frauen je ein Zimmer in einem Heim der Arbeiterwohlfahrt besorgte, beschloß Vanessa zu sterben. Und sie starb. Fräulein Scherz, nun in jeder Beziehung hilflos, saß auf einem Nachttopf, kippte um und blieb liegen. Das Rote Kreuz kam, sie wurde erst ins Krankenhaus, dann in das Altenpflegeheim gebracht.

Ich habe mit Erschrecken festgestellt, daß eigentlich niemand diesen alten Menschen in ihrem Alltag beistand. Zwei Kriegsdienstverweigerer machten ab und zu Einkäufe, putzten gelegentlich die Fenster, und einmal traf ich auf eine Sozialarbeiterin, die muffig sagte: »Diese Alten machen mich fertig, die verlangen alles von mir.«

Die fast 90jährige Ulrike etwa wohnte im Nachbarhaus in einer privat finanzierten Altenwohnung, die ihr das Sozialamt bezahlte. Sie hatte nicht einmal die Telefonnummer vom Sozialamt, nur Kontakt zu einem Zivildienstler, der ab und zu vorbeischaute, zu einer Schwester vom Roten Kreuz, die ihr zuweilen einen Freiplatz im Bus besorgte, wenn eine Altengruppe zur Weinprobe an die Mosel gefahren wurde.

Das erste, was Ulrike mir verkündete, war: »Ich bin mein Leben lang von Chaos zu Chaos gestolpert, und meistens konnte ich nichts dafür. Jetzt will ich zu Ende leben und versuchen, niemals in irgendein Heim zu kommen. Mehr will ich nicht.«

Ihre finanziellen Gegebenheiten kommentierte sie mit dem Satz: »Wenn du nicht mehr hast, kannst du nicht mehr ausgeben.« Das sah so aus: Sie erhielt monatlich vom Sozialamt 707,16 Mark, davon gingen aber 403,20 Mark an Miete ab. Für ihr Telefon gab sie durchschnittlich 32,– DM aus, für den Strom 35,– DM. Ihr kleiner Hund, ihr Liebling, bekam Futter für 26,– Mark im Monat. Es blieben ihr 210,– Mark oder 7,– Mark am Tag.

Manchmal kaufte sie sich ein Mittagessen in der Metzgerei Schmitz für 5,45 Mark. »Ich trage das heiß nach Hause«, sagte sie, »und esse es halb. Das spart Strom.«

Warum, um Himmels willen, sie keine Rente bezog, konnte niemand beantworten, sie selbst am allerwenigsten. Das hatte etwas mit dem Lebenslauf einer Frau zu tun, die niemals lernte, auf sich selbst aufzupassen. Das hat aber auch mit einem Staat zu tun, der systematisch wegschaut.

Dort, wo das Leben stattfindet, in der Wormser-, Merowinger Straße, war Ulrike samt Hund ein fester Bestandteil des Alltags. Schmal, zäh und immer gutgelaunt zog sie ihre Runden, bekam einen Kaffee spendiert oder einen ausgelesenen »Express« geschenkt. Sie erzählte witzige Geschichten aus ihrem Leben, und jedermann mochte sie – mit Ausnahme der Tage, an denen es ihr schlechtging, an denen sie Hunger hatte und es nicht zugab. Sie sagte mir: »Weißt du, ich werde sicher hundert. Dann trete ich ab. Altenheim? Ich doch nicht!«

Als Mädchen von der Stiefmutter schikaniert, war sie von zu Hause weggelaufen, kam bei einem Pfarrer unter, lernte dort ihren Mann kennen, sie weiß das Jahr nicht mehr, heiratete ihn und war bald darauf Witwe. Ihren Sohn brachte sie heil über die ersten Jahre, heiratete dessen Klavierlehrer. Der betrog sie, sie ließ sich scheiden. Sie sagte: »Als ich geschieden war, war ich irgendwie uninteressant. Man nahm mich nicht wahr.« Ihr Ex-Ehemann, der Klavierlehrer, lebte irgendwo in Bayern von Sozialhilfe. Niemals hat irgend jemand »vom Amt« mit ihr über eine Rente gesprochen, obwohl sie ihr Leben lang hart gearbeitet hat. Vom Sozialamt hätte sie eine Kleiderbeihilfe bekommen können sowie eine Beihilfe für Anschaffungen im Haushalt. Aber das hat ihr niemand gesagt, auch die Menschen vom Sozialamt nicht, vielleicht weil man sie angewiesen hatte, derartige Hilfen gar nicht erst preiszugeben.

Ulrike jubelte oft: »Am Wochenende kommt mein Sohn!« Er kam nie. Als ihr wie üblich das Geld ausgegangen war, weinte sie: »Er könnte doch mal kommen. Es ist doch nicht wegen dem Zaster!«

Als es ernst wurde, als sie 90 war, schaffte man sie in ein Krankenhaus. Sie sagte verschmitzt und überhaupt nicht ängstlich: »Jetzt sterbe ich, sonst lande ich im Heim.« Sie starb.

Unter den Alten in der Wormser Straße gab es viele, die ihr ganzes Alter damit verbrachten, auf Besuch zu warten, der nie kam. Frau Sauer zum Beispiel, Parterre nebenan, verbrachte ihr Leben am offenen Fenster. Ich habe es genau notiert: 140 Stunden in zehn Tagen starrte sie auf die Straße. Daß sie gestorben war, merkten die Nachbarn, weil sie nicht mehr am Fenster stand.

Ständig hatten diese Alten das Gefühl, sich bei mir für die Wirrnisse ihres Lebens entschuldigen zu müssen, für Kaiserreich, zwei Weltkriege, Arbeitslosigkeit, Geldentwertung, Wirtschaftskrisen und die ganze Hitlerzeit.

Bällchen ist so ein Fall. Er hieß bei den Leuten Bällchen, weil er freundlich und rund war. Er war 72, lebte allein in einer eigentlich viel zu großen Wohnung in der Merowinger Straße. »Oft«, sagte er, »rede ich mit meiner Frau. Ihr Bild hängt da an der Wand. Wenn ich mal eine Freundin mitbringe, um mit der was zu haben, drehe ich das Bild um. Sie muß es ja nicht sehen.«

Sexualität im Alter? Nun, das ist eine Selbstverständlichkeit, und wir werden darüber reden müssen. Vor allem deswegen, weil Kinder sich offenbar nicht vorstellen können, daß ihre Eltern auch sexuelle Wesen sind, und weil ich immer noch Altenheime gefunden habe, in denen alten Männern und Frauen die Hände festgebunden werden, wenn sie im Verdacht stehen, sich selbst zu befriedigen.

Bällchen sagte: »Ich brauche eine Frau, irgend etwas für die Seele.« Er sagte auch: »Ohne Fernsehen hätte ich mich längst umgebracht.« Der Fernseher täuscht Betriebsamkeit vor.

Auch Bällchen hatte den Angstpunkt Altenheim. Er sagte:

»Was soll ich da? Hier kenne ich die Leute. Dort kenne ich sie nicht. Und ich sage dir, ich werde sehr schnell eingehen.« Bällchen erzählte von seinem Enkel, der ihn angeblich jedes Jahr in den Sommerferien besuchte. Tatsächlich ist das nur ein einziges Mal geschehen, und es endete schlimm. Bällchen ging mit dem 10jährigen ins Freibad und zeigte ihm die Narben seiner drei Lungensteckschüsse aus dem Krieg. Er ließ den Jungen die Narben befühlen und sagte: »Krieg ist furchtbar, du mußt immer gegen Krieg sein!« Der Vater des Jungen, Bällchens Sohn, bekam die Geschichte zu hören und witterte buchstäblich sexuellen Mißbrauch. Bällchen konnte darüber nicht sprechen, er fing an zu weinen.

Auch Bällchen schaffte es, nicht in ein Heim zu kommen. Was immer auch geschehen ist – eines Tages saß er tot in seinem Fernsehsessel.

Andere, beileibe nicht wenige, flüchteten in den Alkohol. Den 70jährigen Werner hielten viele in der Wormser Straße für einen ausgereiften Penner. Unrasiert und ungepflegt strich er durch die Straßen, mit sich und seinem Schatten redend, fiel zuweilen hin, schlug sich das Gesicht blutig, stand auf, spürte keinen Schmerz, ging einfach weiter.

Die anderen ahnten nicht, daß er eine Wohnung hatte, reichlich Rente bezog und jeden Monat 400,– bis 500,– Mark auf die Seite legte – aus einem wichtigen Grund: Er wollte niemals auch nur einen Tag in einem Heim verbringen.

Werner sprach fließend französisch, was ihm keiner so recht glaubte – ich kann es aber bezeugen –, war mit außerordentlich schönen Frauen verheiratet gewesen, war zu gutmütig, sich durchzusetzen, und war im Krieg nachweisbar Pilot auf der Focker-Wulf 190 und der ME-109 gewesen.

Irgendwann hatte er es aufgegeben, sein Leben zu organisieren, irgendwann sagten die Ärzte, die ihn mochten: »Na ja, er ist halt nett, aber nicht mehr zu retten.« Er deponierte seine Rentenkarte beim Wirt seiner Stammkneipe, und der Postbote lieferte das Geld pünktlich dort ab. Dann zahlte Werner die Rechnung, nahm den Rest und zog schwankend nach Hause. Zuweilen wurde er wach, sah das Chaos in seiner Wohnung, verkroch sich drei Tage und drei Nächte, um den Entzug durchzustehen. Mit neuem Mut lief er zwei, drei Stunden nüchtern durch die Wormser Straße, um dann erneut gegen sich selbst zu verlieren.

Er legte die 500,– Mark in die Schublade seines Küchentisches. Das war das Geld für den Rettungswagen des Roten Kreuzes, wenn er zusammenbrach. Den bezahlte er stets in bar, denn das versetzte ihn in die Lage, im Krankenhaus zu erklären: »Ich bin freiwillig hier, ich gehe wieder heim.« Zwar sagten sie ihm, er müsse in ein Heim eingewiesen werden, aber gegen seinen Willen lief da gar nichts. Er wurde im Volksgarten tot auf einer Bank gefunden, war seltsamerweise nüchtern und hatte 500,– Mark in bar bei sich.

Die Menschen in der Wormser Straße waren für mich wie Inseln, die dahintrieben und nichts miteinander zu tun hatten. Oft dachte ich wütend: Wenn ihr einer für den anderen solidarisch einstehen würdet, wärt ihr eine nicht zu besiegende Kraft. Das ist so elend am Zustand der alten Menschen hierzulande und löst Trauer und Zorn aus: Ihnen fehlt die Solidarität, ihre Rechte gemeinsam durchzusetzen.

In Deutschland leben mindestens 16,5 Millionen Menschen im Alter von über 60 Jahren, und ihre Zahl wächst beängstigend schnell. Man stelle sich vor, diese Frauen und Männer würden nur die Politiker wählen, die wirklich etwas für sie tun. Dann wären kein Kanzler und kein Minister ohne ihre Zustimmung denkbar. Weil aber die Politiker wissen, daß Solidarität unter den Alten nur mühsam zu erreichen ist, haben sie jahrzehntelang nichts oder nur soviel getan, wie unbedingt sein mußte. Das wird sich ändern, denn die Generation, die heute in den letzten zehn, fünfzehn Jahren ihres Berufslebens steht, ist keine verfügbare Masse mehr, hat gelernt sich zu wehren.

Doch der Status quo ist miserabel. Die Geriatrie zum Beispiel, die ärztliche Wissenschaft, die sich mit Krankheiten des älter werdenden Menschen befaßt, ist nirgendwo in der westlichen Welt so vernachlässigt und unterentwickelt wie in Deutschland. Es ist ein Skandal, der peinlich verschwiegen wird, und wenn Dr. Hans Mohl vom ZDF von amateurhafter Planung in der Altenpolitik spricht, meint er unter anderem auch diesen heiklen Punkt. Das gesamte System der Finanzierung der scheinbar so sicheren Renten, der scheinbar so heilen Welt der Altenwohnheime und der Pflegeheime, die Finanzierung der Gesundheit älterer und alter Menschen ist vom Kollaps bedroht. Ein nicht zu übersehendes Anzeichen sind die mit verdächtigem Schweigen übergangenen Pleiten vieler kommunaler Altenheime, aber auch vieler von katholischen Orden geleiteter Einrichtungen. Händeringend suchen Bürgermeister nach neuen, meist privaten Trägern, die gegen einen absolut lächerlichen Preis ganze Heimkomplexe kaufen und mit einem strengen Management überziehen. Der alte Mensch ist ein Riesengeschäft. Glücklicherweise tauchen Hilfen auf und glücklicherweise aus allen möglichen Richtungen.

2. Nachricht vom Imperium

Um zu verstehen, in welch bedrängender Krise das Versorgungssystem unserer Alten steckt, muß man wissen, wie es funktioniert. Rund 80 Prozent aller Heime hierzulande werden von den Verbänden der Freien Wohlfahrtspflege betrieben: Das sind die Arbeiterwohlfahrt, der Deutsche Caritasverband, der Deutsche Paritätische Wohlfahrtsverband, das Deutsche Rote Kreuz, das Diakonische Werk der Evangelischen Kirche Deutschlands und die Zentralwohlfahrtsstelle der Juden in Deutschland.

Scherzhaft, aber auch bissig werden diese Einrichtungen »das Imperium« genannt, weil sie mit Zutun des Staates und unserer Politiker eine geradezu ungeheuerliche Macht angesammelt haben. Das hängt mit dem sogenannten Subsidiaritätsprinzip zusammen: Der Staat steht auf dem Standpunkt, er könne sich um die Wohlfahrt im Lande nicht selbst kümmern, also delegiert er. Er gibt die erforderlichen Mittel an die Landeswohlfahrtsverbände weiter, die ihrerseits dafür Sorge zu tragen haben, daß alle Systeme einwandfrei funktionieren, daß also auch genügend Heimplätze und Pflegeplätze vorhanden sind.

Hier ein kleiner Hinweis: Wenn sich die großen Kirchen von Zeit zu Zeit auf Pressekonferenzen über die erschreckende Zahl von Kirchenaustritten und den damit verbundenen Verlust an Kirchensteuer beklagen, dann heißt das noch lange nicht, daß es den Alten dadurch schlechter gehen müßte. Ziemlich gezielt wird so der Eindruck erweckt, daß die Kirchen ihre caritativen Einrichtungen, also auch Altenheime und Pflegeheime, aus eigenen Mitteln finanzierten. Das ist nicht der Fall. Kirchen finanzieren diese Einrichtungen weitgehend durch die Mittel des Staates, die ihnen nach dem Subsidiaritätsprinzip zufließen.

Die Wohlfahrtsverbände betreiben 68 466 soziale Einrichtungen mit 2624923 Betten oder Plätzen. In ihren Diensten stehen 751180 hauptamtliche Mitarbeiter. Von denen sind 548420 vollzeitbeschäftigt und 202760 teilzeitbeschäftigt. Die Menschen, die nebenamtlich auf Honorarbasis tätig sind, und die, die wir ehrenamtlich nennen, werden gar nicht mitgezählt: Man schätzt sie auf 1,5 Millionen.

Die sechs Großen haben monströse Verwaltungen hochgezogen, deren Struktur durchaus mit denen der Beamtenburgen verglichen werden kann. Es wird geschätzt, daß diese Verwaltungen bis zu 130 Prozent Kosten verursachen. Das heißt grob gerechnet: Wenn jemand eine Leistung dieser Wohlfahrt kaufen will, ganz gleich, ob es sich um einen Krankentransport oder einen Altenheimplatz handelt, der z. B. 2300,– Mark kostet, dann sind davon 1000,– Mark für die Leistung selbst hinzublättern und die restlichen 1300,– allein für die Verwaltung und Bereitstellung dieser Leistung.

Wenn also die Leserin und der Leser aus der Verwandtschaft oder Bekanntschaft mit Schrecken erfahren, daß das Pflegebett von Tante Gertrud 5500,– Mark kostet, dann müssen sie wissen, was mit diesen 5500,– Mark alles finanziert wird: Nicht nur die Verwaltung dieser an sich christlichen Unternehmung verschlingt eine ungeheure Summe, sondern das Geld finanziert auch Dinge, die mit Tante Gertrud überhaupt nichts zu tun haben: hier eine Beratungsstelle für werdende Mütter, dort eine Tagesklinik für Alkoholabhängige, hier eine Beratung für straffällig gewordene Jugendliche, dort den Anschub eines ambulanten Pflegedienstes.

Seit 30 Jahren funktioniert das Imperium, und es wäre unfair, wollte man behaupten, daß sich die Freien Wohlfahrtsverbände nur bereichert hätten. Zwar sind sie reicher geworden, haben aber auf der anderen Seite dieses System funktionsfähig gehalten. In zunehmendem Maße werden sie allerdings kritisiert, weil sie inzwischen so undurchsichtig geworden sind, daß man aus ihnen nahezu beliebig viele Millionen verschwinden lassen könnte. Es ist mehrmals vorgekommen, daß raffgierige Heimleiter oder Männer mit viel Macht in diesen Wohlfahrtsverbänden Geld in die eigene Tasche geschafft haben. Manchmal wurde es entdeckt, meistens viel zu spät, in der Regel achtete man darauf, daß die Öffentlichkeit es nicht erfuhr.

Bei über 750 000 Mitarbeitern ist Mißbrauch so gut wie unausweichlich, und solange die Öffentlichkeit nichts davon weiß, besteht offensichtlich auch kein Grund, diesen Mißbrauch grundsätzlich abzustellen. Leider mußte es immer erst Skandale geben, bevor Mißstände beseitigt und – selten genug – neue Entwicklungen angeschoben wurden. Kolleginnen und Kollegen aus Journalistenkreisen gerieten in Verzweiflung, wenn sie herauszufinden versuchten, wieviele »Privatfirmen« zum Beispiel die katholische Caritas oder die evangelische Diakonie betreiben – von Krankenhausverwaltungsgesellschaften bis hin zu scheinbar privat finanzierten Gruppen, die äußerst christliche Ziele, Nächstenliebe pur, verkaufen.

Die Vorsitzende der Grauen Panther, Trude Unruh, nennt das beim Namen: Filz. In den Wohlfahrtsinstitutionen des Staates sitzen die Spezialisten – Frauen und Männer, die die Milliarden alljährlich verteilen und zuteilen. Die Vermutung, daß diese Spezialisten selbstverständlich genau wissen, in welche zum Teil merkwürdigen Geschäfte die Milliarden des Staates fließen, täuscht nicht. Wenn zum Beispiel die Altenpflegerinnen und Altenpfleger eine Berufsgruppe mit denkbar schlechtem Image sind, wenn sie zudem schlecht entlohnt werden, wenn in Heimen Personalmangel großgeschrieben wird, dann muß gesagt sein: Die sechs großen Verbände der Freien Wohlfahrt hätten diese Mißstände durch andere Verwendung der Gelder durchaus vermeiden können. Sie taten es nicht, sie kassierten.

Ursprünglich war nicht vorgesehen, daß Gewinne gemacht werden sollten. Aber selbstverständlich wurde es im Laufe der Jahre üblich, große Gewinne zu machen und diese Gewinne entweder als Rücklagen zu bezeichnen oder aber wieder in andere Unternehmen zu investieren: in neue Heime, neue Kliniken, neue Beratungsstellen. Der Apparat blähte sich auf und zwang den Staat, immer mehr Arbeitsstellen zu finanzieren. Der Staat hat das mit sich machen lassen, jetzt kann er es nicht mehr finanzieren, die Misere ist komplett.

Wenn Bundeskanzler Helmut Kohl uns den Vorwurf macht, wir hätten jahrelang über unsere Verhältnisse gelebt, dann stimmt das so nicht und ist eine schreckliche politische Vereinfachung. Im Bereich der Altenpolitik muß man umformulieren: Politiker haben es Jahrzehnte hindurch geduldet, daß die Öffentliche Hand ein System finanzierte, das sie absolut nicht mehr kontrollieren kann und in dem der, für den gesorgt werden soll, der alte Mensch, kläglich untergeht.

Mittlerweile sind wir so abgewirtschaftet, daß die Verbände der Freien Wohlfahrt im Westen unseres Landes keine neuen Heime mehr bauen können: Sie bezeichnen sich schlicht als pleite. Der Begriff »pleite« steht hier für finanzielle Unbeweglichkeit und enorme Personalkosten. Neue Heime zu bauen ist teuer, neue qualifizierte Mitarbeiter zu finden schlicht unmöglich, die Zukunft sieht mehr als düster aus: Wir zählen zur Zeit 250000 Pflegerinnen und Pfleger und werden im Jahr 2000 etwa 70000 Pfleger zusätzlich benötigen. Andererseits finanzieren die sechs Großen zur Zeit eine große Zahl von Verwaltungsarbeitsplätzen, die nach Ansicht der Kritiker unter die Lupe genommen werden sollten, um möglicherweise Umschichtungen vorzunehmen.

Die Freien Wohlfahrtsverbände streiten die knallharte Konkurrenz ab, die sie untereinander haben und die zu der Groteske geführt hat, daß zum Beispiel Beratungsdienste von mehreren Regionalverbänden gleichzeitig eröffnet wurden, ohne daß man untersucht hätte, ob ein Bedarf dafür bestand.

Wenn die staatlichen Institutionen pleite sind, entsteht die gefährliche Situation, daß private und andere Anbieter auf den Altenmarkt drängen, die kaum zu kontrollieren sind: Vor gar nicht langer Zeit erschien im Psychiatrischen Landeskrankenhaus Weißenau in Ravensburg ein evangelischer Pfarrer, der sich im Auftrag der Evangelischen Landeskirche Rheinland erkundigte, wieviele alte Menschen ihm das Krankenhaus pro Jahr wohl »zuliefern« könnte. Die Psychiater, Gerontologen zumeist, die – äußerst verblüfft – den Pfarrer zunächst für einen Betrüger gehalten hatten, erkannten, daß er lediglich ein »ganz normales Geschäft« machen wollte: Er hatte in einer kleinen

Bauerngemeinde am Bodensee ein hübsches Domizil mit Sekretärin und Büro bekommen samt der Aufgabe, mindestens sechs Millionen Mark auf dem Altenmarkt unterzubringen, und zwar durch den Bau eines Altenheims und auch Altenpflegeheims. Nach Art guter Kaufleute wollte man dabei die Infrastruktur dieses Gebietes nutzen, wobei man auf das Psychiatrische Landeskrankenhaus Weißenau stieß. Dort nämlich gab es ältere und alte Patienten, die dringend abgeschoben werden mußten, weil sie anderen Kranken die Betten wegnahmen. Das Krankenhaus war also gezwungen, die Alten in Heime abzugeben, das wußte der Pfarrer und legte seinen Plan vor: Wenn das Psychiatrische Landeskrankenhaus bereit wäre, ihm jährlich etwa neunzig Patienten vertraglich zu garantieren, dann würde er unverzüglich ein Altenheim und ein Altenpflegeheim bauen; die notwendigen Millionen seien vorhanden.

Nun muß man wissen, daß die wesentlichen Fortschritte in der Betreuung alter Menschen bei uns in den letzten Jahrzehnten deutschen Gerontologen und Sozialpsychiatern zu verdanken sind – und nicht etwa Heimleitern oder denen, die die Pflege besorgen. Deshalb wollten die Gerontologen im Krankenhaus ihre alten Patienten ausschließlich in Heime geben, in denen die bestmögliche Versorgung garantiert wäre, nicht nur auf dem Gesundheitssektor, sondern auch im Bereich der menschlich-seelischen Begleitung der alten Menschen. Hier mußte der Pfarrer passen; er hatte kein Konzept für diesen Sektor und verließ das Krankenhaus unverrichteter Dinge.

In den letzten Jahren mehren sich die Fälle, in denen solche Stoßtruppunternehmen scheitern, weil bei den Ärzten, die die Heimbewohner »zuliefern« sollen, Zweifel und Bedenken aufkommen, daß die Zustände sich verschlechtern könnten, statt sich zu verbessern. Ich berichte hier einen Fall aus der Eifel, der für ländliche Gebiete in ganz Deutschland prototypisch ist.

In Hillesheim, einer 6000-Seelen-Gemeinde, wurde das Alten- und Pflegeheim jahrzehntelang von Franziskanerinnen betrieben. Das Heim war ein fester Bestandteil dieser Gemeinde und ihrer Gesellschaft, es war sicherlich nicht ideal ausgestattet, aber von der menschlichen Seite her gesehen war es einfach gut. Die Nonnen weigerten sich beharrlich, alte Frauen und alte Männer nur zu versorgen, zu verwalten, zu verwahren. Im Bewußtsein der bäuerlich-handwerklichen Gesellschaft war das Heim »unser Heim«.

Das änderte sich langsam, denn die Franziskanerinnen leiden massiv unter Nachwuchsmangel, das Management des Hauses war nicht professionell genug, so daß es zu dem kam, was man »eine verdeckte Pleite« nennt – eine Erscheinung, die heutzutage überall in Deutschland zu beobachten ist: Kommunal betriebene oder von Orden betreute Heime wechseln sang- und klanglos den Besitzer, wobei alle Beteiligten stark darauf hoffen, daß die Öffentlichkeit möglichst wenig davon merkt. So geschah es auch in Hillesheim.

Eine private Betreibergesellschaft legte den Plan für ein phantastisches neues Alten- und Pflegeheim vor und bekam den Zuschlag. Der Bau eines neuen Heimes, unmittelbar neben dem alten Heim, begann. Zwar würde es noch eine Weile dauern, bis der Betrieb unter den neuen Herren liefe, aber es mehrten sich schnell die Anzeichen, daß das neue Heim niemals mehr »unser Heim« sein würde, und Mißtrauen und Ängste wuchsen.

In der Regel kann der Journalist das an »Nebenerscheinungen« festmachen. In diesem Fall an einem sehr rüstigen alten katholischen Pfarrer, dem ehemaligen Missionar Pater Heinz Eich. Im Heim der Franziskanerinnen hatte dieser als Kumpel und Freund hochgeschätzte Mann eine kleine Wohnung bewohnt. Er war der gute Geist des Hauses und hatte die Aufgabe, jeden Morgen die Messe zu lesen, tat aber viel mehr: Er war Seelsorger für alle, und zwar einer von der nicht aufdringlichen freundlichen Sorte. Er streichelte den Bewohnern des Heimes den Kopf, die Hände und die Seelen, und selbstverständlich nahm jedermann an, er werde auch im neuen Haus eine Bleibe haben und dort leben. Es erreichte ihn die Nachricht, er könne im neuen Haus ein Zimmerchen beziehen: für 2000,– Mark im Monat.

Es erreichte ihn auch die Nachricht, der neue Herr sei nicht scharf darauf, daß Eich im neuen Haus jeden Morgen die Messe lese. Höflich fragte Eich an, ob vielleicht die Möglichkeit gegeben werde, die Bewohner des neuen Hauses über Lautsprecher aus der Kapelle im alten Haus mit der Messe zu versorgen. Die Betreibergesellschaft legte keinen Wert darauf. Pater Eich: »Ich würde die Strippen selber zahlen, wenn es nötig wird. Selbstverständlich werde ich im neuen Haus bei den Bewohnern auftauchen. Du lieber Himmel, wer sagt denn endlich mal laut, was hier mit unseren alten Frauen und Männern geschieht?«

Es wurde klar, daß die Betreibergesellschaft damit rechnet, daß nicht viele Einheimische das Haus belegen werden. Man rechnet vielmehr damit, daß Familien aus dem Kölner Raum und dem gesamten Ruhrgebiet ihre alten Menschen hierherbringen werden. Das klingt verdächtig nach Abschiebung, und daß so etwas noch 1993 im festen Kalkül eines Unternehmers steht, finde ich erschreckend.

Sicher ist, »unser Heim« haben die Hillesheimer verloren, und es wird natürlich Leute geben, die sagen, das sei nun einmal der Zug der Zeit. Insbesondere Kommunen im neuen deutschen Osten können ein Lied singen von diesem Zug der Zeit: Sie werden von einem Heer windschnittiger junger Manager überrollt, die allesamt anbieten, Altenheime und Pflegeheime auf privater Basis bauen zu wollen. Stöhnte ein Bürgermeister: »Die sind alle toll, die sind alle super, die wissen alle ganz genau, wo es langgeht! Aber die Kosten!«

Offenbar gibt es aber doch eine Gruppe von Menschen, für die die Kosten keine Rolle spielen, die genügend Rente bekommen und die auf Vermögen zurückgreifen können. Noch nie im Laufe der Weltgeschichte wurde bei uns so viel und so wertvoll geerbt und vererbt wie gegenwärtig. Also gibt es ältere und alte Menschen, die ohne jede finanzielle Not bis an ihr Lebensende leben, auch wenn es eine nicht große Gruppe ist.

Für genau diese Menschen betreiben die freien Altenheim-Unternehmer etwa 15 Prozent aller Heime, und sie besetzen die Nische mit sogenannten Seniorenresidenzen – für die Kreise, die über Geld nicht sprechen, weil sie es haben. Falls allerdings jemand annimmt, diese Menschen seien in solchen Heimen nun wesentlich besser dran als alle die anderen in ihren Null-acht-fünfzehn-Unterkünften, dann irrt er sich. Wenn die *Grauen Panther* unüberhörbar von einem »immensen Mangel an fachlich und menschlich qualifiziertem Pflegepersonal« sprechen, dann meinen sie auch diese hotelähnlichen, vornehm-ruhigen Einrichtungen.

Vor allem die Lautlosigkeit fasziniert und erschreckt. Da ist in einer dieser Residenzen in der Nähe der landschaftlich so schönen Ratzeburger Seen ein Aufkleber am Eingang zu lesen:

>»Wir haben bereits einen Staubsauger.
> Auch ein Lexikon besitzen wir.
> Wir wünschen von keiner Sekte bekehrt zu werden.
> Alles und alle sind versichert.
> Zeitung u. Illustrierte wollen wir nicht wechseln.
> Am liebsten haben wir
> Ruhe und Frieden.
> DANKE!«

Bei der Zulieferindustrie der privaten Altenheimbetreiber kann man diesen Aufkleber bestellen, der etwas über die völlige Verständnislosigkeit aussagt, mit der die Gesellschaft den alten Menschen in ihrer Mitte begegnet. Fachleute wissen aus Untersuchungen, daß alte Menschen *eben nicht* nur ihre Ruhe haben wollen, sondern sich am liebsten dort aufhalten, wo was los ist, wo ihnen Trubel geboten wird, wo das Leben wirbelig ist. Diese Orte sind niemals das enge Zimmerchen oder der Flur vor diesem Zimmer.

Um zu verstehen, was in diesen äußerst zurückhaltend-lautlosen Seniorenburgen abläuft, muß man jungen Frauen zuhören, die dort arbeiten und die aus erster Hand erstaunliche Dinge berichten. Dinge, von denen die Allgemeinheit in der Regel nichts erfährt und die von den Verwandten verdrängt werden, wenn sie behaupten: »Es geht Opa doch jetzt richtig gut!«

Gibt es tatsächlich den Fall der völlig vereinsamten Millionärin, die sich den ganzen Tag über fragt, ob das nun das Leben ist, das sie sich für ihr Alter vorgestellt hat? Selbstverständlich gibt es ihn: Die 79jährige Elisabeth hat sich in ein Seniorenstift eingekauft, hat dafür erst einmal runde Hunderttausend hingeblättert und zahlt nun ungefähr 10 000,– Mark monatlich. Elisabeth ist rüstig, durchaus gesund und absolut kein Pflegefall. Sie ist keine Frau, die sich tränenerstickt im eigenen Unglück gefällt, sie ist nur jemand, der schlicht vergessen wurde. Sie stammt aus Hamburger Reederkreisen, und eigentlich wußte sie nie, was das halbe Pfund Butter kostete, aber jetzt würde sie es gern wissen.

»Da hängt unten das Schild an der Tür, daß wir alle unsere Ruhe haben wollen, und sonst nichts. Das ist schlimm, das finde ich nun wirklich aufdringlich dumm. Ich bin jetzt zehn Jahre hier, eingezogen, weil mein Mann gestorben ist, weil ich die Erbschaft regeln mußte, weil ich dann dachte: Die Kinder sollen mich nicht pflegen, ich will denen nicht im Wege stehen. Mein Leben lang war es für mich normal, daß die Männer an erster Stelle kamen. Die Männer und das Geschäft gehen vor, egal was kommt, egal was ist. Meine Kinder haben auch nicht lange widersprochen. Sie haben das Stift hier für mich ausgesucht, was nötig war, bezahlt, und seitdem hocke ich hier. Ich habe mich sozusagen in der Falle meiner eigenen gesellschaftlichen Zwänge wiedergefunden. Anfangs haben sie mich besucht, anfangs habe ich sie besucht. Aber bald war ich Gast in meiner eigenen Familie. Manchmal hätte ich schon gern gesagt: Kinder, das war ein Fehler, laßt mich zurückkehren! Ich habe es sogar riskiert, das meiner Schwiegertochter anzudeuten. Mein Gott, war die entsetzt. Sie sagte: Mutti, das hättest du gleich sagen müssen und nicht erst jetzt! Jetzt haben wir uns eingerichtet, jetzt geht das nicht mehr!

Ehrlich gestanden, ich vereinsame hier. Na sicher, ich weiß, ich kann beim Personal gegen Trinkgeld Zuwendung kaufen, na sicher, es kommen immer noch Leute, die mich ungeheuer freundlich betütteln. Aber die wollen doch nicht mich, die wollen mein Geld.«

Wie das in diesen höchst vornehmen Institutionen immer ist,

kann Elisabeth buchstäblich alles kaufen, sie muß nur zum Telefonhörer greifen. Falls sie ein Aspirin braucht, bestellt sie eins, und es wird ihr gleich gebracht. Das kostet 5,– Mark und wird auf einer Strichliste vermerkt, und es dauert selbstverständlich nicht lange, bis alle diese älteren Menschen begreifen: Kaufen kann ich alles, aber was ich wirklich brauche, kriege ich nicht: Zuwendung.

Da ist Anke. Sie ist eine junge, resolute Frau, 30 Jahre alt, mit einem Baby und einer frischgegründeten Familie. Anke hat Arbeitserfahrung sowohl in einer edlen Seniorenburg wie auch in einem ganz normalen Alten- und Pflegeheim. Was sie berichtet, legt deutlich Mißstände bloß.

Sie war dabei, Hauswirtschaft zu erlernen und mußte dafür in einem Altenpflegeheim ein Praktikum absolvieren. Sie kam in ein vornehmes Seniorenstift und arbeitete dort unter anderem auf der Pflegestation.

»Du kommst in eine Eingangshalle, die so riesig ist wie in einem großen Hotel. Aber es ist mäuschenstill, zu sehen ist kein Mensch. Ich habe die Erfahrung gemacht, daß die Menschen nach dem Motto: ›Da ist schon mal jemand da, der nach Mama guckt‹ untergebracht werden, und ich empfinde es als schlimm, daß die meisten selten oder nie von ihrer Familie besucht werden. Ich fing auf der Pflegestation an, wobei ich sagen muß, daß es den meisten Leuten dort durchaus nicht dreckig ging. Was mich verblüffte, war die Tatsache, daß sie morgens geweckt und gewaschen wurden und anschließend ihr Frühstück im Speisesaal bekamen. Die meisten wurden in den Speisesaal gefahren. Dann zurück ins Bett. Mittags dasselbe, zum Nachmittagskaffee wieder dasselbe, und gegen 18.00 Uhr zum viertenmal. Raus aus dem Bett, rein in den Speisesaal. Diese Leute ließen das ohne jeden Widerspruch mit sich machen. Es war so, als hätten sie absolut keinen Willen mehr. Anfangs habe ich überhaupt nicht geschnallt, daß die voll unter Tabletteneinwirkung standen, daß sie wie Zombies waren. Das war erschreckend.«

Danach kam Anke in ein ganz normales privates Alten- und Pflegeheim, das von einem privaten Betreiber geführt wurde.

Sie beginnt ihre Schilderung mit dem Satz: »Also, ich kann nicht sagen, daß ich in dem Heim ausgenutzt wurde, ich muß sagen: Ich fühlte mich total verarscht!« Das begann für Anke mit einem aufdringlichen Werbeschild in der Eingangshalle des ehemaligen Hotels. »Da stand etwas von Bibelstunde, von Strickstunden, von Vorlesestunden. In Wirklichkeit passierte gar nichts. Von dem Hotel zum Beispiel war ein großer Whirlpool geblieben. Der wäre ja nun für die alten Leutchen phantastisch gewesen. Die durften aber nicht da rein. Das ginge nicht, denn dann würde das Bad dreckig, und Putzfrauen wären teuer. Man geht als junge Frau begeistert an so einen Beruf heran, aber die Begeisterung verliert sich unglaublich schnell. Es war so, daß der Altenheimbesitzer jeden Quadratmeter ausnutzte, um möglichst viele Pflegebetten aufzustellen. Unter anderem in einem Wintergarten, in dem es im Sommer brüllend heiß war und im Winter schneidend kalt. Ich fing mit 966,– Mark netto an, und als ich begriff, was ich dafür tun mußte, hatte sich dieser Beruf für mich schon erledigt. Wenn der Teppichboden so verdreckt war, daß man ihn normalerweise ausgetauscht hätte, mußte ich ihn mit einem Küchenmesser sauberkratzen. Unentwegt Berge von Geschirr, unentwegt Hochbetrieb in der Küche, unentwegt Essen austeilen. Aber niemals liebevolle Pflege für die alten Leutchen. Der Besitzer flog samt Ehefrau dauernd nach Kenia, weil er genau wußte, daß wir den Laden schmeißen. Für die Bedingungen, unter denen wir arbeiteten, hat er sich nicht sonderlich interessiert. Wenn ihn seine Verwaltung darauf aufmerksam machte, daß wir angeblich zuviel Toilettenpapier verbrauchten, dann kam seine Anweisung: Ab sofort in jedem Zimmer pro Tag nur noch eine Rolle! Wir hatten eine Personaltoilette, auf der eine alte Frau in ihrem Bett lag. Der Heimbesitzer sagte: ›Das macht doch nichts, die merkt doch sowieso nichts mehr.‹ Wenn ich zur Toilette mußte, ging ich runter, setzte mich in mein Auto und fuhr nach Hause.«

Anke ist nicht mehr im Beruf, sie sagt, daß keine tausend Pferde sie noch einmal in ein Alten- und Pflegeheim bringen – ganz abgesehen von der wirklich miesen Bezahlung. »Um die wirklichen Bedürfnisse der Alten kümmert sich niemand, weil so wenig Personal vorhanden ist, daß niemand sich kümmern *kann*. Du kannst dich glücklich schätzen, wenn du dein ganz normales Pensum absolvieren kannst, ohne mit dem Chef oder den Kolleginnen Krach zu kriegen. Das ist kein Beruf, das ist eine Zumutung. Du hast keine Zeit, eine weinende alte Frau zu trösten. Wenn du es trotzdem tust, kann es dir passieren, daß der Chef schimpft oder die Kolleginnen und Kollegen dir vorwerfen, du faulenzt. Wir haben aus eigenem Antrieb und mit eigenem Geld zu Weihnachten den alten Leutchen etwas geschenkt. Du hättest diese Kinderaugen sehen sollen. Dabei wird man auch wütend auf die alten Leute, denn die benehmen sich so, als hätten sie bei ihrem Einzug ihr Gehirn an der Garderobe abgegeben. Manchmal ist das so, als seien sie dankbar, daß der Chef sie überhaupt ins Heim aufgenommen hat. Sie mucken nicht auf. Wenn ich mich an Frau Schmitz erinnere, bin ich immer noch fassungslos: Sie war eine vollkommen gesunde, sehr rüstige Frau, so um die 65 Jahre alt. Die meldete sich im Heim an, sie war kein Pflegefall, die war nicht einmal erkältet. Sie fuhr mit ihrem Auto rum, brachte ihre Sachen an und richtete sich ihr Zimmer ein. Ich weiß nicht, was dann mit ihr passiert ist. Sie hat das Auto abgemeldet und verkauft, ist eingezogen und hat die ersten vier Wochen nur gestrickt. Dann rannte sie ziellos durch die Gänge, von morgens bis abends. Nach drei Monaten fing sie an, vor sich hinzumurmeln. Das war das Ende. Irgendwann lag sie im Bett, mein Chef meldete sie als Pflegefall und kassierte das Doppelte.«

Anke hat daraus einen für sie gültigen Schluß gezogen: »Ich werde niemals zulassen, daß meine Mama oder mein Papa in so ein Haus gehen.«

Friedrich Frieling-Sonnenberg, ein Altenpflege-Fachmann, faßt die Zustände so zusammen: »Den jetzigen und den zukünftigen Alten wird zugemutet, in Heimen zu leben, in denen sie niemals wohnen wollten, in denen nicht gelebt werden kann.«

Alten- und Altenpflegeheime, ich sagte das schon, haben keinen guten Ruf. Ursprünglich hatten sie die Aufgabe, Alte zu »verwahren«, also zu verstecken, deshalb liegt ihnen auch nichts daran, sich der Bevölkerung zu öffnen. Was Öffentlichkeitsarbeit und Anbindung an die Bevölkerung betrifft, liegen Altenheime in Deutschland ganz hinten. Zudem gelten sie als »wahnsinnig teuer«, und das ist leider nur allzu wahr, denn unsere Alten sind nun einmal ein Milliardengeschäft.

Normalerweise wird der tägliche Pflegesatz in einem Heim, also die Kosten, die pro Bett entstehen, in einer Verhandlung mit den öffentlichen Geldgebern, den Landeswohlfahrtsverbänden oder den Landschaftsverbänden festgelegt. Es ist allerdings möglich, dieser »Konferenz« zu entgehen, indem der Heimbesitzer sagt: »Ich brauche für meine täglichen Pflegesätze keine Extra-Abmachungen, ich nehme das, was mir im allgemeinen Tarif von der Öffentlichen Hand zugestanden wird!«

Genau an diesem Punkt beginnen dann möglicherweise Betrügereien, und ich will sie an dieser Stelle möglichst genau schildern, damit allen, die betroffen sind, klar wird, wonach sie in einem Heim fragen müssen. Entgegen landläufiger Meinung werden diese Betrügereien meist nicht in puncto Essen versucht. Es gibt allerdings viele Heime, die daran eisern sparen und zum Beispiel große Posten Konserven kaufen, deren Verfallsdatum längst überschritten ist. Generell muß man sagen: Wenn auf dem Sektor Verpflegung richtig gemogelt wird, spielt sich das unter dem Stichwort »Diät« ab. Nahezu alle Heime versichern in den Vorgesprächen, selbstverständlich gebe es alle Arten von Diät. Man stellt bei Nachprüfung fest, daß es sich schlicht um Normalkost handelt, die zur Diät hochstilisiert wird. Vorsicht an diesem Punkt ist geboten! Ich komme darauf in Kapitel 11 zurück.

Der Sektor, auf dem die meisten Betrügereien laufen, ist der Personalsektor. Um die Kosten möglichst niedrig zu halten und den Gewinn möglichst hoch anzusetzen, versichert der Heimleiter oder Besitzer häufig, er habe alle erforderlichen Fachkräfte angestellt. Tatsächlich aber hat er das nicht. Wenn er zum Beispiel statt vier erforderlicher Krankenschwestern und Pflegerinnen nur zwei anstellt, macht er jährlich einen Zusatzgewinn von 120000,– Mark, pro Stelle 60000,– Mark. Ent-

43

scheidet er sich, die Nachtwache für sechzig Bewohner nicht einer Fachkraft anzuvertrauen, sondern einer Billiglohnkraft, sprich einer Hausfrau aus der Nachbarschaft, dann bringt ihm das weitere 60 000,– Mark im Jahr. Macht er einer Familie, die ihre Oma unterbringen will, weis, er habe eine Beschäftigungstherapeutin angestellt, kann ihm das jährlich bis zu 80 000,– Mark Reingewinn bringen – falls diese Therapeutin nur auf dem Papier vorhanden ist.

Praktisches Beispiel: In der Nähe von Köln entdeckte ich durch Zufall eine Hausfrau, die ganz begeistert erzählte: »Die Kinder sind groß, und ich kam mir irgendwie überflüssig vor. Also ging ich zu einem privaten Altenheim in der Nähe und bekam eine Stellung. Anfangs in der Küche, dann auch bei der Pflege der Alten. Dann war ich stolz, daß ich die Nachtwache übernehmen durfte.« Da bewachte also eine in der Pflege unerfahrene Frau nächtelang 80 Bewohner, und es war ein reiner Glücksfall, daß in dieser Zeit niemand in eine Krise geriet. Die Hausfrau kündigte erbost, als sie realisierte, daß der Heimbesitzer ihr knappe 700,– Mark im Monat bezahlte, dafür aber die vollen Kosten einer erfahrenen Pflegekraft kassierte.

Ebenso beliebt als Mogelpackung ist der Zivildienstleistende. Er bekommt vom Staat 8,– Mark pro Tag, aber alle Heimbesitzer stellen in vielen Fällen dem Patienten pro Stunde eine volle Pflegekraft in Rechnung, also das Vier- bis Achtfache. Das ist ein trübes Kapitel, auf das ich an anderer Stelle eingehen werde.

Auch auf einem weiteren Sektor sind Heimleitern kaum Grenzen gesetzt. Das ist der Sektor der »schwarzen Oma«. Nehmen wir an, ein Heimbesitzer gibt bei den Behörden ein 30-Betten-Haus an. Nehmen wir weiter an, daß er – und das ist normal – jeden Quadratmeter nutzt und nicht 30 Betten zur Verfügung hat, sondern 35, und daß in seiner eigenen einliegenden Wohnung zwei Räume überflüssig sind, die er mit jeweils einer Trennwand in vier Räume verwandeln und so weiteren Kunden zur Verfügung stellen kann. Dann hat der Mann plötzlich neun alte Menschen mehr in seinem Haus und muß nur noch dafür sorgen, daß er verwaltungstechnisch weiterhin

30 Betten abrechnet. Nehmen wir weiter an, daß er für ein Bett im Durchschnitt 2500,– Mark kassieren kann, dann heißt das, daß er zusätzlich pro Monat unkontrollierbar 22 500,– Mark einnimmt. Heimbesitzer können auf diese Weise pro Jahr einen Gewinn von 200 000,– bis 300 000,– Mark machen. Das Finanzamt rechnet das Haus mit 30 Betten ab, zählt aber weder die tatsächlichen Betten noch die Heimbewohner.

Der Normalverbraucher reagiert hier wütend und fragt: »Wieso wird das staatlich nicht überwacht? Gibt es keine Heimaufsicht?« So etwas gibt es tatsächlich. Das ist zumeist eine halbe Stelle, die beim zuständigen Gesundheitsamt der Region oder der Kommune angesiedelt ist. In der Regel funktioniert diese Heimaufsicht deutschlandweit nicht. Abgesehen von einigen wenigen Heimaufsichtsfällen in Hessen und Baden-Württemberg, die zufriedenstellend gelöst wurden, ist mir keine wirklich funktionierende Aufsicht begegnet, die schnell korrigierend eingreifen kann. Meist haben diese »Funktionsträger« – in einem Fall z. B. eine Sekretärin, die diesen »Job« halbtags erledigt – nicht die geringste Ahnung vom Fach und sind eines der vielen beamtlichen Feigenblätter dieses Staates. Ganz aufgeregt und empört sagen sie, wenn man sie befragt: »Wir sind nicht dazu da, Mißstände abzustellen oder eventuell kriminelle Umstände aufzudecken und anzuklagen.« Und auf die neugierige Frage: »Wozu sind Sie denn überhaupt da?«, antworten sie etwas einsinnig: »Wir sind zum Beispiel dazu da, sicherzustellen, daß jeder Heimbewohner in einem genügend großen Raum untergebracht ist.« Heimaufsicht kann also bestenfalls zur Korrektur äußerer Umstände anregen, mehr kann sie nicht, alles andere muß sie von Amts wegen übersehen.

Dieser Mißstand ist längst Gewohnheit, und niemand geht ernsthaft daran, ihn abzustellen. Dasselbe gilt, wenn es darum geht, die Genehmigung zur Führung eines Alten- und/oder Pflegeheimes zu erteilen. Es ist ein Elend, daß in den meisten Fällen – ganz im Gegensatz zu den Gepflogenheiten im Handwerk – die zuständigen Behörden hier den Gewerbeschein ausstellen, ohne zu fragen, ob denn der Heimbetreiber von seinem zukünftigen Gewerbe überhaupt eine Ahnung hat. Mit Frieling-Sonnenberg muß ich feststellen, daß viele Heimbetreiber ihre persönliche Eignung damit begründen, daß sie leutselig erklären: »Ich kenne die Probleme, ich habe meine eigene Oma pflegen müssen.« Geraten sie jedoch an eine Gewerbeaufsichtsstelle, die genauer hinschaut, dann reicht in der Regel die Teilnahme an einem vierzehntägigen Heimleiterkurs – den bieten nahezu alle Verbände der Freien Wohlfahrt laufend an.

Zu welch geradezu skurrilen Situationen diese mangelnde Aufsicht des Staates auf einem so wichtigen Gebiet führt, möchte ich am Beispiel von Paul Wilms erklären, der in der besten Absicht, aber vollkommen unorganisiert, ein privates Altenheim gründete und dabei sogar auf die Idee kam, Regenwürmer für sich arbeiten zu lassen. Paul Wilms ist heute über 70, spürt das Alter und hängt seinen zerstörten Träumen nach. Es ist wichtig zu begreifen, daß dieses Land Leute wie Paul Wilms dringend braucht, aber genauso wichtig ist es zu sehen, was der Mann verkehrt gemacht hat.

Er wurde in Solingen geboren, lernte das Friseurhandwerk, wurde dann in die Wirren des Zweiten Weltkrieges geworfen und war als Soldat Sanitäter. Dabei fand er er heraus, daß er die Gabe hatte, Menschen zu pflegen. Nach dem Krieg allerdings ging es erst einmal darum zu überleben, und so zog er über die Hügel des Siegerlandes und verdiente sein Geld als fahrender Friseur. Das ging nicht lange gut, weil Paul Wilms es versäumt hatte, den Meistertitel zu erwerben. Also wurde ihm das Handwerk kurzerhand gelegt.

Nach einer Odyssee durch allerlei Berufe und durch ein schwieriges Leben, in dem auch seine Ehe zu Bruch ging, landete Wilms zuletzt als Pfleger auf einer Intensivstation der Psychiatrie an der Kölner Universitätsklinik. Das, was er schon als Friseur falsch gemacht hatte, machte er jetzt auch als Pfleger falsch: Er arbeitete rund um die Uhr, fand sein Leben gut, machte aber das Staatsexamen als Pfleger nicht. Das gleiche galt für seine Lebensgefährtin Luzie, die ebenfalls in dieser Branche tätig war und ebensowenig ihr Examen machte. Paul und Luzie beschlossen, nachdem sie ihre Arbeit als Pfleger beendet hatten, zehn bis zwölf Gleichgesinnte um sich zu versammeln, gemeinsam ein Haus zu beziehen, Geld und Gut zusammenzuwerfen und als Gemeinschaft arbeitend und lebend die dritte Lebensphase in Zufriedenheit zu beenden. Da sie von diesem Moment an alles falsch machten, was man falsch machen kann, endete das Ganze in einem furiosen Desaster.

Mitten in dem Eifelstädtchen Stadtkyll stand 1978 das alte Kloster der Franziskanerinnen zum Verkauf. Die Stadtkyller hatten eine enge Bindung an dieses wunderschöne große Haus: Viele waren in der Hauskapelle getauft worden, viele hatten im Kindergarten der Nonnen gespielt. In einer Blitzaktion kauften Paul Wilms und seine Luzie dieses Anwesen und gründeten den »Rentner-Aktiv-Club«. Monatelang, während sie über Kleinanzeigen Genossinnen und Genossen suchten, standen sie mit ihren Plänen im Mittelpunkt des öffentlichen Interesses. Wilms' Pläne sahen so aus: Je nach Größe der Räume und unabhängig von Sonderwünschen sollten die zukünftigen Bewohner etwa 1250,– bis 1500,– Mark im Monat zahlen. Mit einem Pflegesatz von 75,– Mark war er damit um glatte zwei Drittel billiger als vergleichbare Altenheime.

Um die damalige Gründerstimmung im alten Kloster der Franziskanerinnen zu beschreiben, muß man die Lebensgefährtin Luzie zitieren, die dem »Kölner Stadtanzeiger« in einem Interview sagte: »Da es heute keine Großfamilien mehr gibt, wartet der alternde Mensch oft allein und abgeschoben auf sein Ende. Ohne eigene Verantwortung, ohne eigene Aufgaben wird er meistens nur noch verwahrt. Solche Menschen wollen wir zusammenführen zu einer aktiven Gemeinschaft, wollen ihnen eine Heimat geben und vor allem den Glauben an ein sinnvolles Leben. Und je früher sich ein Mensch zu Beginn der dritten Lebensphase für eine gute Aktivität wie die unsere entscheidet, desto langsamer altert er.« Sehr große und sehr richtige Worte – nur stimmte die Umsetzung nicht.

Die beiden machten z. B. den Fehler, sich mitten im konservativen Stadtkyll »Kommune« zu nennen. »Kommune« ist in konservativen Landstrichen etwas höchst Verdächtiges. Das riecht nach unkontrollierten Lebensäußerungen und zumindest nach unanständigen zwischenmenschlichen Beziehungen von der Art »häufig wechselnder Geschlechtspartner«. Innerhalb weniger Monate hatten sie das ganze Städtchen gegen sich, wenngleich es im alten Kloster der Franziskanerinnen durchaus bieder und gutbürgerlich zuging – von verruchten Lastern keine Spur.

Wilms und seine Lebensgefährtin Luzie, die er zur Beruhigung der streng katholischen Umwelt heiratete, sannen darüber nach, was sie mitsamt dem Rentner-Aktiv-Club, der unterdessen auf sieben Frauen und Männer samt Paul und Luzie angewachsen war, auf die Beine stellen könnten. So kamen sie auf die Idee, Regenwürmer zu züchten. Sie wollten damit Humus produzieren, legten sich unvorsichtigerweise mit diesem Unternehmen aber mit den einheimischen Bauern an, weil sie versuchten, diese zu neuen Arten der Landbestellung zu bekehren.

Einen weiteren Fehler machte Wilms, als er einen alten entmündigten Patienten bei sich aufnahm. Einen Entmündigten aufzunehmen bedeutet immer, daß ausgewiesene Fachleute tätig werden müssen – und das waren Paul und seine Luzie nicht. Es kam, wie es kommen mußte: Die Bezirksregierung zu Trier schrieb Paul, er solle diese merkwürdige Einrichtung im alten Klösterchen zu Stadtkyll schleunigst schließen. Das Haus sei als Altenheim gar nicht »erlaubt«, habe viel zu schmale Flure, auf denen man nicht einmal ein Pflegebett schieben könne. Der dreigeschossige Bau verfüge weder über genügende sanitäre Installationen noch über einen Lift. Und schließlich wurde Wilms auch noch gefragt: »Sagen Sie mal, wer wäscht hier eigentlich die Wäsche?« Er antwortete: »Na ja, meine Frau, wer denn sonst?« – »Das geht nicht«, wurde ihm entgegengehalten, »das muß eine betrieblich-gewerblich geführte Wäscherei tun, wie es für einen Gewerbebetrieb Vorschrift ist, und Sie sind ein Gewerbebetrieb!« Paul Wilms wußte sich nicht mehr zu helfen und legte über einen Anwalt Beschwerde ein.

Daraufhin passierte vier Jahre lang von Bezirksseite gar nichts. In diesen vier Jahren aber löste sich die Hausgemeinschaft, wie es unter Menschen nicht selten ist, in Zank und Streit auf. Einer nach dem anderen zogen die alten Leute aus.

Während der Rentner-Aktiv-Club zerbröselte und sich auch

das Wurmgeschäft als Flop entpuppt hatte, wurde das Heim geschlossen. Eigentlich brauchte man das Heim gar nicht mehr zu schließen, denn außer den Eheleuten Wilms und einer Freundin war niemand mehr da.

Natürlich weiß Wilms heute, was er alles verkehrt gemacht hat. Er bringt es auf den Punkt: »Ich habe die Paragraphenseite nicht beachtet.« Wäre er nur ein wenig diplomatischer vorgegangen, er hätte möglicherweise einen neuen Typ des Wohnens für alte Menschen in die Eifel gebracht. So aber steht er mit 72 Jahren nachdenklich an seinem Kompostbeet und beobachtet die letzten Würmer. Er kann nicht mehr von morgens bis abends schuften, er kann nur darauf hoffen, daß sich ein Käufer für das große Haus findet. Aber auch in diesem Plan steckt bereits wieder der Wurm: Wilms machte zur Bedingung, daß bei einem Verkauf er, seine Frau und die Freundin Wohnrecht bis zum Lebensende erhalten.

Es passiert in diesem Land jeden Tag, daß Menschen wie Wilms sich aufmachen, um ihren Lebensabend zu planen. Wenn man dann ins Chaos stürzt, wenn zu viele verwaltungstechnische Einzelheiten nicht bedacht sind, dann können wir das leicht einen Fehlschlag nennen – aber letztlich ist es nur das Signal, daß dieser Gesellschaft endlich etwas einfallen muß. Ein Bravo also für den Wurm-Paul!

Ich habe immer wieder gefragt: »Muß ein Platz im Alten- oder Pflegeheim denn wirklich 3000,– oder gar mehr als 5000,– Mark kosten?« Darauf antworteten alle Fachleute sehr schnell mit einem entschiedenen »Nein!«

Was es wirklich kosten würde, fragte ich weiter. Die Antwort ist verblüffend: Wenn er richtig geplant wird, kostet ein Platz, *gleichgültig welchen Aufwand er erfordert*, die Hälfte dessen, was heute alte Menschen dafür zahlen müssen.

3. Chaos perfekt

Gerade auf dem Sektor der alten Menschen ist es notwendig, behördliche Zahlen genau anzuschauen, weil sie allzu leicht ein schönes Bild zaubern und über die Wirklichkeit hinwegmogeln. Das eine ist die Broschürenwahrheit der Regierenden in Bonn, das andere die Wahrheit des realen Lebens. Sehen wir uns die Broschüre an, die die heutige Bundestagspräsidentin Rita Süssmuth 1988 herausgab, als sie Bundesgesundheitsministerin war. In einem »Ratgeber für ältere Menschen« ließ die Politikerin mitteilen, daß Pensionäre und Rentner nun endlich Zeit hätten, sich den Tag selbst einzuteilen und »so zu leben, wie wir es schon immer gewollt haben«. Sie verhieß, der letzte Lebensabschnitt könne erfüllt sein von »Aktivitäten und Lebensfreude, von Partnerschaft und Selbständigkeit«. Ich frage mich, was diese Wortblasen an Wut und Resignation freisetzen, wenn zum Beispiel ein Bauer sie liest, der mit einer Landwirts-Mindestrente von knapp 700,– Mark leben muß, oder die Frau eines Arbeiters, die sich mit 800,– Mark durchs Leben mogelt.

Selbstverständlich geht es vielen Rentnern gut, solange sie gesund sind. Selbstverständlich verbringen viele ihre letzten Lebensjahre damit, in alle Welt zu reisen. Ich mache jedoch darauf aufmerksam, daß die allermeisten Rentnerinnen und Rentner ihren Lebensabend nicht auf Teneriffa verbringen können und daß die meisten blitzschnell verarmen, wenn sie in die Lage geraten, gepflegt zu werden. Menschen wie Rita Süssmuth haben leicht reden und noch leichter schreiben. Bitter pflegen alte Menschen zu mir zu sagen: »Wenn ich als Bundestagsabgeordneter mehr als 14000,– Mark pro Monat einsacke, bereitet mir das Alter auch keine Sorgen.«

Im gleichen Jahr, in dem Frau Süssmuth ihre Broschüre verteilen ließ, schilderten Pfleger und Pflegerinnen dem »Spiegel«, wie Insassen von Heimen auf Stühlen festgebunden, mit Psychopharmaka ruhiggestellt, in ihren Exkrementen sitzengelassen wurden. Lapidar stellte ein Arzt in einem Heim der Arbeiterwohlfahrt im schwäbischen Ravensburg fest, die Menschen seien traktiert worden »wie Vieh«. Dieser Fall ist zwar gründlich abgestellt, dafür aber traten massenhaft Skandale in anderen Orten auf. Rita Süssmuth ließ die Broschüre weiterverteilen, als die Truppe der *Grauen Panther* einen besonders krassen Fall in einem kommunalen Alten- und Pflegeheim in Wuppertal aufdeckten und anprangerten: Dort hörten Betreuer und Betreuerinnen alte Menschen in den Baderäumen wimmern und um Hilfe rufen. Der Grund: Mit der Körperpflege der Alten war ein Spezialunternehmen für Hygiene beauftragt worden – eine Gebäudereinigungsfirma. Es gab den Protestmarsch von Altenpflegerinnen und Altenpflegern in Stuttgart, die ein Transparent trugen: »Als Gott ins Heim kam, erschrak er!« Das gilt ohne Abstriche auch für das Jahr 1994. Im Grunde ist es viel schlimmer geworden, weil wir mittlerweile wissen, daß alte Menschen in der Pflege getötet wurden: Wien, Gütersloh, Bielefeld. Serienmord.

Die Caritas kam in ihrer Untersuchung »Arme unter uns« 1993 zu dem Schluß, daß unter den alten Menschen auf einen Sozialhilfeempfänger ein sogenannter »verdeckter Armer« kommt, eine Frau oder ein Mann also, die unter Hungerbedingungen leben und darüber aus Scham und Stolz nicht sprechen. Die meisten dieser alten Menschen – und es sind Hunderttausende – leben nicht in Heimen oder Pflegeheimen. Sie leben, wie Vanessa, Fräulein Scherz und all die anderen, verdeckt mitten unter uns. Da wirken die Beteuerungen der Regierungen in Bonn, sie stünden stets mitten im Leben und seien in ständiger Verbindung mit ihrer Basis, ausgesprochen zynisch.

Im letzten Sonderband des Statistischen Bundesamtes »Im Blickpunkt: Ältere Menschen« von 1992 liest man: »Zu den Einrichtungen, in denen ältere Menschen dauernd oder für längere Zeit über Tag und Nacht betreut werden, zählen in den westlichen Bundesländern Altenwohnheime, Altenheime, Altenpflegeheime und die sogenannten mehrgliedrigen Einrichtungen.« Dann wird erläutert, was jeder Begriff im einzelnen bedeutet, und man gewinnt den Eindruck, es handle sich um eine Gesellschaft, die ihre älteren Mitbürger bestens und wohlgeordnet betreut. Das ist durchaus nicht so. So stellt Trude Unruh fest, daß zum Beispiel die Plätze in den Altenheimen zu 70 bis 75 Prozent mit Pflegefällen belegt sind. Ich kann hinzufügen, daß dazu noch mindestens 200 000 ehemalige Langzeitpatienten aus Psychiatrischen Krankenhäusern kommen, die im Zuge der Enthospitalisierung in Pflegeheime abgeschoben werden mußten. 70 Prozent von ihnen sind jünger als 65 Jahre. Ebenfalls hinzu kommt eine nicht bekannte Zahl von Pflegefällen aus den Allgemeinkrankenhäusern. Und noch eine weitere Gruppe ist dort zu finden: Etwa 20 000 der sogenannten »Nichtseßhaften« dieses Landes, deren Zahl buchstäblich detoniert, weil die Armut so schnell wächst. Mittlerweile heißen die Heime im Fachjargon »Gemischtwarenläden«, und dieser Beiname zeugt von beißender Kritik.

1989 war das Jahr der großen Wahrheit für die Deutschen. Die Wiedervereinigung bescherte uns einen politischen Rausch, in dem man mit Parolen wie »Es wird blühende Landschaften geben« und »Keinem wird es schlechter gehen« um sich warf. So kam es zu sozialromantischen Vorstellungen, nach denen auch die Welt der Alten umgekrempelt werden sollte. Selbstverständlich ließ sich kein Fachmann davon trügen, kein Pfleger kaufte derartigen Unsinn. Und in der Realität lief die Wiedervereinigung auf dem Sektor der Altenheime wie ein schlechter amerikanischer Actionfilm ab. Wir verkauften unseren Brüdern und Schwestern im Osten nicht nur zu viele und nutzlose Versicherungen, traktierten sie nicht nur mit zu vielen Krediten, drehten ihnen nicht nur unsere Rostlauben als Gebrauchtautos an, sondern versicherten auch: Ihr bekommt neue Altenheime und neue Altenpflegeheime, ihr bekommt unser System, das nämlich ist das beste – eine dreiste Lüge! Im neuerworbenen Osten herrscht Chaos in den Heimen und ständige Tristesse.

Wenn man rekonstruiert, wie westliche Abgesandte in den

fünf neuen Bundesländern Heime einkassierten und besetzten, fühlt man sich an die Goldgräberstimmung in den USA erinnert. Während die obersten Heeresleitungen der Freien Wohlfahrtsverbände durch die östlichen Lande zogen und das neue Zeitalter predigten, übernahmen ihre Beauftragten die Heime im Handstreich. Es kam zu grotesken Szenen.

Dazu muß man wissen, daß die meisten Heime der Ex-DDR ehemals in staatlicher Verwaltung waren und von den Kommunen betreut wurden. Der Bürgermeister einer Stadt in Mecklenburg-Vorpommern bekam von heute auf morgen gesteckt, daß er die insgesamt etwa 100 Frauen und Männer, die er in seinen beiden städtischen Altersheimen als Pflegerinnen, Köchinnen und Hausmeister beschäftigte, ab sofort aus dem Stadtsäckel bezahlen müsse. Damit noch nicht genug, hörte der Bürgermeister, völlig verwirrt von den exotischen Reizen eines totalitären Kapitalismus, das Bett eines jeden Alten koste ab sofort etwa 200,– bis 300,– dieser phantastischen westdeutschen Mark pro Tag. Das ganz dicke Ende kam aber noch. Man steckte ihm ebenfalls, daß beide Heime, ganz vorsichtig geschätzt, sofort mit jeweils 300 000,– Mark auf Vordermann gebracht werden müßten, denn es funktionierten dort ja nicht einmal die Toiletten einwandfrei. Was konnte ein Bürgermeister tun, der wußte, am nächsten Ersten würden alle hundert Angestellten Lohn und Gehalt verlangen, wenn gleichzeitig noch kein Pfennig in der Kasse war?

Nehmen wir den Fall eines bezaubernden Schlößchens in der Uckermark, das bereits vor Jahrzehnten als Feierabendheim hergerichtet worden war. Die DDR hatte sich nur begrenzt mit der Erhaltung wertvollen Kulturgutes aufhalten können, das Schlößchen war total vergammelt. In wenigen Tagen fielen mehrere Vertreter der Freien Wohlfahrtsverbände ein, besichtigten die traurige Einrichtung und sagten, sie überlegten sich die Übernahme noch. Der Bürgermeister hatte für ihre Überlegungen aber weder Zeit noch Verständnis. Er war mittlerweile so verzweifelt, daß er signalisieren ließ, er sei durchaus geneigt, einem der Wohlfahrtsverbände das Schlößchen gegen eine Anerkennungsgebühr von – sagen wir – 1,– Mark zu überschreiben. Hauptsache, es steige jemand ein, der die Angestellten sofort bezahlen und den Kaffee für die Alten kaufen könne. Auf der Stelle waren sämtliche Interessenten wieder da, der Kaufpreis schien angemessen.

Da geschah, ebenfalls direkt aus dem kapitalistischen Himmel kommend, ein Wunder: Jemand mit dem lockeren Charme der Weltgewandten aus dem Westen trat an den Bürgermeister heran und sagte, das Schlößchen sei zauberhaft. Als Altenheim nun wirklich verschenkt! Ob der Bürgermeister etwas dagegen habe, wenn man sich nach einem geeigneten Ausweichquartier für die Alten und ihre Betreuer umsehe, auch dafür Sorge trage, daß irgend jemand aus dem Westen die Finanzierung einstweilen sicherstelle – und das Schlößchen im übrigen ein exquisites Hotel für Golfer würde?

Die meisten Altenheimleiter und auch Krankenschwestern in den neuen Ländern hatten geglaubt, der Westen würde ihnen nicht nur ein besseres System, sondern auch genügend Geld bescheren, um alles, was in Jahrzehnten verkommen war, schleunigst zu richten. Aber es kam völlig anders.

Wir haben es im Westen Deutschlands mit 6608 Einrichtungen zu tun, in denen 511447 alte Menschen leben. In den Ostgebieten zählen wir 1348 Feierabend- und Pflegeheime und 602 Alten-Wohnhäuser, also insgesamt 1950 Einrichtungen. 1580 dieser Einrichtungen waren in staatlicher Trägerschaft, 370 bei sonstigen Trägern, im wesentlichen den beiden großen christlichen Kirchen.

An diesem Punkt stoßen wir auf einen Mann namens Schalck-Golodkowski, der im Namen der Ex-DDR sein Leben lang bestrebt war, durch Geschäfte mit dem Westen Deutsche Mark und Dollars hereinzuholen. Bei meinen Recherchen in den östlichen Ländern wurde deutlich, daß er für die Heime der Kirchen im Osten mit hoher Wahrscheinlichkeit Spendengelder transferierte, wobei nicht bekannt ist, ob und wieviel er dabei verdiente. Seinem Charakter entsprechend wird er es nicht für Gotteslohn getan haben. Aber vielleicht wird jetzt besser verständlich, warum der Bundestagsausschuß, der die Machenschaften Schalck-Golodkowskis zu untersuchen hat, nicht so richtig vorwärts kommt und auf sehr wichtige Zeugen verzichten muß: Trotz allem Filz, den dieser Mann – u. a. mit Franz-Josef Strauß – in allen seinen dubiosen Geschäften angerichtet hat, muß man sagen: Christlich war er auch noch! Die kirchlichen Altenheime und Pflegeheime in der DDR waren nämlich die einwandfrei besten!

Der übergroße Teil der Heime in der DDR sind, wie gesagt, »Gemischtwarenläden«. Das heißt, dort leben Alte zusammen mit psychisch Behinderten und Körperbehinderten, die dauernd bettlägerig sind. Ein Chaos. Bedenkt man, daß die Zahl der Alten, die einen Pflegeplatz brauchen, auch dort ständig steil ansteigt, ist ein Ende des Chaos nicht abzusehen. Trotzdem behaupten Politiker immer wieder: Wir werden in den fünf neuen Bundesländern bis zum Jahre 2000 denselben Standard haben wie im Westen. Kein Fachmann glaubt ihnen, im Gegenteil, die meisten sagen: »Wir werden nicht einmal im Jahre 2020 so weit sein!« Betrachtet man die Szene, glaubt man den Fachleuten, nicht den Politikern.

Zunächst wurde nach dem Vollzug der Wende mit großem Aufwand vom zuständigen Ministerium für Familie und Senioren zur sogenannten »Berliner Konferenz« gerufen. Thema der Veranstaltung war die Einsetzung eines »Ausschusses für Gesamtsanierung der Alten- und Behindertenhilfe«. Man stellte fest, daß zum Ausbau, zur Renovierung und zum Neubau von Einrichtungen der Altenhilfe eine Summe von 18,5 Milliarden Mark erforderlich wäre. Kaum waren die Teilnehmer wieder zu Hause, erklärte das Ministerium, die Summe liege nach »einer gewissen Subtraktion« bei 16,5 Milliarden. Wenig später tönte aus dem Mund der Ministerin, man brauche im Osten etwa 10 Milliarden. Ich habe kein Mitglied des Ausschusses gefunden, das auch nur annähernd in der Lage gewesen wäre, zu erklären, wie aus 18,5 Milliarden plötzlich *10* werden. Selbstverständlich ging die lächerliche Differenz von achteinhalb Milliarden sowieso im Chor der geradezu riesenhaften allseitigen Versprechungen unter. Denn erstens sind alte Menschen in der Politik nicht von großem Interesse, und zweitens traut kaum einer der Fachleute, mit denen ich sprach, dem Ministerium sonderliche Kompetenz zu oder gar, daß es für die Rechte alter Menschen hart kämpfen werde. Es gelang nicht einmal – was auch im Westen nie gelungen ist – eine einheitlich finanzierte und festgelegte Planung: So darf heute ein neues Pflegebett im Rahmen der stationären Altenhilfe in Mecklenburg-Vorpommern 125000,– Mark kosten, in Sachsen 160000,– Mark und in Berlin satte 220000,– Mark. Der vollkommen verwirrte Normalverbraucher, der ja eines dieser Betten belegen wird und es, wenn möglich, mit seinem eigenen Geld bezahlen soll, bekommt, wenig überzeugend, zu hören: Altenhilfe und Alteneinrichtungen seien nun einmal Sache der Bundesländer – und die unterscheiden sich eben!

Die Groteske geht jedoch weiter, denn der Normalverbraucher könnte jetzt auf die Idee kommen: Wenn in Berlin für den Neubau eines Pflegebettes fast doppel soviel ausgegeben wird wie in anderen Bundesländern, dann gehe ich im Fall meiner Pflege selbstverständlich nach Berlin, weil es mir da besser gehen wird! Das ist ein Trugschluß, denn das Pflegebett in Berlin ist durchaus nicht besser zu bewerten als das in Mecklenburg-Vorpommern.

Seien wir sachlich, betrachten wir die Realität, nehmen wir Thüringen, das »grüne Herz« Deutschlands. Der Staatssekretär im Sozialministerium, Heinz F. Benner, weiß genau, was es kosten wird, die Thüringer Altenheime zu sanieren oder neuzubauen: Zwei Milliarden Mark, sprich: 2000 Millionen Mark. Bekommen hat er im Jahre 1993 zu diesem Zweck wenig mehr als 1 Prozent des Notwendigen: 27 Millionen. Hier zeigt sich deutlich die Kluft zwischen den Wortblasen der Politiker und der Realität.

Thüringen hält 16898 Plätze für Senioren bereit, aber nur 14195 Plätze davon sind belegt. Der Grund ist ganz einfach: Die meisten Alten, auch die im Osten, drücken sich nach Möglichkeit nicht nur vor dem Heim, sondern können es im kapitalistischen Zeitalter auch gar nicht bezahlen. Wie es aussieht, wächst flutartig die Zahl derer, die sich auch in der Ex-DDR in ihren Wohnungen buchstäblich verstecken, solange es geht. 13,5 Prozent aller Thüringer befinden sich im Rentenalter, hinzu kommt ein großer Anteil der 1 Million Menschen in der Ex-DDR, die wegen Aufgabe des Betriebes vorzeitig in Pension geschickt wurden und die ihrerseits ein Heer von Einsamen und Frustrierten bilden.

Das Land Thüringen trägt die Verantwortung für 237 Alten- und Pflegeheime. Von denen weisen mindestens 60 Prozent – wahrscheinlich sind es aber noch viel mehr – »erhebliche Mängel« auf. Eine bundesdeutsche Studie sagt, daß von den rund 1400 Heimen im deutschen Osten überhaupt nur etwa 10 bis 15 Prozent nach den Heim-Mindestbauverordnungen akzeptabel sind. Das heißt, rund 1200 sind so verwahrlost und heruntergekommen, daß sie wahrscheinlich als kaum renovierungsfähige Ruinen betrachtet werden müssen. Da ist so viel vernachlässigt und kaputt, daß man abreißen und neubauen muß. Auf Thüringer Verhältnisse übertragen kann das bedeuten, daß etwa 200 Heime von den 237 gar nicht mehr als Heime anzusehen sind.

Das ist für jeden Versicherungskonzern ein Alptraum, denn diese Leute denken selbstverständlich nicht nur an Wasserschäden, weil jemand vergißt, den Hahn zuzudrehen, sie denken nicht nur an Sturmschäden, bei denen die desolaten Dächer wegfliegen würden, sie denken auch an den Fall, daß jemand schlicht mit Streichhölzern spielt, wobei die uraltmorschen Bauten hochgehen wie Feuerwerkskörper – einschließlich derer, die darin leben. Dieses Kriterium trifft auf mindestens 600 Heime im Osten zu.

Tatsache ist aber, daß in diesen Heimen Menschen wohnen, und wie gesagt, nicht nur alte Menschen. In Thüringen sind auch geistig und körperlich behinderte Jugendliche in diesen Heimen zu finden, ebenso wie sozial- und milieugeschädigte Menschen. Auch Alkoholkranke sind darunter. Mein Kollege Rainer Ostermuth von der »Thüringer Allgemeinen« faßte am 21. Oktober 1992 die Misere zusammen: Der bauliche Zustand vieler Einrichtungen ist bedenklich. Aufzüge, Rufanlagen, ja selbst Handläufe fehlen. Die Sanitäranlagen sind total veraltet, nicht selten schwer zugänglich. 70 Prozent der Heime haben eine Überbelegung, 40 Prozent eine Fehlbelegung.

Das Landesversorgungsamt sagt: »Heimbewohner und Personal werden bis an die Grenzen des Zumutbaren belastet.« Das heißt, ein alter Mensch in Thüringen könnte gar nicht seine Habseligkeiten packen, um freiwillig in irgendein Heim einzuziehen. Wohin denn? In welches? Der Rentenhimmel in der DDR war durchaus nicht rosarot, aber er war wenigstens vollkommen abgesichert. Ein Platz in einem Feierabendheim kostete 150,– Mark. Kann man sich vorstellen, was ältere Menschen nach einem arbeitsreichen Leben fühlen, wenn sie jetzt den Staat bitten müssen, das Rentenbett zu finanzieren? Da bricht eine Welt zusammen.

Der Heimleiter Reinhard Brauns aus Niedertreba: »Das Taschengeld von 132,– Mark reicht für Bierchen, eine Tafel Schokolade, das Glas Wein oder eine Zigarre. Hinzu kommen anteilmäßig 5 Prozent von der Rente (Sonderregelung für die Ex-DDR). Wird ein Ausflug gewünscht, wird es schnell eng. Für die Alten gibt es immer nur das Mindeste« – wobei der Zustand vor der Wende einen Westler an die Jahre vor 1950 erinnert hätte: zweimal pro Woche Bohnenkaffee, zweimal pro Jahr Bananen auf Zuteilung.

Mein Kollege Ostermuth wörtlich: »Die Mehrzahl der Heimbewohner trägt die Mißstände mit dem Gleichmut des Alters. Sie sind zeit ihres Lebens Entbehrungen gewöhnt. Die Bewohnerin eines Altenheimes erzählte, sie habe noch kürzlich in der Stadt gelebt. Der Wechsel in das Heim – sie schlug die Augen nieder. Nein, seufzte sie, ein Zurück gebe es für sie nicht mehr! Wie wenig Phantasien haben wir für das Leid, das wir anderen antun, schrieb Nietzsche einst.«

Nach bundesdeutschem Heimgesetz sind zwölf Quadratmeter Wohnfläche als Untergrenze vorgeschrieben. Auf dieser Fläche leben in Thüringer Heimen nicht nur ein oder zwei Altenheimbewohner, sondern oft drei und vier. Das ist die Realität. Schlafsäle gibt es natürlich auch noch, wenngleich die meisten provisorisch mit Hilfe von Rigipswänden schon verschwunden sind.

Es wäre wünschenswert, behaupten zu können: Das alles haben wir in Westdeutschland viel besser im Griff. Den entscheidenden Punkt, die Bekämpfung von Einsamkeit und das Umsorgen der Seelen, haben wir aber überhaupt nicht besser im Griff.

Thüringen macht nachdenklich, denn die Einsamkeiten dort sehen nicht anders aus als die in der westlichen deutschen Welt. Und eben dieser westdeutschen Welt, aus der alles Heil kommt und kommen soll, geht es schlecht. Mit der Wirtschaft geht es steil bergab, die Zahlen der Arbeitslosen und verdeckt Arbeitslosen sind so hoch wie nie. Und Altenheimfachleute sagen schlicht: »Auch die Bekämpfung von Einsamkeit kostet Geld!« Sie richten erwartungsvolle Blicke auf Bonn. Zitieren wir kurz den »Spiegel«: »Deutschland 1993, das ist eine Gesellschaft ›voller Anspruchsdenken und Verkrustungen‹, durchsetzt mit ›Mißbrauch bei Steuern und Subventionen‹: Längst belastet ›die Verschuldung der öffentlichen Hand die nachwachsende Generation‹, ist die ›Stabilität der sozialen Sicherungssysteme in Gefahr‹.« Kohl, so sagt der »Spiegel«, »pfälzert seit seinem Sommerurlaub im österreichischen St. Gilgen fast täglich in sein Mikrophon: Wir haben über unsere Verhältnisse gelebt. Mag sein. Freilich: Wir wurden auch unter unseren Verhältnissen regiert«.

Es steht außer Zweifel: Die Kürzungen von 21 Milliarden Mark treffen vorrangig die Schwächsten im Lande – und unter denen stehen alte Menschen deutlich an der Spitze.

Einsamkeiten. – Da wohnt in Erfurt die 63jährige Gerda. Sie leidet seit Jahren an Diabetes, die zur Erblindung geführt hat. Sie lebt allein in einer kleinen Neubauwohnung, die Kinder sind berufstätig und können sie nur selten besuchen. Sie kann sich ohne fremde Hilfe kein Brot machen und keine Waschmaschine bedienen, kein Fenster putzen. Selbstverständlich kommt sie aus ihren vier Wänden überhaupt nicht heraus. Ihr Mittagessen erhält sie von »Essen auf Rädern«, und zweimal am Tag kommt jemand von der Hauswirtschaftspflege, um die nötigsten Arbeiten zu machen. Deshalb braucht sie nicht in ein Pflegeheim. Aber sie leidet massiv unter ihrer Einsamkeit, und niemand hilft.

Zweiter Fall: Arno ist 85 Jahre alt und lebt in der Familie

seiner Tochter. Die arbeitet genauso hart wie ihr Mann und kommt erst gegen Abend nach Hause. Arno ist eigentlich noch rüstig, erledigt kleine Hausarbeiten, macht sich selbst etwas zu essen. Aber er leidet unter einer Krankheit, von der wir immer wieder sprechen müssen: Er ist chronisch altersverwirrt, dement, wie man das nennt. Die Tochter erzählt, daß sie nicht mehr ruhigen Gewissens auf die Arbeit gehen kann. Schon ein angebranntes Streichholz kann eine Katastrophe auslösen. Eigentlich, so sagt sie, wollen sie Vater nicht in ein Heim geben, aber es bleibe ja nichts anderes übrig...

Fall Nummer 3 aus Erfurt: Maria hat Multiple Sklerose, die sie an den Rollstuhl fesselt. Sie lebt mit der Familie ihrer Tochter in einer großen Altbauwohnung. Tochter und Schwiegersohn sind berufstätig, die Enkel gehen in die Schule. Maria ist den ganzen Tag allein. Zweimal täglich kommt der Hauspflegedienst, um sie zu versorgen, dann ist sie wieder allein. Sie sagt: »Wenn mir tagsüber irgend etwas passiert, dann kann ich mir nicht helfen.« Aber in ein Pflegeheim will sie auf keinen Fall. Die Beispiele sammelte E. Sendler in der »Thüringischen Allgemeinen«; sie ließen sich beliebig vermehren und klingen um keinen Deut anders als die Schilderungen schlimmer Einsamkeiten im Westen unseres Landes.

Sie deuten auch auf ein Problem, das in Ost wie West gang und gäbe ist. Bei Diskussionen versichern junge Angehörige dauernd: Meine Eltern kommen auf keinen Fall in ein Heim, das lasse ich nicht zu. Nicht selten betreiben sie dann kurze Zeit später die Übersiedlung der Eltern in ein Heim mit der Bemerkung: »Was bleibt mir denn anderes übrig?« Nun könnte man vielleicht zu ihren Gunsten annehmen, sie würden ihre Eltern nur in hervorragenden Heimen unterbringen oder das zumindest versuchen. Das ist häufig nicht der Fall, über den Alltag der Eltern im Heim denkt man nicht weiter nach, er wird mit der Bemerkung verdrängt: Ach, sieh mal, Mutter, hier kümmert man sich doch um dich!

Kümmert man sich wirklich?

Besonders deutlich werden Einsamkeiten in den Dörfern und Weilern des Thüringer Waldes, durch den ich gefahren bin. Da hausen die Gestrandeten der einstmals im sozialistischen Lager so gefeierten DDR. Diesen Menschen wurde buchstäblich der Boden unter den Füßen weggezogen.

Die Leserin und der Leser mögen sich vorstellen, daß das Leben in den Dörfern im wesentlichen von den Landwirtschaftlichen Produktionsgenossenschaften geprägt war, staatlichen Betrieben, die jedermann Arbeit und Lohn garantierten. Diese Betriebe standen über Nacht herrenlos da, das Land fiel an die Bauern zurück. Die aber waren alt geworden, ihre Kinder hatten entweder die Dörfer längst verlassen und waren in die Industriestädte übergesiedelt, oder aber sie verließen unmittelbar nach der Wende das Dorf, weil der Goldene Westen ihnen eine rosige Zukunft versprach. Die alten Menschen blieben zurück. Anfangs funktionierte das noch, weil der Bauer nebenan weiterzumachen versuchte, Eier und Milch verkaufte. Weil der kleine Laden im Dorf noch einigermaßen bestückt war, weil man abends in der Kneipe noch die Kumpel treffen konnte, um sich bei einem Bier über die neuen Zustände zu unterhalten. Aber der Ton änderte sich rasch, wurde rauh und aggressiv. Ein Wirt sagte mir: »Die gemütlichen Zeiten am Stammtisch sind vorbei.« Und er begründete, warum das so ist: »In der LPG gehörte alles Land allen. Nach der Wiedervereinigung fingen die Bauern am Stammtisch an, sich darüber zu streiten, wem eigentlich die 20 Quadratmeter Wiese auf dieser und jener Flur gehören. Bis dahin hatte sich kein Mensch dafür interessiert, jetzt interessiert das alle, jetzt streitet jeder mit jedem.«

Da die jungen Leute scharenweise die Dörfer verließen, schlossen die Kneipen, schloß der Tante-Emma-Laden, das Gemeinwesen verödete. Es gibt hier und da einen Rentner, der einmal pro Woche mit den notwendigen Kästen Bier beliefert wird und sie über die Straße verkauft. Der Bauer, von dem man die Eier und die Milch bekam, gab auf und verkaufte oder verpachtete sein Land an Bauern aus dem Westen, die an Hühnern und Milchwirtschaft in der Regel keinen Gefallen finden: Das bringt zuwenig.

Eine wunderschöne Landschaft mit Dörfern, in denen die

alten Menschen unsicher in eine unsichere Zukunft gehen und immer noch nicht begreifen können, was mit ihnen geschah. Wenn ich mit ihnen sprach, hatten sie oft den dringenden Wunsch, mir klarzumachen, daß sie persönlich nicht schuldig seien an der Riesenpleite dieser DDR. Sie empfinden das wie eine Schmach. An Heime und Pflegeheime mögen sie schon gar nicht denken, da werden sie panisch – zu allem Unglück jetzt auch noch irgendwohin in ein Heim.

Paul ist Jahrgang 1942, Uhrmachermeister in der DDR, bildete in Hoyerswerda zwanzig Lehrlinge aus, war ein hochgeschätzter Handwerker, und er war selbständig. Dann kam die Wende, und er stand vor dem Problem, mit seinem Handwerk nicht mehr genug Geld verdienen zu können. Eine Uhr war in der DDR etwas Wertvolles gewesen, jetzt war sie es nicht mehr. Uhren, und zwar gute, gab es jetzt für 30,– westdeutsche Mark. Paul sah keinen Sinn mehr in seinem Leben, er konnte und wollte sich nicht anpassen. Er igelte sich in seiner Einraumwohnung ein und zahlte schon 1990 seine Steuer nicht mehr. Wovon denn auch? Er holte nicht einmal mehr seine Sozialhilfe ab und kippte seinen Müll einfach vom Balkon. Paul war am Ende. Wären nicht Verwandte gekommen, hätten seine Schulden bezahlt und ihn behutsam wieder ins Leben geführt, er wäre nach eigener Meinung längst tot. Aber er weiß noch immer nicht, ob er mit dieser neuen Welt zurechtkommen wird.

Bleiben wir in Thüringen, besuchen wir die Stadt Waltershausen. Dort, im Ortsteil Langenhain, gibt es ein Heim. Es ist städtisch und liegt vom Zentrum der kleinen, recht malerischen Stadt etwa zehn Fahrminuten entfernt. Langenhain ist ein altes Bauerndorf an dem kleinen Fluß Laucha. Ein wenig außerhalb gibt es die ehemalige LPG. Trecker stehen herum, vor vergammelten Gebäuden rosten allerlei landwirtschaftliche Maschinen, ein Mähdrescher, marineblau, heißt *Fortschritt*. Dann kommen sehr große, mit roten Ziegeln gedeckte Häuser, zerstörte Fassaden, alles ist uralt, heruntergekommen, kaum reparabel. Die Senioren hier leben mit 59 geistig Behinderten und 54 psychisch Kranken zusammen. Ein anderer Teil der Senioren haust in atemberaubender Enge in einem Stadthaus mitten in Waltershausen.

Steht man zwischen dem Männerhaus und dem Frauenhaus, sieht man über das Verkommene hinweg, dann wirkt das Ganze wie ein sehr alter großartiger Gutshof. Das Männerhaus war 1831 als eine Mühle gebaut worden, 1871 wurde es Landesarmenhaus. Wegelagerer und Asoziale wurden hier verwahrt, ein gleichgroßes Haus für Frauen gebaut. Das atmet thüringische Geschichte. Die landwirtschaftliche Produktionsgenossenschaft entstand 1954 und wurde vom Heimbereich finanziell und verwaltungstechnisch abgekoppelt, wenngleich es zur guten Regel wurde, daß die Heimbewohner bei den Bauern nebenan gegen ordentlichen Lohn mitarbeiten durften.

Da steht der Wessi etwas unsicher in der Sonne zwischen den mächtigen Häusern und schaut sich um. Er bleibt nicht lange allein, ein älterer Mann kommt, drückt ihm strahlend die Hand und nuschelt irgend etwas. Natürlich weiß der Wessi nicht: Ist das nun ein geistig Behinderter, ein psychisch Kranker oder ein Normaler? Dann kommt ein zweiter, diesmal junger Mann und zeigt lebhaftes, freundliches Interesse für das Auto des Wessi. Sie alle sind freundlich, und sie lachen alle, und auch Frauen werden neugierig und lachen. Plötzlich ist es egal, wer hier wie in welcher Hinsicht krank ist und wer normal. Alle alten Menschen hier stammen aus dem Kreisgebiet, die anderen sind aus Thüringen gekommen. Es wird deutlich, daß Kreuz- und Querverbindungen bei den Bewohnern entstanden sind: Da hält der Normale mit dem geistig Behinderten ein Schwätzchen, und der psychisch Kranke schäkert mit einer Köchin.

Ich erinnere mich beschämt an die gar nicht großartige Erkenntnis, daß die Heime in der DDR unter Zuhilfenahme aller nur möglichen Provisorien irgendwie überleben mußten und irgendwie überlebt haben. Man muß sagen, daß dies eine Riesenleistung war. Brach irgendwo ein Dach ein – und es brach jeden Tag eines ein –, konnte man nicht in den nächsten Handwerkermarkt gehen, um eine Rolle Dachpappe und ein Kilo Nägel zu kaufen. Das mußte man entweder beantragen, um jahrelang darauf zu warten, oder man mußte im Sinn der naß-regnenden Kranken es irgendwie schnell organisieren. Alle Heimleiter der DDR waren inklusive der Krankenschwestern Meister im Organisieren. Überspitzt, aber bestimmt nicht falsch, sagten mir einige von ihnen: »Wir mußten aus Scheiße Bonbons machen.«

Noch etwas kam mir in den Sinn: Erstaunlich wenige alte Menschen in den westlichen Bundesländern schimpfen auf die Ossis, bezeichnen sie als faul oder als Abstauber unseres Reichtums. Die Alten wissen, wie sie selbst nach dem Krieg aufräumten, organisierten, das Leben langsam in den Griff bekamen. Sie wissen, daß das Leben in der DDR eigentlich immer so war wie »gleich nach dem Krieg«.

Bei meinem ersten Besuch in Langenhain fiel mir sofort auf: Es mag hier alles ein wenig schmuddeliger sein als bei uns, aber die Stimmung ist wesentlich besser – sie ist einfach heiterer. Wenn man einem der Bewohner in Langenhain sagen würde: Junge, bleib cool!, so würde er wahrscheinlich kurz angebunden antworten: »Das will ich gar nicht sein.« Einer der ersten Sätze des Pflegedienstleiters Dietmar Trutschel, geboren 1940 in Thüringen, lautet: »Die Wende hat nichts gebracht!« Dann setzt er lächelnd hinzu: »Ein alter Bau sagt nichts über die Betreuung der Menschen aus, die darin wohnen.«

Tatsächlich arbeitet nicht nur der Chefpfleger Dietmar Trutschel bis zum Umfallen, sein Chef, der Heimleiter Heinz-Jürgen Brenner, auch. Alle 71 Kräfte arbeiten in diesem Heim bis zum Umfallen – und alle werden schlecht bezahlt. Sie arbeiten mit 32 Krankenschwestern und Facharbeitern für Altenpflege, mit 8 ungelernten Pflegekräften, mit 9 Stationshilfen, 12 Frauen und Männer arbeiten im Wirtschaftsbereich, 4 in der Verwaltung, dazu eine Beschäftigungstherapeutin und 3 Kindergärtnerinnen, die zu Therapeutinnen ausgebildet wurden. Sie schuften in 6 Vier-Betten-Zimmern, 22 Drei-Bett-Zimmern, 21 Zwei-Bett-Zimmern und 18 Einzelzimmern. Eine Krankenschwester bekam zu DDR-Zeiten 1300,– Mark netto, heute bekommt sie etwa 1700,– Mark, plus einige Zuschläge. Ein Zuschlag sei genannt: Wenn sie am Wochenende Dienst macht, und das muß sie in drei Schichten dauernd, bekommt sie pro Stunde 1,– Mark.

Da ist Emma, 91 Jahre alt. Sie liegt im Bett. Als sie in das Altenheim umziehen mußte, hatte sie es nicht weit: Sie war die Frau des Bauern gegenüber, längst bevor der Komplex eine LPG wurde. Sie hatte acht Geschwister, die sind alle tot, nur Emma lebt noch. Sie weiß, daß sie einen Mann hatte, aber sie weiß nicht mehr genau, wie er hieß. »Er hieß Emil, oder? Ja, Emil, jetzt weiß ich es wieder.« Sie stammt aus Rosenthal in der Tschechoslowakei. Als sie acht Jahre alt war, starb die Mutter. Sie weiß auch noch, daß ihr Dorf 23 Häuser hatte. Sie liegt da und sagt: »Ich habe es nicht gut.« Dann weint sie.

Auch Isolde ist fast 90, lebt allein in einem winzigen Zimmer, hat daraus mit allerlei Dingen ein bemerkenswertes kleines Reich für sich geschaffen und sagt: »Das Leben macht so müde.« Sie versucht sich zu erinnern, sie weiß: Irgendwann kam sie nach Eisenach, weil da irgend etwas mit einem Mann war, mit ihrem Mann. Wann war das? »1947«, sagte sie plötzlich ganz klar. »Erst, als junges Mädchen, war ich beim Bauern, dann habe ich in Eisenach in einer Weberei gelernt. Eine Tochter ist mir gestorben. Ich hatte auch einen Sohn. Er ist tot. Starb er im Krieg? Ich weiß es nicht. Ich hatte jedenfalls einen guten Mann. Ich bin nicht krank, ich bin nur alt. Alles, was ich lesen kann, lese ich. Ich habe hier mein Essen und mein Bett, und alle sind sie freundlich zu mir.«

Die nächste, ebenfalls in einem winzigen Zimmer, hergerichtet wie eine kleine Burg, heißt Magda. Sie ist 81 Jahre alt, seit sieben Jahren hier. Sie ist in Erfurt geboren, hat nach Gotha geheiratet. Kinder hat sie nicht. Ihr Mann ist seit 20 Jahren tot, sie sagt trocken mit einem Lächeln: »So einen kriege ich nicht wieder. Er war Wachmann im Getriebewerk in Gotha.« Was sie von der Wiedervereinigung halten soll, weiß sie nicht. »Ich sehe doch nichts davon. 100 Jahre alt will ich werden. Das Maul dazu habe ich.« Dann fällt ihr prompt auch wieder ein, wie ihr Mann hieß. »Paul hieß der. Ich sagte immer: Paul – halt's Maul!«

Der Chefpfleger Trutschel, der sie alle kennt und mag, ist

seit 15 Jahren in Langenhain. Ausgebildet wurde er an einem berühmten Ort: im Sophienhaus in Weimar. Er ist ein kleiner, beleibter Mann, wirkt sehr sanft, kann aber knallhart sein. Das mußte er vornehmlich zu DDR-Zeiten auch. Er würde niemals von sich behaupten, immer schon dagegengewesen zu sein, aber eigentlich ist er Diakon, und eigentlich auch der Vorsitzende des Gemeindekirchenrates. Er sagt: »Wir haben hier im Heim schon zu DDR-Zeiten immer Gottesdienste abgehalten und wurden immer scheel angeguckt.« Dann setzt er hinzu: »Daß jetzt neuerdings alles ums Geld geht, ist mein Problem. Ja, wir treiben hier Selbstausbeutung, diese Arbeit geht an die Nerven. Ich staune immer wieder, daß das überhaupt noch funktioniert.«

Da darf man mit ihm staunen, denn allein die gesamte Installation der beiden großen Häuser würde im Westen in einem technischen Museum gezeigt, in Langenhain muß es funktionieren, tut es aber eigentlich nie. Sie bekamen im Männerhaus neue Toiletten und ausgerechnet dann Besuch von einer Tageszeitung, die bemängelte, die Toiletten hätten keine Türen. Es nutzte Trutschel überhaupt nichts, daß er sagte, die Türen seien von einem, der ausgeflippt war, kurz vorher zertrümmert worden und neue schon bestellt. Die Tageszeitung schrieb wütend, das gewähre »nicht einmal einen Rest an Intimsphäre«. So kann das in einer Demokratie mit der Pressefreiheit laufen.

Und dann kam das westdeutsche System über sie wie ein Schwall Wasser, und wortreich belehrte man sie: So geht das aber nicht! Man kann doch nicht geistig Behinderte, psychisch Kranke und normale alte Menschen in einem Heim zusammenleben lassen. Waltershausen braucht drei Heime!

Die einzig mögliche Antwort wäre: Man konnte durchaus, wenn es keine anderen Möglichkeiten gab – man konnte ja teilweise auch im Westen. Aber Bürokratenhierarchien sind nicht zu überzeugen, und damit steht die 13000-Einwohner-Stadt vor einem schier unlösbaren Problem. Erstens muß sie nicht nur drei neue Häuser bauen, sondern sie muß diese Einrichtungen auch noch »gemeindenah« unterbringen, also mitten in Waltershausen. Da stellt sich der nachdenkliche Mensch denn geistig Behinderte und psychisch Kranke vor, wie sie über den fröhlich bunten Wochenmarkt von Waltershausen toben, harmlos zwar, aber eindeutig verrückt. Selbstverständlich ist da mit Schwierigkeiten zu rechnen. Trutschel sagt: »Wir haben doch hier genug Platz für die neuen Häuser!« Aber wahrscheinlich wird man nicht auf ihn hören.

Als nächstes taucht die Frage auf, ob die Gemeinde Waltershausen es sich finanziell überhaupt erlauben kann, gleich drei neue Heime für die drei Menschengruppen zu bauen? Die Antwort führt direkt zu einem Mann namens Dr. Werner Pidde, der im Rathaus zu Waltershausen arbeitet und gegenwärtig ständig Maurerkolonnen ertragen muß: Auch das Rathaus ist selbstverständlich baufällig. Ich erzähle von Werner Pidde, um deutlich zu machen, daß es klug ist, sich an Menschen wie ihn zu wenden, wenn es darum geht, einen Heimplatz zu suchen oder selbst in ein Heim zu ziehen. Pidde ist kein Fachmann für Altenheime, hat aber begriffen, um was es eigentlich geht. Er ist ein Solitär.

Er ist erst 40 Jahre alt, ein schmaler, schlanker Mann, der sehr hart arbeitet. Er wirkt leicht unsicher, war sicherlich nicht für ein politisches Amt gemacht und sagt: »Ich habe in der Öffentlichkeit noch immer meine Schwierigkeiten.« Er ist in der 13000-Einwohner-Stadt der zweite Mann nach dem Bürgermeister und zuständig für Finanzen, Soziales, Kultur, Schulen, Jugend und die städtischen Heime. In einer westdeutschen Gemeinde wäre es völlig undenkbar, daß für das alles ein einziger Mensch zuständig ist, aber in der Ex-DDR ist das durchaus keine Seltenheit. Pidde sagt angesichts dieser immensen Aufgabe: »Ich bin gewissenhaft, und ich weiß Bescheid.« Er kann zwar erklären, wie er an diesen merkwürdigen Platz innerhalb der Bürgerschaft gerückt ist, macht aber den Eindruck, als könne er es selbst immer noch nicht fassen. »Ich war Dozent an der Fachschule für Finanzwirtschaft in Gotha. Ich lehrte Wirtschaftsmathematik und Statistik. Das war etwas, das mir gefiel. Ich bin Waltershäuser und pendelte in der DDR-Zeit zwischen hier und Gotha.« Dann lächelt er in der Erinnerung und erklärt: »Ich war zu DDR-Zeiten ein kleiner Nörgler. 1989 ging ich hier mit Freunden auf die Straße. Wir versammelten uns auch in der Kirche, und ich hörte fassungslos, wie die Leute sich zum Beispiel darüber aufregten, daß man hier keine Bananen kaufen konnte. Genau das war mein Punkt. Ich meldete mich also zu Wort und sagte: Das mit den Bananen ist doch nicht wichtig. Wichtig ist, daß dieses System kaputt ist! Mit elf Freunden gründete ich die SPD und wurde zum Vorsitzenden gewählt. Ich weiß nicht, großartig fühlte ich mich sicher nicht. Aber wir erreichten bei der ersten Wahl immerhin knapp 30 Prozent. Da mußte ja nun irgendeiner diesen Job hier im Rathaus machen, und meine Freunde sagten: Du bist der Richtige, du bist der einzige, der das kann.«

Ich frage dazwischen: »Kann Waltershausen denn überhaupt innerhalb der nächsten vier oder fünf Jahre drei Heime bauen?«

Er antwortet, ohne zu überlegen: »Natürlich nicht. Das muß ganz anders laufen. Ein Heim, das ist wohl sicher, baut die Diakonie. Da stellen wir das Grundstück. Etwas anderes, Geld zum Beispiel, haben wir doch gar nicht. Die beiden anderen Heime werden wir ähnlich unter Dach und Fach bringen müssen.« Dann gibt er mir eine leicht resignative Lehrstunde in östlicher Kommunalpolitik. Er ist verantwortlich dafür, daß alle seine älteren Mitbürger im Fall der Not einen Platz im Heim oder zur Pflege bekommen. Er weiß, um was es geht, er hat nicht nur drei Kinder, seine Frau ist zudem schwerbehindert. Er geht jeden Tag zu Fuß durch seine Stadt, denn seine Familie kann sich nur ein Auto leisten. Er ist froh darüber, weil er dann erfährt, was die Leute so denken. Er hat erlebt, daß Waltershauser Bürger mit der Axt und mit der Pistole im Sozialamt auftauchten, weil ihr Leben plötzlich zerstört war. Er sagt: »Keiner von denen fährt nach Bonn oder in die Landeshauptstadt Erfurt. Die kommen hier zu uns ins Rathaus!«

»Wir haben hier das Menschliche noch ein wenig mehr«, erklärt er. »Der Zusammenhalt der kleinen Leute stimmt noch. Wir haben jetzt 13000 Einwohner, zur Zeit der Wende hatten wir 15000. 2000 sind einfach weggezogen, dorthin, wo sie den Aufschwung schneller zu haben glaubten. Aber das Politikgefüge stimmt nicht. Die Bürger denken, sie hätten die Wahl zwischen Parteien, die sich deutlich voneinander unterscheiden. Das können die Parteien aber gar nicht. Denn wir bekommen Fördermittel, und die sind streng gebunden an das Ziel der Finanzierung. Also: 30 Prozent vom Staat, wenn wir ein neues Feuerwehrhaus bauen, oder aber 50 Prozent vom Staat, wenn wir für die Feuerwehr die sündhaft teure technische Ausstattung anschaffen. Wir haben einen Verwaltungshaushalt von 24 Millionen, der insofern eine Mogelei ist, als man glauben könnte, irgendein Kommunalpolitiker könne damit wahlweise die eine oder andere Möglichkeit wählen. Kann er nicht. Wir haben einen Vermögenshaushalt von gleicher Größenordnung, von dem 10 Millionen Kredite sind, und 10 Millionen, die als Antrag auf Fördermittel ausgewiesen sind. Auch das ist eine Mogelpackung, denn wenn wir eine Förderung nicht bekommen, streichen wir den Posten einfach aus dem Haushalt. Das Geld hat es real ohnehin nicht gegeben. Es gibt dicke Bücher aus Bonn, in denen ich lesen kann, welche Fördermittel für welche Vorhaben in welcher Höhe ich beantragen kann. Das allein ist eine Wissenschaft für sich. Niemand von uns fährt nach Bonn, um Geld zu erbetteln. Das ist auch sinnlos, denn die Beamten in den Ministerien, die diese Fördermittel zugestehen, kennen wir überhaupt nicht. Wir wissen nur, daß unser Landrat der mächtigste Mann ist, der direkten Einfluß auf diese Fördermittel hat, also bestimmte Prestigeobjekte bauen kann, Straßen zum Beispiel, Bäder zum Beispiel. Richtige Investitionen haben wir nur einmal bekommen: 30,– Mark pro Einwohner. Das war in Waltershausen eine lächerliche halbe Million. Wir können weder die Mittel verändern, noch irgendeinen anderen Punkt im Plan. Wenn ich also gezwungen bin, drei Heime zu bauen, weil die Insassen schon hier leben, kann ich nur drei Grundstücke zur Verfügung stellen. Eigentlich ist das alles, was geht.«

Man kann das einfach übersetzen: Als Wessis darangingen, den Ossis beizubringen, was eine richtige Demokratie ist, haben sie sie so eingeengt, daß die Möglichkeit zum Demokratiespiel ausgeschlossen war. Wenn also Ratsherren in einer Stadt behaupten, ihre Partei sei die alleinseligmachende Kraft, muß der Bürger wissen: Das darf sie zwar behaupten, aber beweisen wird sie das nie können. Bleibt zu hoffen, daß die Waltershausener ihre drei Heime schnell kriegen. Auf dem alten wunderschönen Platz in Langenhain werden sie ohnehin nicht bauen können: Auf das riesige Areal hat die Treuhand seit langem ihre Goldfinger gelegt, und das bedeutet: Da haben die Alten keine Chance.

Die Situation in den fünf neuen Bundesländern macht keinen Mut. Zwar werden erhebliche Mittel dort hingeleitet und auch im Bereich der Heime ausgegeben, aber ob die Chance der Krise in dem total desolaten System genutzt wird, wage ich zu bezweifeln. Wie schon so häufig müssen wir unsere Hoffnungen auf die setzen, die querdenken, neue Wege finden, sich nicht entmutigen lassen. Hen Troost, in der Bundesleitung der Arbeiterwohlfahrt in Bonn für die Alten und ihre Heime zuständig, spricht das kluge Wort: »Die, die die politischen Entscheidungen treffen, kennen kein Notgefühl.«

Auf der anderen Seite gibt es in den neuen fünf Bundesländern durchaus Punkte der Hoffnung. Einer dieser Punkte hängt mit einem Begriff zusammen, der zu DDR-Zeiten sehr eng mit dem Alltagsleben verbunden war und heute einen nicht gerade angenehmen Beigeschmack erzeugt, weil angenommen wird, alles, was mit der Vergangenheit zu tun habe, sei nicht in Ordnung, nicht mehr diskutierbar, sei falsch gewesen. Der Begriff heißt Volkssolidarität. Das war eine vom Staat getragene Bewegung, Gruppen von sozial arbeitenden Männern und Frauen, die für jedermann da waren, wenn Krankheit und Not herrschten oder aber wenn allgemein Nachbarschaftshilfe gefordert war.

Die Landeshauptstadt Erfurt hat sieben dieser Gruppen neu gebildet und bietet damit ein außerordentlich wirksames Netzwerk für alte Menschen. Es ist nicht mehr wie früher, als man die Volkssolidarität ironisch einen Strickverein nannte. heute heißt das »Seniorenclub des Magistrates der Stadt Erfurt« und verzichtet glücklicherweise auf alles politische Getue. Es ist etwas »zum Anfassen« geworden.

Einer der Clubs hat sein kleines Vereinslokal in einer Parterrewohnung in der Vilniuser Straße 10 im Erfurter Stadtteil Ried.

Hier in der Nordstadt steht eine riesige Siedlung in Plattenbauweise, einst der Stolz der DDR-Regierung und seinerzeit begehrt als Wohnplatz. Das hat sich entscheidend gewandelt, die Blocks wirken abstoßend und slumartig. Es ist Sonnenschein, es herrscht viel Betrieb, es gibt einen sehr bunten Markt mit Thüringer Bratwurst und neuseeländischen Kiwis. Die Hausfrauen sehen grau und gestreßt aus, es fällt auf, daß sehr viele Menschen älter sind als 50. Demographen befürchten, daß diese Plattenbausiedlungen der Ex-DDR zu neuen riesigen Altenheimen werden – es mag niemand mehr einziehen, die Jugend wandert weg. Jemand hat an eine große Wand gesprüht: »Das Leben ist beschissen!«

Im Club spielt eine kleine Band, Frauen und Männer schwatzen lebhaft miteinander, lachen und tanzen, sind hell und farbenfroh gekleidet. Sie nennen den Chef liebevoll Ecki. Ecki Resmer ist ein schlanker, dunkelhaariger Mann, schon zu DDR-Zeiten einer der großen Jazzfreunde der Stadt und deshalb immer höchst kritisch betrachtet. Ecki liefert seinen Kunden zweimal am Tag Essen auf Bestellung und haust in einem Büro, das ein Mittelding zwischen Büro, Einbauküche, Wohnraum und Wintergarten ist. Er hat kaum Platz für seine langen Beine und stößt unentwegt an Grünpflanzen, die überall stehen und hängen. Er sagt resolut: »Ich muß die Psyche meiner Leute aufbauen.« Das ist ein Programm. Gegenüber, 50 Meter entfernt, ist ein Alten- und Pflegeheim mit zu engen Korridoren, total überbelegt, ohne all die Hilfen für die Alten, die im Westen selbstverständlich sind. Das Heim hat mehrere hundert Bewohner, und Ecki sagt: »Die dämmern vor sich hin.«

Zu Ecki kommen ältere Menschen, die irgendwie den Dreh gefunden haben, der permanenten Langeweile und ihren Einsamkeiten zu entkommen. Die Band ist eine Rentnerband aus ehemals bekannten Profis, sie macht gute Musik. Seit drei Jahren kämpft Ecki unermüdlich dagegen an, daß Erfurt die Alten vergißt. Er verläßt sich dabei nicht auf große Worte und Parolen, sondern eben auf die Alten, die ihn besuchen. Die Gespräche laufen in Ried genauso wie in Augsburg oder Bremen. »Wo und mit wem hast du eigentlich zusammengelebt?«

»Sie waren noch nie reich«, sagt Ecki nachdenklich. »Ich erwische sie meistens in der einzigen Aktivphase des Tages: Wenn sie mittags losgehen, hierherkommen und sich ihr Mittagessen kaufen. Zu Hause sind sie einsam, die Langeweile ist wie eine Krankheit, ich will, daß sie nichts in sich hineinfressen. Vor allem die Frauen haben eine riesige Lebensleistung hinter sich.«

Das Programm, das Ecki wöchentlich auf die Beine stellt, ist erstaunlich. Da wird der Geburtstag des Monats mit dem Trio Sunshine gefeiert, man besucht eine Aufführung des »Zigeunerbaron« im Opernhaus, da talkt man mit einem Arzt über das »Phänomen Krebs«, bei einem Malkurs wird systematisch Entspannung geübt, es folgt ein Vortrag über geschützte Tiere, man fährt in die Stadt, um Kirchen zu besichtigen. Was vor allem so wichtig ist: Man trifft auch die Leute von den anderen sechs Clubs. Es bilden sich Netzwerke, da ist dann niemand mehr allein, wenn es ihm einmal nicht gut geht. Ecki sagt: »Wir sind eine Hilfe zum Leben.«

Ein alter Erfurter wandert mit mir durch die Siedlung und erklärt: »Wenn du in diesen Wohnungen haust, kommt es verdammt schnell vor, daß du dich einigelst und der Fernseher dein einziger Gesprächspartner wird: Hier liegen alte Leute wochenlang tot in der Wohnung, und kein Mensch merkt das. Das wäre in DDR-Zeiten nicht vorgekommen, schon deshalb nicht, weil dauernd mit uns Alten irgend etwas angestellt wurde. Ich will mal sagen: Wir wurden nicht vergessen. Jetzt habe ich den Club, ich bin da richtig zu Hause. Ich weiß endlich wieder, daß mir nichts geschehen kann, daß ich mich telefonisch melden kann, wenn es mir dreckig geht, daß Ecki sofort hier ist oder irgendeiner von meinen Freundinnen und Freunden.«

Immer wieder habe ich ihnen zugehört, wie sie betonten, diese tiefe, bedrückende Einsamkeit hätte es zu DDR-Zeiten nicht gegeben. Selbstverständlich war ich mißtrauisch, denn ich wußte auch: Die DDR ging von Staats wegen mit ihren alten Mitbürgern exakt so lieblos um, wie das in der Bundesrepublik der Fall ist. Schlimmer noch: Die Alten wurden abgeschoben, und Altenbetreuung war nach Auskunft von Pflegern und Krankenschwestern eindeutig nichts anderes »als Füttern und Windeln, basta!« Ich wußte auch, daß in den Heimen und Pflegeeinrichtungen der DDR tatsächlich erschreckend wenig auf die seelischen Bedürfnisse eingegangen wurde und daß in den Wohnheimen massive Alkoholprobleme herrschten. Schnaps und Bier waren billig, aus der Bundesrepublik stammende Therapeuten und Altenpflegerinnen, die im Osten ein Gastspiel gaben, waren äußerst verblüfft, als sie in den Heimen von morgens bis abends dazu aufgefordert wurden, ein Schnäpschen und ein Bierchen mit den Alten zu trinken. »Die hatten enorme Probleme mit Alkohol, und sie wußten es meistens nicht.«

Allzu leichtfertig wäre es jetzt zu vermuten, daß nur die Heime in Ostdeutschland erhebliche Probleme mit Alkohol hätten, Heime in Westdeutschland dagegen nicht. Das stimmt so nicht. Auch Altenheime im westlichen Teil Deutschlands haben schon jahrzehntelang ganz erhebliche Probleme mit Alkohol. Nicht etwa nur bei den alten Leuten, sondern auch in zuweilen schlimmen Formen beim Personal. Man sagt, das Personal saufe wegen des Stresses, die Alten wegen der tödlichen Langeweile.

Ich weiß auch, daß der Kampf unter verschiedenen Gruppen der Pflegerinnen und Pfleger immer noch tobt: Sollen wir neue Inhalte suchen, neue Wege gehen? Oder sollen wir weitermachen wie gehabt? Langsam lernte ich verstehen, was den eigentlichen Unterschied zwischen West und Ost in diesem Land ausmacht. Der ehemalige Leiter des Psychiatrischen Krankenhauses in Halensleben, der Psychiater, Psychotherapeut und Neurologe Dr. Matthias Nitzsche, jetzt niedergelassener Psychiater im Eifel-Mosel-Gebiet sagt: »Ihr im Westen seid privilegiert. Ihr habt hier phantastische Einrichtungen und Pilotprojekte für alte Menschen. Aber das sind Vorzeigestücke, das ist nicht der Alltag, das betrifft immer nur einen winzigen

Prozentsatz aller Beteiligten. In der DDR hatten wir kein Geld, aber im Durchschnitt gesehen ging es unseren alten Menschen einfach besser. Sie waren in die Gesellschaft eingebunden, nicht ausgegrenzt.«

Er hat recht, und das kann man beweisen. Jeder Betrieb hatte sein »Kampfprogramm« zu schreiben, ein furchtbares Wort, wenn man bedenkt, daß es einfach um gesellschaftliche Aktivitäten gehen sollte, um Feste und Feiern, um Besuche und Ferien, um Treffen und fröhliches Tamtam. Niemals fehlte in einem dieser Programme der Punkt: Veteranen oder Altgenossen. Reiste ein Betrieb zum Ausflug an die Ostsee, so mietete er zehn Bungalows an, und in einem davon hausten fröhlich die alten Betriebsangehörigen, die selbstverständlich mitgenommen wurden, ohne die gar nichts lief.

Ich rate also dringend zur Vorsicht bei der Behauptung, wir Wessis hätten hier das bessere System.

4 Von Friedrich Hölderlin und Aloysia Wagner

Um 1800 schrieb der Dichter Friedrich Hölderlin unter dem Titel »Hälfte des Lebens« seine berühmten Zeilen:

Mit gelben Birnen hänget,
Und voll mit wilden Rosen,
Das Land in den See,
Ihr holden Schwäne,
Und trunken von Küssen,
Tunkt ihr das Haupt,
Ins heilignüchterne Wasser.

Weh mir, wo nehm ich, wenn
Es Winter ist, die Blumen, und wo
Den Sonnenschein
Und Schatten der Erde?
Die Mauern stehn
Sprachlos und kalt, im Winde
Klirren die Fahnen.

Mehr als 170 Jahre später schrieb Aloysia Wagner ungelenk in ein kleines Schulheft: »Ich lag zuhause in einem schönen Zimmer ganz allein, es war an einem hellen Morgen. Die Sonne scheinte schön ins Zimmer. Auf einmal erschien mir wie vom Blitz einen schönen heiliger Engel in mein Zimmer durchs offene Fenster. Er sprach mich liebevoll an und sagte, mein Kind, du darfst eine Engelheilige werden, wenn ich will. Bete viel zu deinem Heiligen Schutzengel. Er sprach mir noch vieles andere zu, dann verschwand Er wieder durchs Fenster, schnell durch die Luft...«

Daß Aloysia Wagner einen religiösen Wahn hat, ist den Fachleuten klar. Unter welchem Wahn der deutsche Dichter litt – darüber streiten immer noch die Wissenschaftler. Den Dichter und die Aloysia Wagner verbindet eines: Der Dichter und die Wagner wurden und werden in einer Familie gepflegt.

Diese Familienpflege kann eine der vielversprechenden Möglichkeiten sein, wie dieses Deutschland mit dem Problem der alten Menschen und ihrer Pflege fertig wird. Ein Königs-

75

weg, die allein seligmachende Lösung ist sie nicht, aber sicherlich einer der vielen Wege, die wir gehen müssen. Familienpflege für Alte bedeutet in der Psychiatrie, daß Menschen unter der Begleitung von Fachleuten bei Familien einquartiert werden und diese Familien eine ordentliche Bezahlung dafür bekommen. Der alternde Mensch bekommt eine Familie, seine zweite Familie.

Unter diesem Titel »Die 2te Familie« ist soeben im Psychiatrie-Verlag ein faszinierendes Buch erschienen, eine Oase in der endlosen Sequenz staubtrockener wissenschaftlicher Neuerscheinungen auf diesem Gebiet, die in der Regel nicht lesbar sind.

Der Mann, der als Herausgeber zeichnet, ist der 45jährige Paul-Otto Schmidt-Michel, Dr. med., Diplompsychologe und Privatdozent, Leiter des Bereichs Rehabilitation und Sozialpsychiatrie am Psychiatrischen Landeskrankenhaus Weißenau in Ravensburg. Der nachdenkliche, schlaksige Blonde, der in der Sorge um seine alten Kranken neue Wege ging und dafür zusammen mit T. Held von der Rheinischen Landesklinik in Bonn 1990 den Hermann-Simon-Preis der Deutschen Gesellschaft für Psychiatrie und Nervenheilkunde bekam, stand seit Beginn der 80er Jahre unter erheblichem Druck: Alle psychiatrischen Krankenhäuser stöhnten, weil eine sehr hohe Zahl psychisch kranker Menschen, die viele Jahre, Jahrzehnte zumeist, in den Landeskrankenanstalten gelebt hatten, nun aufgrund neuer Gesetze, Verordnungen und Vereinbarungen mit den Krankenkassen die Kliniken verlassen mußten. Wohin mit diesen zwar verrückten, aber in der Regel harmlosen und liebenswerten, meist alten Leuten? Um etwas klarzustellen: Wir sprechen hier von Möglichkeiten, den Lebensabend alter Menschen gut und würdevoll zu gestalten. Wieso kommen wir da auf psychisch *kranke* alte Menschen? Die Antwort ist einfach: Altenwohnheime und Altenpflegeheime geben an, daß bis zu 50 Prozent der ihnen Anvertrauten unter Verwirrtheitszuständen leiden, oft unter Depressionen. Beide Zustände fallen in den Fachbereich der Psychiatrie. Deshalb zieht P.-O. Schmidt-Michel den Schluß: »Wenn ich psychisch kranke Alte in privaten Familien unterbringe, dann kann ich selbstverständlich auch daran denken, gesunde alte Menschen in Familien zu geben.«

Es gibt erste Beispiele: So ließ die Stadt Ravensburg bei Schmidt-Michel anfragen, ob man nicht zusammen einen Plan entwickeln könne, statt eines Altenheims eine Familie anzubieten. Schmidt-Michel ist ein resoluter Überzeugungstäter. Um ihn und sein Sorgen für alte Menschen zu beschreiben, muß die Geschichte von Bernhard erzählt werden. Bernhard ist 70 Jahre alt, ein Rentner, der in einem winzigen romantischen Weiler nahe Ravensburg in seinem eigenen Häuschen lebt. Bernhard brachte es fertig, die Wogen öffentlicher Erregung bei Nachbarn, der Polizei bis hin zu einer ernsthaften Konferenz von Fachärzten hochschlagen zu lassen. Warum?

Bernhard hatte sich mit zunehmendem Alter in seine kleinen Verrücktheiten eingesponnen: So ist er der festen Überzeugung, mit dem Fernseher sprechen zu können. Er ist ebenso der festen Überzeugung, daß er in direktem Kontakt mit Sabine Christiansen oder Ulrich Wickert steht, wenn die ihre Nachrichten auf der Mattscheibe kommentieren. Inzwischen besitzt er acht Gesprächsteilnehmer, sprich Fernseher. Darüber hinaus glaubt Bernhard, daß er und sein Haus von Feinden belauert werden, die ihm mit geheimnisvollen Strahlen beschießen wollen. Um diese Strahlen abzuwehren, hat er ein bizarres System entwickelt. Mit den Kronkorken seiner Bierflaschen, die er in kunstvollen Mustern an die Wände seiner Zimmer heftet, schafft er sich einen Abwehrpanzer. So sollen sie dafür sorgen, daß die feindlichen Strahlen nicht durch die Mauern seines Hauses dringen. Außerdem schneidet er Dosen von Fischkonserven, die er gerne ißt, zu flachen Blechen und heftet diese Bleche mit Draht an ein kompliziertes, käfigähnliches Gebilde, das er mit Wäscheleinen rund um sein Haus gespannt hat. Bernhard lebt eigenbrötlerisch für sich allein, tut niemandem etwas, wird selten aggressiv und hält im übrigen die Rolläden vor seinen Fenstern stets geschlossen.

Von Zeit zu Zeit, das ist klar, muß er von dem behandelnden P.-O. Schmidt-Michel gemahnt werden, sich zu waschen, weil Menschen wie Bernhard phasenweise verwahrlosen, auf die eigene Erscheinung nicht achten, das Haus verkommen lassen und in der Küche ein Chaos anrichten.

Dadurch wurden Ratten angezogen, was die Nachbarschaft aufscheuchte und zunächst zu Protestgemurmel veranlaßte. Als aber Bernhard aus Versehen eine Ratte in ein Fenster eingeklemmt hatte und dort steckenließ, entdeckten Nachbarn das, und der Wirbel war gewaltig. Bernhard müsse entmündigt und sofort in die psychiatrische Landesklinik eingewiesen werden, forderte man. Die daraufhin in Weißenau einberufene Ärztekonferenz war sich nicht einig, aber die meisten der Fachleute waren für die Einweisung.

Schmidt-Michel war strikt dagegen. »Was tut uns der Bernhard denn?«, fragte er. Und: »Wieviel Anderssein können wir überhaupt ertragen?«

Ein Amtsrichter wurde zugezogen. Der hörte sich den Fall genau an und entschied: »Bernhard muß nicht entmündigt werden, er kann zu Hause bleiben!«

Ein Arzt, der so intensiv für seine Patienten kämpft, denkt nicht unbedingt in alten Bahnen. Es ist also nicht verwunderlich, daß ausgerechnet Schmidt-Michel zusammen mit seinen engagierten Mitarbeitern auf die Idee der Familienpflege kam, eine Idee, die beileibe nicht neu ist und aus einem einfachen Grund geboren wurde: weil die Anstalten überfüllt waren und die Ärzte verzweifelt Auswege suchten.

Der Dichter Friedrich Hölderlin, 1770 in Lauffen am Neckar geboren, nimmt es nur seiner melancholischen Mutter zuliebe (der Vater ist längst tot) auf sich, Theologie zu studieren, und fühlt sich in diesem Studium wie »auf der Galeere«.

Es folgen Wanderjahre. Was immer er auch tut, er wird nicht glücklich in dieser Welt, er sagt von sich »... daß ich oft so herzlich lebensmüde bin«. Erschwerend kommt hinzu, daß Schiller, Goethe und Schelling ihn enttäuschen, offenbar nicht verstehen, sich von ihm abwenden. Über die Stationen Frankfurt und Homburg geht er als Hauslehrer in die Schweiz, dann nach Bordeaux, hat eine unglückliche Liebe. Freunde in Stuttgart schildern ihn als »leichenblaß, abgemagert, von hohlem, wildem Auge, langem Haar und Bart, gekleidet wie ein Bettler«. 1804 befindet ein Gutachter, »daß sein Wahnsinn in Raserei übergegangen« sei. 1806, im Alter von 36 Jahren, wird er tobend in das Tübinger Klinikum eingeliefert, nach sieben Monaten dort sagt sein Arzt, er sei unheilbar krank und habe nur noch drei Jahre zu leben.

Da gab es jedoch einen Schreinermeister namens Ernst Zimmer, der Hölderlins »Hyperion« bewundernd gelesen hatte und den Dichter in der Klinik besuchte. Als Hölderlins Arzt fragte, ob Zimmer den Dichter in seinem Haus aufnehmen wolle, stimmte Zimmer zu.

Hölderlin überlebte Zimmer, war 36 Jahre lang in dessen Familie und starb erst 1843 als 73jähriger.

In einem Beitrag in dem Buch »Die 2te Familie« hat Thomas Keller dieses traurige Leben einfühlsam und spannend geschildert.

Die Geschichte Hölderlins kann uns einen Denkanstoß geben und führt uns direkt zu Aloysia Wagner. Die nämlich ist von Paul-Otto Schmidt-Michel in Familienpflege eingewiesen worden. Sie lebt bei der Familie Hübler im geordnet-schwäbisch-romantischen Ilmensee – und Aloysia Wagner ist mit 73 Jahren rundherum glücklich. Sie hat etwas bekommen, von dem sie ihr Leben lang geträumt hatte und das sie auf normalem Wege niemals erreicht hätte: endlich eine eigene Familie, in der sie einen festen Platz hat. Spätes Glück.

Was für Aloysia Wagner heute selbstverständlich ist, was sie ruhiger werden ließ, bedeutete für den Arzt Schmidt-Michel einen jahrelangen Kampf gegen sich ständig neu auftürmende Schwierigkeiten, die immer in der Frage mündeten: Was Sie tun, Herr Doktor, ist phantastisch, aber wer soll das denn bezahlen?

Zu Beginn der 80er Jahre gründete der Arzt den privaten gemeinnützigen Verein »Arkade e. V.«. Sinn dieser Einrichtung war es, Fachkräfte einzustellen, ein Heim zu begründen, in dem alte, aber auch junge psychisch Kranke ein Zuhause hatten, eine Begegnungsstätte zu schaffen und das Ganze mit dem Segen des zuständigen Landeswohlfahrtsverbandes Württemberg-Hohenzollern zu finanzieren.

Schon damals war vollkommen klar, daß diese kleinen Einheiten der Wohlfartspflege entschieden mehr ausrichten können als riesige, nicht mehr überschaubare Maschinerien. Solche kleinen Vereine haben den Vorteil, daß das fachliche Team selbst auf die Qualität der geleisteten Arbeit achtet. Wir müssen uns vor Verallgemeinerungen hüten, aber das gilt für nahezu alle kleinen, privat gegründeten Hilfsvereine auf diesem Sektor.

In der Regel sind Wohlfahrtsinstitutionen des Staates und alle Krankenkassen äußerst pingelig, wenn es ums Geld geht. Bei diesen kleinen Vereinen haben sie die Gewißheit, daß die Qualität der fachlichen Betreuung der Patienten außer Zweifel steht. Das garantieren die fest angestellten Mitarbeiter des Vereins, das garantieren aber auch die kompetenten Ärzte, die hinter einem solchen Verein stehen. Das Ziel ist nicht, Geld zu verdienen, sondern Geld im Sinne der Patienten optimal auszugeben.

Schmidt-Michel fand heraus, daß Pflege in einer neuen Familie zwar eine Jahrhunderte alte Geschichte in Deutschland hat, in anderen Staaten jedoch längst auf sehr viel kräftigeren Beinen steht. Da ist nicht nur das belgische Städtchen Gheel, in dem fast jede Familie einen Kranken pflegt, sondern es gibt Familienpflege, gut durchkonstruiert und fachlich begleitet, auch in den USA, in Kanada, auf Haiti, in Holland, in Dänemark und besonders ausgeprägt in Frankreich.

Offenkundig haben andere Länder mehr als Deutschland in dieser Hinsicht für die Alten und die Kranken vorgesorgt. In Frankreich zum Beispiel sind viele Familien darauf spezialisiert, alte oder kranke Menschen aufzunehmen. Sie werden ordentlich dafür bezahlt, und niemand kommt auf die Idee, im Namen eines sentimental verstandenen Christentums nach »ehrenamtlichen Pflegekräften« zu rufen. Das geht so weit, daß junge Familien erheblich einfacher und auch wesentlich billiger an Baudarlehen von Banken kommen, wenn sie sich verpflichten, einen Raum oder ein Appartement mehr in das

Haus einzubauen und einen alten Menschen – oder aber einen Kranken – in Pflege zu nehmen. Das gilt auch für Belgien und Holland.

»Und warum machen wir das nicht in Deutschland?«, könnte man fragen. Die Antwort ist: Es gibt in diesem Staat nicht einmal eine Abteilung in den entsprechenden Ministerien des Bundes oder der Länder, die derartige Möglichkeiten registriert und untersucht und vor allem weitergibt. Nach aufmerksamer Betrachtung ist die Methode Schmidt-Michels und seiner Mitarbeiter in jedem Bundesland anwendbar, die Frage ist nur, ob sich das Bundesland überhaupt dafür interessiert.

Im Rahmen des Vereins Arkade schrieb Schmidt-Michel Pflegeplätze aus. Seine Absicht war: »Ich wollte unter keinen Umständen an das oft zitierte christliche Gewissen in den Familien appellieren. Ich wollte keine Hausfrau, die sich ehrenamtlich einen kranken Menschen ins Haus holt und sich an ihm abarbeitet. Ich wollte Familien ansprechen, denen ich sagen konnte: Ich kann euch einen Patienten vermitteln, ich werde euch ordentlich dafür bezahlen! Ich habe einen Horror vor bestimmten Formen des Pietismus, der aufgrund christlicher Überlegungen einen Pflegling kostenlos durchzieht. Der Pflegling muß gewöhnlich auf die gleiche Weise an Gott glauben wie seine Pfleger. Und wie kann er das, wenn er das nicht kennt oder nicht will?«
Schmidt-Michels Überlegungen waren fundiert und bis zum letzten Pfennig durchgerechnet, die zuständige Wohlfahrtsstelle war informiert und einverstanden, alle übrigen Beteiligten gaben ihr Okay, Schmidt-Michel sah sich nach geeigneten Frauen und Männern um, die dieses Unternehmen durchziehen und fachlich begleiten konnten. Vereinfacht dargestellt, sieht das Weißenau-Projekt so aus: Eine Familie nimmt einen (maximal zwei) Menschen bei sich auf. Diese Leute sind in der Regel nicht etwa bettlägerig, sondern können aufstehen, umhergehen, allerlei Arbeiten verrichten, mit der Familie normal leben. Für diese Betreuung bekommt die Familie einen Betrag von 1800,– bis 1900,– Mark – das kann von Region zu Region leicht unterschiedlich sein. Wird der Pflegling bettlägerig,

kommen zusätzlich etwa 400,– Mark im Monat von der einschlägigen Sozialhilfestelle hinzu. Dieses Geld, auch dafür kämpfte Schmidt-Michel erfolgreich, wird nicht versteuert, es fließt also uneingeschränkt und bar in die Brieftasche der Familie. Die Familie erklärt sich bereit, dem Pflegling von diesem Geld ein angemessenes Taschengeld zur Verfügung zu stellen, mit dem er machen kann, was er will. Außerdem werden alle Dinge des persönlichen Bedarfs angeschafft.

Wie alle guten Ideen ist auch diese im Grunde ganz simpel, und Schmidt-Michel kommentiert: »Ich verstehe nicht, daß Familien, die einen eigenen Angehörigen pflegen, nicht ordentlich dafür bezahlt werden. Es ist, wie man sieht, in jedem Fall entscheidend billiger als irgendein Wohn- oder Pflegeheim, und man kann gleichzeitig sagen: Es ist nichts zum Nulltarif, sondern die Frau des Hauses kann mit diesem Betrag fest rechnen.« Selbstverständlich macht Schmidt-Michel im Namen des Vereins Arkade einen ordentlichen Vertrag mit den Pflegeeltern, und selbstverständlich haben beide Seiten die Möglichkeit, diesen Vertrag zu kündigen, wenn irgend etwas eintritt, das eine der Parteien erheblich stört oder ihr Leben einschränkt.

Zusätzlich aber garantiert der Verein eine kontinuierliche fachliche Hilfe. Das heißt: Jeder Pflegling muß einmal im Monat bei dem Facharzt Schmidt-Michel im Landeskrankenhaus Weißenau erscheinen und Auskunft geben über seine Gefühle, seine Lage, seine Stellung in seiner zweiten Familie. Darüber hinaus aber kommt mindestens einmal im Monat eine Fachfrau ins Haus der Pflegefamilie und bespricht mit ihnen und dem Pflegling, was an Schwierigkeiten anliegt, ob es Krankheiten gibt, ob irgendwelche Konfliktpunkte das Leben sauer machen, ob pflegerisch oder seelisch etwas getan werden muß. Es geht um ganz reale Krankenpflegeanleitungen, aber auch um Tips, wie man seelische Schwierigkeiten bekämpft und bewältigt. Selbstverständlich wird offen darüber gesprochen, wenn der Pflegling den Pflegeeltern auf den Wecker geht und schwierig ist oder die Familie tyrannisiert. Das Entscheidende ist: Man redet miteinander!

Nun liegen in der begleitenden Forschung die ersten Ergebnisse über Familienpflege vor, und sie sind, alles in allem, verblüffend. Ich möchte daran erinnern, daß ein Facharzt dem Dichter Hölderlin nur noch maximal drei Jahre gab, daß aber Hölderlin noch 36 Jahre in dieser zweiten Familie lebte und – vor allem – schrieb! Die Idee der pflegenden Familie hat vor mehr als 60 Jahren meinen bewunderten Kollegen Egon Erwin Kisch veranlaßt, in das belgische Städtchen Gheel zu reisen und eine seiner lakonisch-ironischen Reportagen zu schreiben. Diese Reportage, die funkelt und blitzt, ist ebenfalls in dem Buch »Die 2te Familie« zu lesen. Dort steht auch, daß Pflege in der Familie den Pfleglingen guttut, sie lebendig macht, wieder richtig leben und lachen läßt, wie ein heilendes, sanftes Medikament wirkt.

Schmidt-Michel: »Der Vorteil dieser Pflegefamilien ist ihre Nicht-Professionalität. Wir als Ärzte tragen in 20 Jahren gesammeltes Wissen um Krankheiten und Verhaltensstörungen im Schädel, wir ordnen diese Patienten ein und können ziemlich genau sagen, was ihnen schadet und was ihnen nützt. Der Laie, der zu Hause eine Frau oder einen Mann pflegt, sieht das alles viel normaler und unbelasteter. Er kann, wenn ihm der Pflegling auf den Geist geht, auch einmal sagen: Jetzt halt doch endlich die Schnauze! Das schadet niemandem, im Gegenteil, wahrscheinlich empfindet der Pflegling das auch als vollkommen normal. Noch etwas kommt hinzu: Wir geben ja die Verantwortung für diese Frauen und Männer nicht ab, sondern wir bleiben nach wie vor verantwortlich. Aber – sie sind nicht mehr im Krankenhaus, sie leben frei in der Familie, sie können etwas für sich gestalten und es auch erleben – unter normalen Menschen, nicht unter Pflegern, Krankenschwestern und Ärzten. Natürlich arrangieren wir auch jährlich ein Treffen der pflegenden Familien, die dann ihre Erfahrungen austauschen, aber auch Fragen an uns stellen können. Es ist ein schönes Gefühl zu erleben, daß diese Pflegeeltern tatsächlich so etwas wie Gewerkschaftsfunktionen übernehmen. Da taucht zum Beispiel die Frage auf, ob sie denn aufgrund ihrer pflegerischen Tätigkeiten nun auch rentenversichert sind. Bei uns sind sie das leider nicht, in Frankreich ist das längst normal. Jemand, der einen so schweren Dienst leistet, muß selbstverständlich rentenversichert aus dieser Arbeit hervorgehen.«

»Wenn Sie Pflegeeltern suchen, nach wem suchen Sie?« Schmidt-Michel: »Es meldeten sich 200 Familien. Wir brauchen starke Frauen.«

Machen wir uns auf den Weg in das romantische Ilmensee am Ilmensee – in den Weiler Krumbach, der altes Bauernland für ursprünglich 14 Familien ist. Jetzt gibt es seit einigen Jahren dort eine neue Familie, nicht alteingesessen, neugierig beäugt aus allen Häusern: die Hüblers. Noch genauer: die Louise und der Reinhard. Bei denen lebt seit Jahren Aloysia Wagner, ist Teil der Familie geworden, ist so etwas wie ein Kind und gleichzeitig die Oma. Die richtige Oma lebte nämlich nicht in der Familie. Aloysia ist 73 Jahre alt, und die Louise, eine jener starken Frauen, sagt: »Selbst wenn wir die Pflege von der Aloysia nicht mehr bezahlt bekämen, sie würde hierbleiben, denn sie gehört längst zu uns.«

Das Haus ist groß, einer der schönen Höfe im Allgäu. Da die Familie Hübler sechs Kinder hat, drei eigene und drei adoptierte, da diese Kinder, vom Kleinkind bis zum 18jährigen Fußball- und Motorroller-Freak ziemlich viel Wirbel machen, sieht das Haus ein wenig wie eine unaufgeräumte Jugendherberge aus. Überall liegt irgend etwas herum, dazwischen tobt der Hund herum, wobei er mit dem Schwanz eine Klarinette von der Truhe wedelt. Da kann es denn schon einmal sein, daß vier gleichzeitig brüllen und keiner zuhört. Der Fachmann Schmidt-Michel äußert sanft: »Da darf die neugewonnene Oma auch schon mal krähen.«

Aber die Aloysia kräht nicht, ist ganz still glücklich. Sie hat sich ein eigenes Zimmerchen wie eine Puppenstube eingerichtet, die meisten Bilder sind religiös, zeigen einen vollkommen verkitschten Papst in Rom oder den süßen Heiland im Glorienschein. Ihre Bücher sind ausschließlich Exegesen biblischer Texte, die beherrscht sie seitenweise auswendig, und niemand in dieser Familie nimmt sich das Recht, darüber zu spotten: Oma Aloysia braucht das eben, wie andere die Klarinette oder den Motorroller. Sie ist auch nicht hierhergekommen, um abrupt Schluß zu machen mit den Wahnvorstellungen, sondern kann ihnen hier in Ruhe nachlauschen. Das hat zur Folge, daß der Wahn langsam abnimmt, daß Aloysia immer öfter beim Spülen oder Kochen in der Küche auftaucht und hilft, oder aber in den kleinen Garten geht und dort etwas für Louise sät. Louise, das spürt man, ist die Liebe der Aloysia geworden, und wenn Louise bei kühlem Wind vor der Haustür steht, kommt Aloysia des Weges, streichelt sie und sagt: »Daß du mir net frierst, Mädle!« Es sind die kleinen liebevollen Dinge und Gesten, die aus einer Familie eine Familie machen.

»Im Grunde«, sagt Schmidt-Michel, »leiste ich ein Unding. In einer Zeit, in der schon die meisten Menschen als Single leben, komplettiere ich Familien. Das, was ich da eingerichtet habe, wird von keiner Behörde überwacht, dann würde es wahrscheinlich schiefgehen. Die Autonomie der Familie ist sehr hoch, wir können nicht mit behördlichen Überwachungsmaßnahmen die Pflegenden und Gepflegten einengen. Das, was wir hier geschaffen haben, ist nicht diktiert und niemals befohlen, es kam von unten. Wichtig für uns ist: Diese Familien sollen in der Regel Einheimische sein, die Betreuer auch. Und sie müssen das haben, was wir eine hohe kommunikative Fähigkeit nennen, sie müssen sprechen können, sie müssen sich hineinfühlen können.«

Unter »Hineinfühlen« versteht er wohl auch folgende Situation, die der Herr des Hauses, der dunkelhaarige, langmähnige Reinhard Hübler deutlich beschreibt: »Also, die Schwierigkeit mit Aloysia war zu Anfang, daß sie sich auf den Lokus setzte und die Tür nicht zumachte. Aber das hatten wir bald.« Er braucht nicht lang zu erklären, wie sie das bald hatten, das Problem existiert halt nicht mehr. Man hört dem großgewachsenen schlanken 36jährigen kurz zu und weiß, daß er viele Situationen erlebt hat, die mit denen eines Bauern im Allgäu im allgemeinen nichts zu tun haben. Er sagt: »Ich war mal heroinabhängig. Ich habe schon als 12jähriger alles an Drogen gehabt, was ein Mensch haben kann. Ich habe in der Szene gelebt.« Und dieser Mensch jetzt als Pflegender für die Aloysia?

Louise ist 40, blond, hat blitzende blaue Augen, aus denen Neugier spricht. Sie ist ein ausgesprochen hübscher Anblick, und auch bei ihr käme man kaum auf den Gedanken, daß sie aus dem Weiler stammt. Tatsächlich ist Louise Schottin, tatsächlich hatte sie in ihrem Leben, außer mit Heroin, so ziemlich mit allen üblen Giften zu tun, mit denen ein Mensch sich aufputschen kann. Sie war im Grunde jahrelang eine von Menschen benutzte Frau. Diese Frau jetzt als Pflegerin für Aloysia?

»Ja, gerade darum«, sagt Schmidt-Michel. »Diese Menschen wissen genau, was es heißt, einen Menschen zu haben. In der Regel hatten sie keinen Menschen, der ihnen half. Gerade sie können für Frau Wagner ein Schutz sein. Menschen, die erhebliche Brüche in ihrem Lebenslauf erlebt haben, können leichter ermessen, was es bedeutet, alleine zu sein und aus diesem Alleinsein herauszuwollen.«

Louise findet es wichtig und richtig, in einer Lebens- und Wohngemeinschaft für die sechs Kinder dazusein, für ihren Mann und für Aloysia, sie hat nicht die geringste Schwierigkeit mit dieser Rolle. Sicher wird das erheblich erleichtert durch Reinhard, der sehr genau weiß, was es an Arbeit und Kraft erfordert, diese Familie zu managen.

Louise sagte: »Ich bin mein Leben lang vor etwas weggelaufen und habe mein Leben lang nach etwas gesucht. Gewußt habe ich das lange Zeit nicht. Ich gehöre hierher, und die Aloysia ist ein Teil meines Lebens.«

Irgendwann, Jahreszahlen sind da nicht wichtig, kam sie auf ihrer langen Flucht in die Pfalz. Sie blieb da hängen, weil es den Reinhard gab. Hätte man ihnen damals gesagt, sie würden einmal Verantwortung für so eine liebenswerte verrückte Type wie die Aloysia übernehmen – sie hätten mit Sicherheit schallend gelacht. In jenen Jahren waren sie unermüdlich damit beschäftigt zu überleben. Sie hätten nicht einmal geglaubt, wenn man ihnen damals gesagt hätte, daß sie eigene Kinder haben würden. Nun haben sie auch noch Kinder adoptiert. Kinder von Eltern, die nicht wie sie die Kraft hatten, sich aus dem Elend herauszuarbeiten. Sie nahmen Kinder auf, die gestört waren, Kinder, von denen man nicht sagen konnte, sie seien gesund, fröhlich und würden das Leben schaffen.

Selbst wenn sie dafür richtig Geld bekommen – auch die Aloysia haben sie adoptiert. Aloysia kannte zu der Zeit nur das Leben im Psychiatrischen Krankenhaus. 30 Jahre war sie dort gewesen, in denen viel passierte, in denen sie sogar im Haushalt des Krankenhauschefs arbeitete. Daß sie nun schon jahrelang bei den Hüblers lebt, begann mit einem Kaffeeklatsch. Zusammen mit einer Betreuerin kam Aloysia auf den Hof, setzte sich mit den Hüblers zusammen und aß Louises Kuchen, im Haus roch es nach Backwerk.

Aloysia hatte keine Ahnung, wer diese Hüblers waren, woher sie kamen, was für eine Art Leben sie leben wollten. Umgekehrt wußten Hüblers wenig von Aloysias Leben. Natürlich hatte man ihnen gesagt, daß die alte Frau ein wenig verrückt sei, komisch irgendwie, einen religiösen Wahn habe. In ihren rührend-aufrichtigen Versuchen, über ihr Leben zu berichten, hatte Aloysia geschrieben: »Jetzt dürfen Sie wissen, wie ich als junges Kind mit sieben Jahren eine Heilige geworden bin. Ich schwöre vor Gott dem Allmächtigen, daß ich die Wahrheit schreibe, so wahr mir Gott helfe.« Sie berichtete von ihrem Leben als Magd auf den Bauernhöfen des Allgäus. Sie war, das ist sehr deutlich zu spüren, eine ständig Ausgenutzte, Getretene. Einmal stiehlt sie aus einer Kirche ein kleines Handglöckchen. Sie wird erwischt und ins Gefängnis gesteckt. Sie kann das nicht verstehen, das Glöckchen ist etwas Heiliges, sie wollte es nur für ein paar Stunden haben. »Nur wäre ich beinahe ins Konzentrationslager gekommen, wenn ich nicht einen Schutzengel gehabt hätte, der mich beschützt hat.« Grundsätzlich war *sie* schuld, wenn irgend etwas an ihrem Arbeitsplatz nicht in Ordnung war. Mehrmals, meist wegen Lächerlichkeiten, kam sie ins Gefängnis, bis nach vielen Jahren jemand auf den Gedanken kam, sie könnte möglicherweise krank sein.

Für Aloysia sind die Hüblers ein Gottesgeschenk. Die Herzlichkeit Louises ist erfrischend – und ihre Offenheit auch. Sie spricht von den Schwierigkeiten, die sie in diesem

Land hatte. »Da gab es nur Brigitte-Typen!« Nachdenklich murmelt sie: »Es gibt zu viele Menschen hier, das ist wie ein Ameisenhaufen. Und du triffst sehr selten höfliche, zurückhaltende Menschen. Gefährliche Menschen triffst du oft, Lügner auch. Was mich stört, ist die Oberflächlichkeit der Menschen.«

»Kennen eure Kinder eigentlich eure Lebensgeschichten?«

Louise: »Nein, oder nur teilweise. Du mußt darauf achten, wie alt sie sind und was sie vertragen können. Wir verschweigen sicherlich nichts, aber ihnen alles zu sagen, wenn sie noch ganz jung sind, das ist einfach nicht gut. Die Kinder werden langsam lernen, was Papa und Mama so hinter sich bringen mußten. Stück um Stück.«

Mit diesen Menschen also trank Aloysia Kaffee, man beschnüffelte sich und kam überein, einen Monat auf Probe zusammen zu wohnen. Dann war es klar, Aloysia blieb.

Die Hüblers sind die einzigen Nichtkatholiken in diesem Weiler, und sie kamen mit Kindern. Es gab viel Neugier und auch viel Mißtrauen, das sich jetzt gelegt hat. Reinhard ist Betriebsleiter in einem Lebensmittelgroßhandel, der auf Bio-Basis eingerichtet ist. Ein schwieriges Geschäft, aber eines, das ihm Spaß macht.

»Spielen Drogen noch eine Rolle?«

Reinhard: »Ja. Wir trinken leidenschaftlich gern mal einen Wein.«

»Kannst du dir vorstellen, so etwas wie Aloysia Wagner in mehrfacher Ausfertigung im Haus zu haben?«

Er lacht. »Durchaus. Man muß darüber nachdenken, aber eine Möglichkeit für alte Leute wäre das schon. Sogar eine tolle.«

Das alles klappt selbstverständlich nur, weil Hüblers sicher sein können, daß Fachfrauen und Fachmänner dahinterstehen, die laufend und kaum merklich kontrollieren, ob es um Aloysia Wagner und ihre neue Familie gut bestellt ist. Nicht nur die körperliche Gesundheit kann auf diese Weise erhalten werden, auch die Seelenlage aller Beteiligten ist im Bestzustand. Das, was Hans Mohl als dringend erforderliches »regionales Management« bezeichnet, kann auf fast ideale Weise mit Schmidt-Michels Methode in der Zusammenarbeit eines Landeskrankenhauses für Psychiatrie, einem hochspezialisierten Verein und einer ganzen Kette von hochspezialisierten Fachleuten Gestalt annehmen. Dabei wird gleichzeitig deutlich, daß eine solche Verzahnung in Deutschland in den meisten Fällen fehlt. Ein Hinweis für die Leser dieses Buches: Familienpflege gibt es in folgenden Gebieten und Städten: In Bonn, Ravensburg-Weißenau, Langenfeld, Viersen, Bedburg-Hau, Bad Schussenried. Zwiefalten, Stuttgart, Winnenden, München, Aschaffenburg (hier ausnahmsweise als Ansprechpartner: Sozialdienst katholischer Frauen). Also im Bereich des Landschaftsverbandes Rheinland, im Bereich der Landeswohlfahrtsverbände Württemberg-Hohenzollern, Bayern sowie Baden. Das für alle die, die sich erkundigen wollen.

Seit drei Jahren häufen sich Inserate, in denen zum Beispiel Bauersfrauen Rentnerinnen und Rentnern einen Pflegeplatz anbieten. In solchen Fällen ist von fachlicher Hilfe in der Regel keine Spur zu finden. Solange die älteren Menschen bei Gesundheit sind, kann das Leben auf einem Bauernhof sehr hilfreich und stärkend wirken. Aber es kommt die Zeit körperlicher und seelischer Krisen, in denen fachliche Hilfe für sie im Privathaushalt nicht gewährleistet ist. Ich mahne dringend zur Vorsicht: Das Alter braucht Fachleute. Gewöhnlich wird auf eine solche Mahnung die Entgegnung kommen: »Wenn ich krank werde, wird halt ein Arzt geholt.«

Genau das trifft das Problem nicht, denn in diesem Land der hochgezüchteten Medizin sind altenerfahrene Ärzte, Frauen und Männer also, die Fachleute für altenspezifische Krankheiten sind, äußerst selten. Immer wieder wird von Fachleuten gefragt, warum es hierzulande nicht längst Altenärzte gebe. Mit dieser Spezialisierung sei kein Blumentopf zu gewinnen, lautet die Antwort, weil Altenärzte bei der Bevölkerung nicht sehr angesehen seien. Das wird sich ändern – spätestens dann, wenn der Allgemeinheit bewußt wird, wieviele Alte wir haben und wieviele noch dazukommen werden.

Halten wir nur fest, daß die Methode Schmidt-Michels und seiner Mitarbeiter in jeder Hinsicht einer kritischen Prüfung standhält und einer der Wege sein könnte, dem Chaos zu entgehen. Die Methode ist etwa um 50 Prozent billiger als die der Heime – und letztlich geht es ja immer ums Geld.

Noch ein Hinweis: Es ist bei der Schilderung der Region Weißenau sehr viel von Familie die Rede. Das klingt wie eine Beschwörung, als sei diese ehrwürdige Institution das A und O dieser Pflegeform. Doch melden sich sehr viele alleinerziehende Frauen, und sie sind den Fachleuten von Herzen willkommen, wenn sie die erforderlichen Kriterien erfüllen. Wir wissen es alle: Familie kann nicht nur heilen, sondern auch krankmachen. Also muß man sagen, daß nicht die Familie an sich heilend wirkt, sondern die Gemeinschaft alter und junger Menschen und die Bereitschaft, sich auf etwas Neues einzulassen.

Trude Unruh sagte schon vor mehr als zehn Jahren: »Das klassische Altenwohnheim ist tot!« Tatsächlich ist es längst überholt, wenngleich wir die skurrile Situation beobachten, daß sämtliche Fachleute hierzulande das wissen und laut aussprechen, daß aber viele Politiker immer noch so tun, als sei das überkommene System unserer Heime der Weisheit letzter Schluß. Doch auch wenn von den 8000 Heimen in Deutschland nicht viele empfehlenswert sind, muß festgehalten werden: Wir werden in Deutschland ohne eine gewisse Zahl hochspezialisierter Alten- und Pflegeheime niemals auskommen, denn die letzte und schwerste Phase der Pflege ist der Familie nicht zuzumuten.

Wir werden auch deshalb ohne Heime nicht auskommen, weil es eine ganze Menge älterer Menschen gibt, die gerne ihre letzten Jahre dort verbringen. Es gibt Heime, in denen der Putz von den Wänden bröckelt und die Kücheneinrichtung 30 Jahre alt ist, die aber menschlich so gut geführt werden, daß jeder äußerliche Schönheitsfehler unwichtig wird. Diese Heime sind der Geheimtip, und sie zu entdecken ist die eigentliche Kunst.

Worum geht es denen, die ihre Mütter und Väter gut untergebracht wissen wollen? Worum geht es, wenn ein älterer Mensch überlegt, in welches Heim er gehen kann?

Es geht ausschließlich darum, Ängste zu vermeiden. Ängste verkrampfen jeden Menschen und machen ihn krank, das gilt genauso für die Angehörigen.

Renate Wiedemann, eine bemerkenswerte Journalistin, die sich auf die Fragen von Sterben und Tod spezialisiert hat und über die ich an anderer Stelle berichten werde, sagt zu Recht: »Wir bereiten uns auf einen Wochenendausflug besser vor als auf den möglichen Einzug in ein Altenheim und auf das Sterben.«

Genau das ist der kritische Punkt. Das Älterwerden und gar der Tod sind auf groteske Weise ausgeblendet, obwohl alle Wissenschaftler, die sich mit der menschlichen Seele befassen, eindeutig sagen: Wenn du darüber nachdenkst, wenn du darüber in deiner Familie sprichst, wird der Gedanke an den Tod viel leichter zu ertragen sein, und du brauchst dich weniger zu quälen.

Halten wir fest: Es gibt andere Möglichkeiten als das Altenheim und das Pflegeheim. Es gibt die Möglichkeit, so lange hartnäckig nach der besten anderen Lösung zu suchen, bis man am Ende befriedigt feststellen kann, diese beste Lösung gefunden zu haben. Niemand sollte sich bei dieser so lebenswichtigen Suche nach einer Bleibe im Alter auf andere Menschen mehr als nötig verlassen.

Der 43jährige Altenheimspezialist und Sozialarbeiter Peter Paulus der Stiftung Liebenau im Bodenseegebiet faßt es so zusammen: »Den klassischen Typ des Altenheim-Menschen gibt es gar nicht mehr. Das Heim wird in zunehmendem Maß nur noch die letzte Station sein, und ich bin sicher, daß wir in naher Zukunft bereits den Zustand erreichen, daß herkömmliche Heime leerstehen.« Peter Paulus erlebt in seiner heimatlichen Region gerade eine Entwicklung mit, die revolutionär ist, aber so verdeckt läuft, daß man schon sehr aufmerksam sein muß, um sie überhaupt wahrzunehmen. Die private katholische Stiftung Liebenau, die ursprünglich darauf spezialisiert war, sich um eine große Zahl geistig und körperlich Behinderter zu kümmern, hat sich in kühlem Management umstrukturiert, nachdem sie sage und schreibe neun Altenheime »zugestiftet« bekommen hatte, wie Fachleute das nennen, auf gut deutsch heißt das eigentlich: geschenkt.

Das geschieht so: Viele Kommunen, aber auch Einrichtungen der Caritas und der Diakonie machen mit ihren Alten- und Pflegeheimen pleite. Da die zuständigen Landeswohlfahrtsverbände ebenfalls sehr knapp bei Kasse sind, können sie diese Einrichtungen nicht auffangen. So ist zum Beispiel der Landeswohlfahrtsverband in Stuttgart mit 180 Millionen Mark verschuldet, kann also dem städtischen Altenheim in Tettnang nicht helfen, wenn dieses, wie geschehen, 1992 mit einem Minus von 600 000,– Mark abschließt. Da kam die Stiftung Liebenau um fünf Minuten vor zwölf zu Hilfe und erhielt die oben erwähnten neun Alten- und Pflegeheime »zugestiftet« – im Grunde mit dem Ziel, die Heime aufzulösen und in anderer Weise neu aufzubauen, aber auch im Management neu zu strukturieren.

Paulus: »Sie sehen, was hier in Tettnang läuft. Da ist ein altes Heim, das baulich so schlecht gestaltet ist, daß man es auch durch Umbau nicht mehr den heutigen Erfordernissen anpassen kann. Da leben in Pflegebetten alte Menschen, die ihr Zimmer nicht einmal mehr verlassen können: keine rollstuhlgerechten Flure, kein Lift. Also bauen wir eine neue Anlage.«

Das Peinliche in Tettnang ist, daß dort gerade eine neue Musikschule gebaut wurde (neben diesem Altenheim), die man als prächtig und aufwendig bezeichnen muß. Auf die Idee, ein städtisches Altenheim ebenso aufwendig zu finanzieren, käme kein Gemeinderat, denn Alte sind einfach *out*, es lohnt sich nicht, für sie zu investieren.

Die Stiftung Liebenau hat sich vorgenommen, neue Ideen umzusetzen. Das Tettnanger Altenheim wird mit der alten Einrichtung nichts mehr gemein haben. Es wird eine Wohnanlage entstehen, in der Alte und Junge zusammenleben sollen. Geplant sind 50 Wohnungen mit etwa 65 Pflegeplätzen. Geplant ist eine »Speisekarte«, wie Fachleute das nennen. Die alte

Dame, der alte Herr, das alte Ehepaar können eine Wohnung sowohl mieten als auch kaufen. Sodann können sie einzelne Leistungen abrufen: Sie können sich selber das Essen kochen, sie können aber auch das Essen aus der Küche des Heims in ihre Wohnung bestellen oder aber unabhängig im Lokal essen gehen. Sie können alles, was sie zur körperlichen Pflege und allgemeinen Hilfe brauchen, regelrecht bestellen – praktisch von der Altenpflegerin bis hin zu einer Putzhilfe. Selbstverständlich gehören sie zu einem elektronischen Sicherheitsverbund, so daß sie 24 Stunden am Tag schnelle pflegerische aber auch ärztliche Hilfe haben – niemand ist in irgendeiner Minute des Tages ganz allein, niemand muß Hilflosigkeit fürchten.

Was die jungen Leute angeht, die man mit den neuen Wohnungen locken kann, so stellt sich die Stiftung Liebenau vor, sie zu einer ehrenamtlichen Hilfestellung ermuntern zu können. Das heißt: Junge Menschen können älteren Menschen in sämtlichen Lebensbereichen helfen.

Derartige Planungen fand ich in allen Regionen Deutschlands, so daß niemand sagen kann: Das gibt es nur in Tettnang, nicht bei uns!

Es wäre auch falsch anzunehmen, man könnte mit einer geringen Rente in so einen Komplex nicht einziehen. Nimmt man sich die Zeit für die notwendige Informationssuche, wird man feststellen, daß diese Komplexe jedem offenstehen.

Naiv wäre es allerdings, sich darauf zu verlassen, daß mit der neuen Pflegeversicherung alles wie geschmiert und vor allem alles von selbst läuft. Die Pflegeversicherung, ich erwähnte es bereits, wird in ihrer bisherigen Form nicht verhindern, daß Pflegefälle und vor allem Schwerstpflegefälle nach wie vor vom Sozialamt bezahlt werden müssen – zumindest zu einem nicht geringen Teil.

Ich zitiere Norbert Jachertz aus Heft 39 des »Deutschen Ärzteblattes«: »Bisher trägt die Sozialhilfe die Kosten, wenn die eigene Leistungsfähigkeit erschöpft ist. Sie wird das, wenn die Pflegeversicherung wie geplant in Kraft tritt, auch weiterhin tun müssen. Die Sozialhilfeträger werden lediglich entlastet. Doch die schweren Pflegefälle werden in aller Regel auch künftig Sozialhilfefälle sein. Die Behauptung von Sozialpolitikern, Pflegebedürftigen das Odium der Sozialhilfeempfänger zu nehmen, enthält nicht die ganze Wahrheit. Über diesen heiklen Punkt wird in der politischen Diskussion gerne geschwiegen...«

5. Hol mich hier raus!

Machen Sie einen Abstecher mit mir. Es geht in ein kleines bayerisches Bauerndorf zwischen München und dem Chiemsee, ein Dorf mit urigen geraniengeschmückten Höfen. In einem der Höfe ist Therese zu Hause, 44 Jahre alt, sie erledigt nahezu alle Arbeiten auf dem Hof, den sie im Nebenerwerb mit ihrem Ehemann Sepp betreibt. Hauptberuflich ist der Mann in der Käserei im nächsten Markstädtchen beschäftigt. Er arbeitet im Schichtdienst.

Sepps Eltern leben mit auf dem Hof, denn von den Eltern haben sie den Hof übernommen. Von Beginn an war klar, daß es niemals in Frage kommen würde, die Oma oder den Opa in ein Heim zu geben. Von Beginn an war ganz sicher: Das macht die Therese, wenn es einmal so weit ist. Oma und Opa könnten sich auch gar nicht vorstellen, in ein Heim zu gehen, sie haben diesen Gedanken angstvoll tief in sich vergraben und verlassen sich felsenfest auf den Sohn Sepp – auf den war immer Verlaß.

Es begann damit, daß die Oma kränkelte. Sie klagte über Rückenschmerzen, zeitweilig hatte sie Atemnot, die Gelenke taten weh. Sie lag immer häufiger im Bett, die Perioden, in denen sie aufstehen und im Haus herumlaufen konnte, wurden immer kürzer. Eines Tages lag sie fest, der Arzt erklärte lapidar: »Tja mei, das ist das Alter!« Therese nahm die Pflege auf sich, wenngleich ihre Arbeit sich sofort verdoppelte.

Merkwürdig war, daß Opa seine Oma sehr häufig wortlos anstarrte und ebenfalls zu kränkeln begann. Er sagte zuweilen: »Meine Uhr ist abgelaufen.« Der Abbau ging bei ihm sehr schnell, und er litt unsäglich unter Verwirrtheitszuständen. Drei Monate lag Oma fest, als ihr Mann sich neben sie legte und einfach nicht mehr aufstehen konnte oder wollte.

Therese wurde fahrig und nervös, weil sie die Arbeit nicht mehr schaffte, und eines Abends platzte sie schluchzend heraus: »Wir müssen den Hof aufgeben, ich packe das alles nicht mehr.«

Sepp versuchte zu beschwichtigen und abzulenken. Er sagte, er wisse genau, daß sie wenigstens 400,– Mark vom Sozialamt kassieren könnten, denn das sei der Satz, den pflegende Angehörige beanspruchen könnten. Er setzte durch, daß Therese den Antrag stellte.

Eine Weile geschah nichts. Dann erschien eines Tages ein Mann vom Amt. Er wirkte zunächst sehr freundlich. Er sagte, er wolle einmal nach den beiden alten Leutchen schauen. Was folgte, war eine Szene, die sich so jeden Tag in jedem Landkreis und in jeder Stadt Deutschlands abspielen könnte.

Weil die Pflege sich einfacher gestaltete, hatte Therese die beiden alten Menschen in zwei getrennten Zimmern untergebracht. Der Mann vom Amt marschierte schnurstracks in das Zimmer des Opas und schnauzte sehr laut und barsch: »Na, junger Mann, wie geht es uns denn?« Und dann: »Nun wollen wir uns mal anziehen!« Der Opa, der sein Leben lang gewöhnt war zu parieren, wenn jemand vom Amt kam, hängte mühsam trotz Schmerzen die Beine aus dem Bett und begann sich anzuziehen. Therese war so perplex, daß sie kein Wort sagte. Dann stand der alte Mann in Strümpfen, Hemd und Hose, zitternd, stramm wie ein Rekrut. Der Mann vom Amt sagte nicht ohne Hohn: »Sehen Sie, liebe Frau, so krank ist der doch gar nicht!«

Seitdem pflegt Therese, die daraufhin in einem Wutanfall den Behördenmensch vom Hof gejagt hatte, die beiden Alten ohne jede finanzielle Unterstützung vom Amt und räumt ein, daß es in der Ehe gewaltig kriselt. »Die Belastung ist uferlos!«, sagt sie.

Pflege zu Hause ist einer der kritischsten Punkte des Systems. Ohne diese in aller Regel von Frauen durchgeführte Endlosaktion, die geradezu unmenschliche Belastungen mit sich bringt, wäre die Versorgung der älteren Generation längst zusammengebrochen.

Zweieinhalb Millionen Ehepartnerinnen und Töchter pflegen in Deutschland 80 Prozent aller Pflegebedürftigen. Deren Zahl müssen wir – ganz vorsichtig – bei rund 3,5 Millionen ansetzen. Die Zahl steigt sehr schnell, und die damit verbundenen Kosten können vom Staat nicht im geringsten mehr finanziert werden, wenngleich Politiker das nach wie vor behaupten.

Die Ausgaben der gesetzlichen Krankenkassen lagen 1960 noch bei 8,9 Milliarden, 1990 schon bei 158,9 Milliarden. Mit anderen Worten: Die Ausgaben steigen doppelt so schnell wie die Einnahmen.

Ich kann den Leserinnen und Lesern ein paar Schreckenszahlen nicht ersparen, denn selbstverständlich ist seit Jahren bekannt, was uns erwartet: Wir werden im Jahre 2015 33 Prozent mehr Krebskranke haben als heute. 1987 wurden für Patienten mit Demenzerscheinungen bereits 27 Milliarden Mark ausgegeben, im Jahre 2010 werden es mindestens acht Milliarden Mark mehr, also 35 Milliarden, sein. Im gleichen Jahr werden wir 1,7 Millionen mehr Menschen mit Hirnleistungsstörungen zählen. Das bedeutet, wir werden auf diesem Sektor 55 Milliarden Mark mehr ausgeben müssen. Gleichzeitig stellt das Kuratorium Deutsche Altershilfe (KDA) fest, daß wir zur Aufrechterhaltung der Qualität der Pflege in den Ambulanzen und den Heimen sofort mindestens 450000 neue Pflegekräfte brauchen.

Wenn also die Fachleute feststellen: »Der eigentliche Notstand kommt erst noch«, dann sollten wir das bitter ernst nehmen.

Wirklich niemand kann behaupten, er habe diese Zunahme der alten Menschen auf diesem Planeten nicht kommen sehen. Schon vor 1950 stellte die Weltgesundheitsorganisation (WHO) fest, daß Menschen in den unterentwickelten Gebieten der Erde im Durchschnitt 41,1 Jahre alt wurden, die Menschen in den hochentwickelten Ländern schon 65,8 Jahre. 40 Jahre später, 1990, wurden die Menschen in den unterentwickelten Ländern schon 60,8 Jahre alt, in den hochentwickelten Ländern 74,8 Jahre. Allein im Bundesland Nordrhein-Westfalen fehlen augenblicklich 4000 Plätze in der Altenpflege, schon 1995 werden weitere 6400 fehlen. In der Kurzzeitpflege fehlen 1300 Plätze, in der Tagespflege 3500. Wenn wir einmal annehmen, daß jedes dieser Betten beim Neubau 150000,– Mark kostet, kommen wir auf 15 200 Betten, die insgesamt die erschrekkende Summe von etwa 228 Millionen Mark verschlingen würden. Ein Alptraum für Nordrhein-Westfalen – und das ist nur ein Bundesland.

Der Landschaftsverband Rheinland macht in einer sorgfältigen Prognose darauf aufmerksam, daß im Rahmen der Hilfe zur Pflege das Bundesland Nordrhein-Westfalen 1964 100 Millionen ausgeben mußte, 1992 lag diese Zahlung bei sage und schreibe 2200 Millionen. Wenn also die Verbände der Freien Wohlfahrt sagen: Wir sind pleite!, dann ist das so: Der Landschaftsverband muß ihnen Geld verweigern, weil er es nicht hat.

Da tauchte vor einigen Jahren ein Zauberwort auf, das vor allem den Politikern wie ein Rettungsanker schien, weil sie hofften, es werde ihnen die Last von den Schultern nehmen: die Pflege in der eigenen Familie. Von Beginn an war klar: Wenn alte Menschen in ihrer Familie gepflegt werden, dann hat das vor allem finanzielle Gründe, denn es ist wesentlich billiger als das Heim. Da Heime ohnehin nicht hoch in Ansehen stehen und die Suche nach den wenigen guten Heimen ermüdend ist und oft aussichtslos scheint, behält man die alten Leute zu Hause. Man behält sie auch zu Hause, weil auf diese Weise ihre Rente in den Haushalt fließt und weil auf diese Weise das Erbe erhalten und gesichert werden kann. Pflege zu Hause ist also eine Notlösung. In vielen Fällen ist sie aber glücklicherweise ein Zeichen tiefer Liebe.

Lassen Sie mich einen solchen Fall schildern, um meinen Lesern klarzumachen, was auf sie zukommt, wenn in der eigenen Familie diese Frage auftaucht. In der Regel taucht diese Frage von heute auf morgen auf, und in allen Fällen ist die Bestürzung sämtlicher Beteiligten riesengroß. Da erleidet der Großvater einen Hirnschlag und kommt auf dem schnellsten Weg in ein Krankenhaus. Die moderne Medizin ist durchaus in der Lage, ihn nach drei Wochen wieder zu entlassen. Rehabilitation ist wegen des enormen Kostendrucks in den Allgemeinkrankenhäusern nicht möglich. Nicht selten fragen dann Angehörige: »Können Sie den alten Herrn nicht noch vierzehn Tage bei sich behalten?« Bisher war das möglich, jetzt ist das nicht mehr möglich, weil nach dem Kostendämpfungsgesetz das Bett so schnell geräumt werden muß wie medizinisch möglich. Der Krankenhausarzt sagt: »Eigentlich muß der alte Herr in ein Heim. Es sei denn, Sie nehmen es auf sich, ihn zu Hause zu pflegen.« In dieser Sekunde entscheidet es sich: Das Leben der ganzen Familie wird sich von Grund auf ändern, wenn sie sich dazu entschließen, den alten Vater zu Hause zu pflegen.

Beate ist ein starker Typ, eine stattliche, große Frau, 50 Jahre alt. Sie lebt mit ihrer Familie – ihrem Mann und drei erwachsenen Söhnen – in Pinneberg im Norden Hamburgs. Gemeinsam führen sie eine gutbürgerliche Kneipe. Beate bekam von heute auf morgen enorme Schwierigkeiten mit ihrer Mutter, nachdem diese innerhalb von vier Jahren die ihr wichtigsten Menschen verloren hatte: Ihr Mann starb, eine Schwester starb, und ein Sohn kam bei einem Unfall ums Leben. Es war einfach zuviel. Zuerst hatte sie einfach nur Ängste. Wenn sie in ihrer Wohnung von jemandem angerufen wurde, äußerte sie den Verdacht: »Der will mich überprüfen.« Das war 1985. »Ihre Angst wurde immer größer«, sagt Beate. »Sie redete so ein komisches Zeug – z. B. sagte sie: ›Der kleine Junge da!‹ Aber das war kein kleiner Junge, da war einfach niemand. Ich dachte: Sie ist nicht mehr bei sich, sie denkt an ihren Sohn, als er noch klein war.

Es war selbstverständlich für mich und meine Familie, daß wir sie pflegen würden. Wir brachten sie zu einer Nervenärztin, die aber nicht sagen konnte, was mit meiner Mutter war. Mama hatte einen roten Kopf und Fieber, sie bekam eine Lungenentzündung. Also brachten wir sie ins Krankenhaus. Sie kam in irgendeinem Flur an einem offenen Fenster vorbei und wollte sich hinausstürzen. Sie kam in eine geschlossene Abteilung und wurde fixiert, also angebunden. Dann pumpten sie sie mit Medikamenten voll. Mein Gott, war das schrecklich. Wir besuchten sie dort – auf dieser Station –, wir schellten, und sie wurde zu uns herausgebracht. Sie erkannte mich, sie war klar. Wir sind dann dauernd zu ihr hin, sie ging sogar mit uns im Park spazieren. Aber die Ärzte wollten sie nicht entlassen. Und dann bekamen wir einen Brief. Sie hatte auf einen Fetzen Papier geschrieben: ›Hol mich hier heraus, ich halte das nicht mehr aus!‹ Nur diese Zeilen – irgendeine Krankenschwester muß das aus der geschlossenen Abteilung herausgeschmuggelt haben. Wir nahmen den Brief, fuhren in die Klinik und gaben ihn einer Ärztin. Sie las ihn und sagte beruhigend: ›Oh, das sind nur Momente, darauf dürfen Sie nichts geben!‹ Ich sagte: ›Ich nehme sie mit!‹

Sie kam zu uns nach Hause, sie ging wieder in die Kirche, sie ging wieder spazieren. Aber ich wußte ja, daß das nicht so bleiben würde. Das heißt, ich wußte es nicht genau, aber ich ahnte es. Es begann damit, daß ich entdeckte, daß sie in ihren Papierkorb pinkelte. Sie stand nachts oft auf, sie war sehr unruhig. Es kam vor, daß ich sie fütterte und sie mir das Essen ins Gesicht spuckte. Sie verwechselte ihre Medikamente. Sie stand aber noch allein auf. Manchmal kam sie in die Küche. Sie schälte Kartoffeln und schnitt dann die Schalen und die Kartoffeln einfach sinnlos kaputt. Alles, was sie fand, nahm sie mit in ihr Schlafzimmer und versteckte es. Ich mußte auch immer darauf achten, daß sie die Wasserhähne abstellte oder den Küchenherd ausschaltete. Sie hatte ein paar Pantoffeln, die mit einem Reißverschluß zugemacht wurden. Dieser Reißverschluß klingelte ein bißchen, wenn sie durch das Haus lief. Nachts, wenn sie aufstand, hörte ich dann den Reißverschluß klingeln. Das höre ich heute noch. Zu diesem Zeitpunkut wirkten Beruhigungsmittel überhaupt nicht mehr. Sie näßte sich auch ein.

Als Frau eines Bauern hatte sie ihr Leben lang hart geschuftet, und sie konnte wirklich arbeiten. Jetzt machte sich das so bemerkbar, daß sie Kälber füttern oder Anmachholz holen wollte. Immer wieder wollte sie in ihr altes Haus zurück, stand hier in unserer Küche und fragte verwundert: Was sollen wir hier?

Jetzt kotete sie sich auch ein, wir stellten sie unter die Dusche. Mein Mann machte das genauso wie ich. Ich kann mich daran erinnern, daß meine Söhne Angst davor hatten, mit ihr alleine zu sein und sie unter der Dusche abwaschen zu müssen. Seltsamerweise ging das meistens gut. Dann machten wir die ersten Ferien, wir mußten einfach einmal ausspannen. Ich bat meine Schwester, solange in unserem Haus zu wohnen und auf unsere Mutter aufzupassen. Das klappte auch ganz gut, aber meine Schwester sagte später ganz offen: Das kann ich nicht! Ich kann das gut verstehen, das ist weiß Gott nicht jedermanns Sache.«

»Hat das deine Ehe nicht übermäßig belastet?«

»Manchmal war es schwer, aber eigentlich ist unsere Ehe dadurch besser geworden. Das kommt daher, weil uns das mit Mama zusammengeschweißt hat. Sie war... sie war wie unser Kind.

Dann brach sie sich den Oberschenkelhalsknochen, und es folgte ein Hin und Her zwischen Krankenhaus und zu Hause. Schließlich, wieder im Krankenhaus, bekam sie auch noch eine Magensonde und wurde fixiert. Sie lag sich wund. Wir nahmen sie wieder mit zu uns nach Hause. Die Krankenschwestern fragten: ›Trauen Sie sich das zu?‹ Wir trauten uns das zu. Wir riefen die Sozialstation, und die brachten uns alles bei. Das waren unwahrscheinlich gute Leute. Wir konnten Magensonden legen durch Mund und Nase. Die Geräusche machten mich verrückt, ich höre sie heute noch. Nach acht Wochen geschah es dann. Sie wurde ganz weiß, zeigte die Zähne und war tot.«

Da wird – in kargen Worten – ein unendlicher Berg an Kummer, Belastung und Arbeit sichtbar, der die ganze Familie überzieht, und man kann Beate und die Ihren nur bewundern. Trotzdem wollen wir nicht vergessen, daß die Möglichkeiten einer solch intensiven Pflege an technische Gegebenheiten gebunden ist: Die Familie muß über ausreichenden Wohnraum verfügen, sie muß nicht nur in Kauf nehmen, daß ihr Lebensrhythmus sich total ändert, sie darf auch auf keinen Fall in finanzieller Enge leben. Eine Intensivpflege zu Hause läßt sich allein aus einer bescheidenen Rente und den geringen staatlichen Hilfen nicht bestreiten.

So sehr auch die Pflegeversicherung ein finanzieller Ausweg zu sein scheint, so ist sie doch nach dem Fachmann Klaus Hensel absolut untauglich. Er sagt: »Immer mehr werden ihren Lebensabend in sozialer Verelendung verbringen; die Pflegeversicherung ist eine Mogelpackung!«

Wieso Mogelpackung? Zitieren wir noch einmal den Experten Dr. Hans Mohl vom ZDF: »Wer hofft, daß allein die Pflegeversicherung dieses Problem lösen wird, erliegt einer Illusion. Sie wird die Belastungen der Familie und der Kommunen verringern, nicht aber automatisch für Pflegekräfte sorgen können, zumal die ständige Belastung mit Verfall und Tod auf die Dauer kaum zu ertragen ist. Aber auch finanziell wird die Pflegeversicherung mit den vorgesehenen Leistungen die Kostenprobleme nicht lösen, weil die geforderten Pflegesätze durch die Versicherung meist nicht einmal zur Hälfte gedeckt werden. Also werden die meisten Sozialhilfeempfänger bleiben.«

Sehen wir uns nochmal die Praxis an: Die Pflegeversicherung wird pro Monat bis zu 2800,– Mark zu den Gesamtkosten beitragen. Gehen wir an die untere Grenze, nehmen wir an, ein schwer Pflegebedürftiger kostet 5000,– Mark im Monat. Bei einer durchschnittlichen Rente von 1500,– Mark im Monat bleiben also glatte 700,– bis 1100,– Mark, die nicht gedeckt sind. Selbstverständlich hat der Normalverbraucher ein Recht zu erfahren, wieso die Parteien in Bonn so einen ungeheuren und unbegreiflichen Wirbel um die Entscheidung der Pflegeversicherung gemacht haben, wenn das alles ist, was dabei herausgekommen ist? Meine Antwort: Es war nichts als sinnloses Parteiengezänk, in dem das eigentliche Ziel, die Hilfe für den alternden Menschen, total unterging.

Beate und ihre Familie zum Beispiel haben die Hilfen des Staates beantragt und bekommen, mußten sich aber quälend idiotischen Überprüfungen unterziehen. Beate: »Da kam eine Ärztin vom Versorgungsamt. Sie ließ meine todkranke Mutter im Raum auf und ab gehen, um zu sehen, ob sie noch gesund ist oder nicht. An das Okay dieser Ärztin war die Zusage der staatlichen Hilfe gebunden.«

Wenn Politiker also die »Pflege zu Hause« favorisieren, wenn sie pathetisch den »Pflegedienst der Nation« fordern, wissen sie genau warum: Alles andere ist längst nicht mehr finan zierbar. Pflege zu Hause in Kombination mit Sozialstationen scheint denn auch der ideale Weg zu sein. Aber es ist auch eindeutig ein sehr unsicherer Weg – und zwar für alle Beteiligten.

Nehmen wir einmal an, es ist genügend Wohnraum vorhanden. Dann muß die Familie als nächstes darauf achten, daß die entsprechende Sozialstation über genügend Kapazitäten verfügt, um sie angemessen unterstützen zu können. Normalerweise erwecken Politiker hier den Eindruck, als sei das System flächendeckend ausgebaut. Das ist es beileibe nicht. Ich zitiere den Deutschen Paritätischen Wohlfahrtsverband: »Vielfach sind diese Hilfen überhaupt nicht verfügbar.« Und: »Pflegebedürftige, die zu Hause leben, erhalten Hilfe von ambulanten Diensten vielfach nicht, wenn sie diese wünschen, sondern wenn der Dienstplan es erlaubt.« Daraus zieht der Verband eine schreckliche, für nahezu ganz Deutschland gültige Folgerung: »Schwerbehinderte Menschen müssen ins Pflegeheim, obwohl sie bei ausreichender und fachlich qualifizierter ambulanter Pflege in ihrer eigenen Häuslichkeit bleiben könnten.«

Um verstehen zu können, was die ambulanten Dienste leisten, sehen wir uns die Sozialstation St. Martin der Brunnenstadt Gerolstein in der Eifel an. St. Martin wird von der katholischen Caritas betrieben, wurde 1980 begründet und erstickt bereits seit langem in Arbeit. Finanziert wird der Dienst mit jährlich etwa 1,2 Millionen Mark durch Landesmittel, Kreismittel und Mittel der Kirche. 13 Leute arbeiten so gut sie können, zwölf Stunden am Tag.

Die Leiterin Marianne Gaspers ist 37 Jahre alt, eine zurückhaltende, hart arbeitende Frau. Pro Monat hat sie 180 bis 200 Patienten auf ihrer Liste, die versorgt werden müssen. Alle vier Jahre müssen die Autos ausgetauscht werden, weil sie dann 100 000 Kilometer auf dem Tacho haben.

Ein solcher Dienst läuft überall sehr verdeckt, wir nehmen die Autos kaum wahr, wir nehmen eigentlich nichts von dem wahr, was mit intensiver Pflege, mit Hilflosigkeit, mit Altern und Tod zu tun hat. Marianne Gaspers weiß das und will dem abhelfen. »Das Problem wird unter den Tisch gekehrt, die Leute mögen eigentlich nichts damit zu tun haben. Wir haben

hier bei einem Bürgerfest in Gerolstein einen Informations-
stand aufgebaut, und wir haben dabei gespürt, wir sind uner-
wünscht.«

Das Gebiet des Dienstes umfaßt die Obere Kyll, die Stadt
Gerolstein, die Gemeinde Hillesheim. Der Umsatz pro Monat
liegt bei gut 30 000,– Mark, und die meisten Patienten sind alte
Frauen und Männer, die gerade aus dem Krankenhaus kommen. Bisher konnte St. Martin allen Notrufen nachkommen,
ob das weiterhin so bleibt, muß dahingestellt werden. Marianne Gaspers: »Die Zahl derer, die sich an uns wenden müssen, steigt beständig.«

Anders formuliert heißt das: Auch in ländlichen Gebieten,
in denen angeblich noch die Großfamilie Sorge für jedes Mitglied trägt, hat sich die systematische Verkleinerung der Familie durchgesetzt, die Großfamilie ist so gut wie ausgestorben.
Diese sogenannten Drei-Generationen-Haushalte nehmen
rapide ab. Zählte der Bund 1961 noch eine Million solcher
Haushalte, ist die Zahl 1993 auf unter 400 000 geschrumpft.
Der Anteil der Eine-Person-Haushalte lag 1961 bei 35 Prozent,
1993 lag er bei 50 Prozent. Die Stadt München zählte in ihrem
Gebiet über 50 Prozent Single-Haushalte und meldete: Zwei
Drittel dieser Haushalte werden von älteren Menschen geführt. So ist es gar nicht verwunderlich, daß Marianne Gaspers
die Beschreibung ihrer Arbeit in dem zunächst befremdenden
Satz gipfeln läßt: »Unser Beruf ist es eigentlich, Nachbarn zu
finden, die zur Hilfe bereit sind.«

Es bereitet den Hauswirtschaftsspezialistinnen und Kran-
kenpflegerinnen Unbehagen, wenn sie zu einem alten Mann
fahren müssen, der in seinem Bett liegt und auf sie wartet: Sie
kommen fröhlich in das Haus, sie waschen ihn, sie helfen ihm,
sich zu rasieren, sie versorgen ihn, sie machen das Bett frisch,
vielleicht müssen sie ihn windeln, bevor sie ihn anziehen. Es
wird noch das Frühstück gerichtet, man schwätzt ein paar
Sätze, dann wird er in seinen Lieblingssessel verfrachtet – und
sie müssen ihn wieder allein lassen, weil die nächste Patientin,
der nächste Patient schon wartet. Sie wissen alle: Genau an
diesem Punkt beginnt für den alten Mann die lange Reise in die

große Einsamkeit, denn jetzt ist bis zum nächsten Besuch niemand mehr für ihn da.

Marianne Gaspers: »Wir wissen das, wir rennen herum, wir fragen Nachbarinnen, ob sie dem alten Herrn nicht mal was vorlesen können. Das ist eine schreckliche Rennerei, das ist sehr oft vergebens. Natürlich gibt es die Ausnahme. Da ist eine wohlhabende Patientin, die es sich erlauben kann, drei Frauen mit jeweils 2200,– Mark netto im Monat zu bezahlen, damit sie niemals allein ist. Zusätzlich kommen wir zweimal am Tag. Aber das ist nur ein Fall, und er ist wirklich die absolute Ausnahme.

Außerdem muß man noch wissen, daß wir unseren Dienst natürlich nicht isoliert sehen können. Ohne den Dienst ›Essen auf Rädern‹ geht das eigentlich nicht, aber dieser Dienst kommt nicht überall hin. Das bedeutet für uns auch, daß wir jeden Tag eine ganze Serie nicht abrechenbarer Leistungen bringen müssen, wenn wir die alten Menschen in ihren Wohnungen nicht vollkommen vereinsamen lassen wollen. Wir machen zum Beispiel Beratungsdienste für Angehörige. Wir bringen ihnen bei, wie sie fachlich mit Schwerpflegebedürftigen umgehen müssen, wir erledigen Apothekengänge, das heißt, wir holen beim Arzt ein Rezept ab und lösen es in der Apotheke ein. Wir erledigen selbstverständlich auch Anträge beim Amt. Das alles können wir stundenmäßig nicht abrechnen. Hinzu kommt der weite Bereich von Leistungen, die unsere Kirche von uns zu Recht erwartet. Wir beten mit den Menschen, wir sitzen bei ihnen, wenn sie sterben.«

»Soviel Arbeit grenzt an Selbstausbeutung. Was tun Sie dagegen? Was machen Sie für die Mitarbeiter?«

»Wir sind nicht allein. Wir treffen uns einmal in der Woche, wir bereden unsere Schwierigkeiten. Ein Problem ist zum Beispiel, daß viele Familien uns nicht oder nicht rechtzeitig bezahlen. Die Familien sind sich nicht klar darüber, daß so ein Verhalten immer die Kranken trifft.«

»Haben Sie Supervision? Kommt ein Fachmann zu Ihnen und hilft Ihren Mitarbeitern bei seelischen Schwierigkeiten?«

»Nein, das haben wir nicht, aber wir sollten das haben.«

105

Die Caritas im Gebiet der südlichen Eifel plant eine Neuerung, die dringend erforderlich ist: Man will zusätzliche Kräfte schulen und mit in die Familien schicken. Kräfte, die in Gesprächsführung ausgebildet sind, die wissen, was Einsamkeit ist, und die dagegen angehen können.

Zynisch ist geäußert worden: »Papa pflegt das Auto – Mama die Oma!« Tatsächlich wird wie selbstverständlich vorausgesetzt, daß Frauen die Aufgabe der Pflege zu Hause übernehmen. Männer habe ich, abgesehen von dem Beispiel in Beates Familie, sehr selten bei der Hauspflege getroffen. Frauen, die die Pflege übernehmen, müssen damit rechnen, daß jede berufliche Tätigkeit ein Ende hat. Sie müssen damit rechnen, daß die Zeit, die ihnen für sich selbst bleibt, auf ein Minimum schrumpfen wird. Sehr viele Frauen werden für diesen aufopfernden Dienst hart bestraft: Ihre Ehen zerbrechen, weil die Ehemänner nicht damit klarkommen, daß ihre Frau keine Zeit mehr für sie hat, weil sich Ehemänner auf eine zuweilen barbarische Weise heraushalten aus diesem schwierigen Job ohne Ende. Und selbstverständlich sind es nicht nur die Ehemänner, die sich entziehen – auch die Kinder können, wenn sie nicht liebevoll in die Pflege eingebunden werden, hilflos danebenstehen und durch Wut- und Trotzreaktionen eine Familie in die Zerstörung treiben. Ohne Vorwurf ist festzustellen: Wie soll jemand begreifen, daß die Pflege eines alten Familienmitglieds zu Hause ihm die Zuwendung der Ehefrau und Mutter nehmen wird? Ganz folgerichtig heißt Pflegenotstand nach dem Urteil der Deutschen Zentrale für Volksgesundheitspflege: »Not der Pflegenden und der Gepflegten«. Wie beim Beispiel Beate geschildert, kommt es selbstverständlich oft vor, daß ambulante Dienste den Angehörigen die notwendige Technik beibringen. Viel öfter aber laborieren die Angehörigen hilflos herum, und niemand sagt ihnen, was zu tun ist.

Wir haben keine genauen Zahlen, aber wir wissen, daß bei immer mehr pflegenden Familien sich Resignation breitmacht, daß sie einen Pflegebedürftigen hilflos sich selbst überlassen. Nach Hans Mohl sieht das dann so aus: »Der Anblick, der sich Ärzten und Polizisten in solchen Fällen bietet, ist grauenhaft. Häufig liegen die Alten mit offenen Wunden in ihren eigenen Exkrementen, umgeben von Müll und verrottenden Speiseresten.«

Aus den Vereinigten Staaten von Amerika liegt eine Zahl vor, die mir eine Gänsehaut über den Rücken jagt. Dort wurden allein 1991 etwa 70000 bis 100000 alte Menschen (die genaue Zahl liegt nicht einmal fest) von ihren Angehörigen ausgesetzt. Mohl: »Einer von ihnen war ein 82jähriger Mann, der an einer Hunde-Rennbahn im US-Staat Idaho allein zurückgelassen wurde, in der Hand einen Teddybären, auf der Brust einen Zettel mit dem Namen John King. Der Volksmund hat dafür bereits den mitleidlosen Begriff ›Granny Dumping‹ geprägt (Oma-Wegwerfen).«

Der Staat hat sich auch bei uns nur schwach bemüht, die Regelungen und Bedingungen für die Pflege in der Familie zu verbessern – Wesentliches ist nicht geschehen. Die Folgen sind:

Die Entlastung der Angehörigen in der Pflege ist nach wie vor unzureichend.

Den Pflegebedürftigen droht wegen des Verzichts auf professionelle Hilfe ein Verlust an Pflegequalität.

Die ambulanten Dienste sind gezwungen, straffer zu arbeiten, weil die Gelder sonst nicht ausreichen, was häufig eine Pflege bedeutet, die einer Verwahrung gleichkommt – nicht mehr.

Machen wir uns nichts vor: Die Pflege zu Hause kann zur tödlichen Falle werden. Nicht nur wegen fehlender Kenntnisse und wegen Mängeln bei den Hilfen, sondern auch und gerade deshalb, weil die Seelen buchstäblich »verrückt spielen«. Gemeint sind die Seelen sowohl der Pflegenden wie der Gepflegten. Wilhelm Frieling-Sonnenberg listet auf, an welchen Stellen das schiefgehen kann – er nennt das die Beziehungsfallen:

»Da treten durch Aufopferung zielstrebig erhoffte Nervenzusammenbrüche ein, Herzinfarkte werden bei zu Pflegenden und Pflegenden teilweise simultan simuliert, je nachdem, wer wen am schnellsten beherrschen und kontrollieren will.

Kinder lassen ihre Eltern im Kot liegen, um sich auf diese Weise für vermißte Zuneigung in der Kindheit zu rächen.

Zu pflegende Männer praktizieren Inkontinenz, um lustvoll zu erleben, daß ihre Ehefrauen endlich den gehaßten männlichen Körper berühren müssen, unter dem sie ein Leben lang während und aufgrund der Art des gemeinsamen Geschlechtslebens gelitten haben. Ehefrauen bekommen in der Krankheit endlich die Zuneigung und Streicheleinheiten des Mannes, der Kinder, die sie im gesunden Zustand vermißt haben. Zu pflegende Eltern, von Kindern in die eigene Familie geholt, zerstören diese durch einen veränderten Lebensrhythmus, den die Pflege der Eltern diktiert. Nicht selten wird das von den Eltern angestrebt: Endlich ist mein Sohn/meine Tochter nur für uns da...

Sind alle Beteiligten irgendwann entnervt, muß der behandelnde Arzt eine Einweisung der alten Menschen in ein Krankenhaus fordern. Die Angehörigen haben aber kaum Zeit, sich zu erholen, denn die Entlassung durch die Krankenhäuser erfolgt relativ schnell, erst recht dann, wenn es sich um einen verbrauchten alten Körper handelt. Die Beziehungsfallen der Familien greifen erneut...«

Ich fand erstaunlich viele Menschen, die diese Fallen durchaus sehen und doch keinen Rat wissen, wie diese Stolperdrähte zu umgehen sind. Pflege in der Familie ist also eine wirklich kritische Aufgabe, die noch erschwert wird durch Krankheiten bei den alten Menschen. Denn:

– Die Krankheitshäufigkeit steigt mit zunehmendem Alter an!
– Ältere Alleinlebende und ältere Menschen in Gemeinschaftsunterkünften (Heimen) sind häufiger krank als Gleichaltrige, die in einer Familie leben!
– In Deutschland sind heute schon 3,3 Millionen über 60jährige schwerbehindert.

Unsere Gesellschaft leidet massiv an Jugendwahn. Durchaus ernstgemeint setzt uns die Werbung 25jährige Blondchen vor, die vor dem unlösbaren Problem stehen, welche Schönheitscreme sie zur Beseitigung der ersten Fältchen benutzen sollen: »Damit ich auch morgen eine jugendlich straffe Haut habe, benutze ich...« Da werden Brustplastiken angeboten, Lid-Korrekturen, Face-Lifting, Haarverpflanzungen. Schenkel, Hintern, Bäuche werden runderneuert, Prospekte versprechen, daß das Operationsergebnis etwa sieben bis zehn Jahre anhalten werde.

Den Alten bleibt offenbar nichts übrig, als jene Mittelchen zu nehmen, die angeblich ihr Gehirn, die Nerven und den Kreislauf auf Hochleistung bringen und den alten Körper auf erstaunliche Weise verjüngen. Ohne Zweifel ist ein Teil dieser Mittelchen dermaßen mit Alkohol als Konservierungsmittel versetzt, daß man den Käufern gleich Schnaps anbieten könnte. Das verstärkt die Zahl derer, die alkoholsüchtig sind, ohne es zu ahnen.

Alter bedeutet heutzutage Nutzlosigkeit. Die Angst vor dem Alter beherrscht die ganze Gesellschaft. So kann man etwas boshaft beobachten, daß diese Angst schon vor den mittleren Lebensjahren beginnt, daß Leben Jugend ist, daß die Midlifecrisis bedeutet: Um die Ecke wartet das Alter, also der Tod. Man könnte auch das Joggen als angstgetriebene Abwehr des Alters interpretieren. Der Psychiater H. E. Richter stellt mit Recht fest, im Zentrum der Aktivitäten gegen das Alter stehe die »Unsichtbarmachung von Leiden«. Kurz: Die, die noch nicht zu den Älteren gehören, wehren sich bis zur Lächerlichkeit gegen den Alternsprozeß.

Wir sagen leichthin: Wer gesund ist, ist auch arbeitsfähig! Was aber ist mit den älteren Menschen, die gesund sind? Wir unterstellen einerseits, daß Menschen ohne Arbeit sich gar nicht wohlfühlen können, wir unterstellen andererseits, daß Menschen im Alter grundsätzlich nicht gesund sind. Genau das aber ist ein Fehlschluß: Ein großer Teil der Alten ist sehr gesund, und ihre gesammelten Lebenserfahrungen, die unsere Politiker so dringend brauchen könnten, liegen – weil nicht mehr an den Mann zu bringen – brach.

Allerdings nimmt, wie gesagt, die Krankheitshäufigkeit mit dem Alter zu. Um das zu zeigen, hat Frieling-Sonnenberg, selbst Leiter eines Altenheimes in Bielefeld, einmal aufgezählt, was an Diagnosen an einem einzigen Tag in einem Heim versammelt sein kann:

Schlaganfall mit Halbseitenlähmung, Zustand nach Aphasie, Zustand nach Hirnblutung, Schüttellähmung, Gehirntumor, Darmtumor, Metastasen, koronare Herzkrankheit, Morbus Parkinson, Schenkelhalsbruch mit Endoprothese, Multiple Sklerose mit stark spastischer Bewegungseinschränkung, Polyarthrose, Dekubitus, Lungenembolie, Beinamputation, Verschlußkrankheit, Medikamentenabhängigkeit, Alkoholabhängigkeit, chronische Bronchitis, cerebrovaskuläre Insuffienz, Lungenemphysem, Diabetes mellitus Typ II, senile Demenz, Arteriosklerose, Hypertonie, Hypotonie, Prostataadenom, Atrophie der Muskulatur, zeitlich und örtlich nicht orientiert, Stuhl- und Harninkontinenz, Durchblutungsstörung des Kopfes, hochgradige Schwerhörigkeit, blind, Wirbelsäulenverschleiß, Agnosie, Alzheimer, Anus-Praeter-Versorgung, suprapubische Blasenfistel, Nierensteine, chronische Depression, Diarrhö, Dialyse-Patient, Epilepsie, Gehirninfarkt, Gicht, Rheuma, Herzrhythmusstörung, Herzschrittmacher, Hauttumor, Hypochondrische Ideen, hirnorganisches Psychosyndrom, Konfabulation, Osteoporose, Psychose, psychosomatische Erkrankung, prothetische Versorgung, Schizophrenie, Suizidgefährdung, Verwirrtheit, Wahnvorstellungen, Identitätsverlust, Apathie, Aggressionen, Mykosen, Influenza, Pneumonie, Thrombose, Asthma, Bronchialkarzinom, Prostatakarzinom, Zahn-, Mund- und Kiefererkrankungen.

Frieling-Sonnenberg dazu: »...da kann das Ausmaß der Betreuung nur erahnt werden...« – und es hat keinen Sinn, sich an den Wirklichkeiten vorbeizumogeln, auch wenn diese Schreckensliste natürlich ebensogut aus einem Allgemein-Krankenhaus mit Patienten jeden Alters stammen könnte.

Wie sieht nun die Krankheits- und Todesursachenstatistik für ältere Menschen aus? Wir halten uns an die Zahlen des Statistischen Bundesamtes in Wiesbaden: Die Mehrzahl aller älteren Menschen kann damit rechnen, den 60. Geburtstag gesund zu feiern, erst dann wird es kritisch. In den alten Bundesländern waren 85 Prozent der Verstorbenen 60 Jahre und älter, in den neuen Bundesländern 83 Prozent. In beiden Gebietsteilen lag der Anteil der Frauen sogar bei über 90 Prozent, der der Männer knapp unter 80 Prozent.

Vor allem sind es die chronischen Erkrankungen, denen der Kampf gelten muß. Und auf diesem Sektor wiederum gibt es zwei Ursachen: Krankheiten des Kreislaufsystems und Krebs. Mehr als die Hälfte aller Todesfälle bei den über 60jährigen – und in der Ex-DDR sogar 64 Prozent – war auf Herz- und Kreislauferkrankungen zurückzuführen. Krebs spielt besonders in den westlichen Bundesländern eine Riesenrolle: Der Anteil der daran Verstorbenen liegt bei fast einem Viertel, in den fünf neuen Bundesländern bei »nur« 15 Prozent. Sehr viel seltener nehmen Erkrankungen der Atmungsorgane einen tödlichen Verlauf, noch seltener Krankheiten der Verdauungsorgane. Unfälle, Verletzungen und Vergiftungen endlich liegen bei nur 3 Prozent.

Wie in Beates Fall macht den Familien vor allem eins zu schaffen: Die Verwirrtheitszustände alter Menschen, die sehr häufig sind und die deshalb bei den Angehörigen soviel Hilflosigkeit auslösen, weil diese nicht begreifen, was da passiert. Gegen Kopfschmerzen kann man gezielt vorgehen. Der Kranke sagt: Ich habe Kopfschmerzen! Der Pflegende antwortet: Du bekommst eine Tablette! oder: Leg dich eine Weile ruhig hin! Wenn aber ein alter Mensch buchstäblich »verrückt spielt«, sind wir völlig hilflos.

Ich habe bei meinen Recherchen häufig die Erfahrung machen müssen, daß Angehörige angesichts eines verwirrten alten Menschen sagen: »Das ist normal in dem Alter! Das erwischt jeden mal!« Das stimmt aber nicht. Tatsache ist, daß Verwirrtsein keine normale Alterserscheinung ist, sondern immer ein Hinweis auf eine Erkrankung.

Ich beziehe mich hier auf den Gerontopsychiater Dr. med. Struwe, Chef der Gerontopsychiatrischen Ambulanz des Psychiatrischen Krankenhauses Merxhausen in Bad Emstal bei Kassel. Nach Struwe können die Ursachen der Verwirrtheitszustände in folgenden körperlichen Erkrankungen liegen: Zum Beispiel in Unterzuckerung, Lungenentzündung, Austrocknung, Herzmuskelschwäche u. a. Sie können aber auch die Folge der Einnahme von bestimmten Medikamenten sein, zum Beispiel von Antiparkinsonmitteln. Es können Abbauerscheinungen des Gehirns sein, wie zum Beispiel bei der Alzheimer-Demenz oder der Multi-Infarkt-Demenz. Sehr wichtig zu wissen: Aufgrund ihrer Verwirrtheit erleben die Erkrankten jede Situation als neu und unbegreiflich und reagieren mit Angst, Unruhe, Depressionen oder auch Rückzugstendenzen. Meist kann man dieses Phänomen nicht wirklich heilen. Zwar gibt es beruhigende und entängstigende Medikamente, aber in den meisten Fällen hilft wirklich nur die Unterstützung und Entlastung durch die Betreuenden.

Und noch entscheidender: Jeder verwirrte Mensch braucht eine dauernd anwesende Bezugsperson. Denken Sie daran herauszufinden, ob der Verwirrte Sie auch wirklich hört. Hat er ein Hörgerät? Sprechen Sie nicht erregt, reduzieren Sie alle Umweltgeräusche, reagieren Sie ruhig freundlich und niemals wütend. Erklären Sie dem verwirrten Menschen alle Handlungsabläufe, langsam, Schritt für Schritt. Nehmen Sie ihn ernst, und sprechen Sie in einfachen, kurzen Sätzen. Haben Sie Geduld, er reagiert oft nicht gleich. Denken Sie daran: Der Mensch ist krank – auch wenn er zuweilen die Familie tyrannisiert. Berühren Sie ihn, Kontakt ist sehr wichtig. Versuchen Sie, alle Verrichtungen des täglichen Lebens zu vereinfachen, Klettverschlüsse an der Kleidung, Slipper anstelle von Schnürschuhen. Entwickeln Sie einen regelmäßigen Tagesablauf, damit er begreifen kann, was geschieht. Lassen Sie ihn möglichst lange selbständig essen. Regelmäßige körperliche Bewegung ist wichtig – Spazierengehen, Tanzen, Schwimmen, Gymnastik auf einem Hocker. Beschäftigen Sie ihn – aber niemals »unter seinem Niveau« – mit Stricken, Gartenarbeit, Illustrierte-Ordnen, aber auch mit Musikhören, Fernsehen, Hobbytätigkeit.

An typischen Verhaltensstörungen kann man diese Zustände ablesen, zum Beispiel an nächtlichem Umherwandern, am Verlieren und Verstecken von Dingen, an Selbstbefriedigung (das ist normal und absolut kein Grund zur Panik oder zum Schamgefühl), am ständigen Wiederholen von irgendwelchen Handlungen, an der Suche nach Menschen, die nicht mehr da sind...

Man kann diese Liste der Beeinträchtigungen und Störungen nahezu beliebig verlängern – hier soll nur klargemacht werden, was die Familie erwartet, wenn sie sich zur Pflege entschließt. Es ist eine große Aufgabe, und sie ist schier endlos.

6. Von Politikern und Sibirien

Staat und Politik haben im Bereich der Renten viele Mogelpakkungen auf Lager. Eine davon, die besonders eklatant ist, verbirgt sich hinter dem Begriff »Vorruhestand«. Mit Trude Unruh, der Vordenkerin in Sachen ältere Generation, möchte ich sagen, daß der Ruhestand eigentlich »Unruhestand« genannt werden muß, denn wir sollten uns dagegen wehren, daß Rentnerinnen und Rentner nur als Stimmvieh geschätzt werden – still, dankbar und demutsvoll.

Den Vorruhestand hatte die Politik vor Jahren erfunden, als sie begriffen hatte: Wir haben nicht mehr genug Arbeit für alle. Deshalb wurde er als des Rentners möglichst früh anzustrebender rosaroter Himmel angepriesen. Aus dem empfohlenen Vorruhestand wurde ab 1990 der verordnete Vorruhestand – mit Hilfe dessen zum Beispiel in der Ex-DDR bis jetzt schon 1 Million Frauen und Männer vorzeitig in Pension geschickt wurden. Da gegenwärtig alle Schlüsselindustrien mit ganz wenigen Ausnahmen »Schlankheitskuren« durchmachen und Zigtausende von Arbeitsstellen wegrationalisiert werden, ist der Vorruhestand etwas Normales geworden – der einzelne hat längst das Gefühl, sich nicht dagegen wehren zu können.

Was hier vor sich geht, hat der »Spiegel« präzisiert: »Arbeitslosigkeit wird in Vorruhestand umdefiniert.«

Trude Unruh formuliert weitergehend: »Ruhestand ist sozialer Abstieg.« Damit hat sie recht, denn das ist durch harte Zahlen belegbar und betrifft vor allem Frauen. Immer wieder wird gefragt, wie eigentlich derart extrem niedrige Renten zustande kommen können. Die Antwort ist ganz einfach: Bekommt ein Arbeiter 1200,– Mark Rente und stirbt, erhält seine Frau 60 Prozent dieses Geldes, das sind 720,– Mark. Es ist also kein Wunder, daß viele alte Frauen arbeiten *müssen*, einfach um zu überleben. Andererseits, daß Opa eine Stelle als

Nachtwächter antritt, wird im Ernst auch niemanden in Erstaunen versetzen.

Ein praktisches Beispiel: Die Krankenschwester Marga, heute 64 Jahre alt, war ununterbrochen 40 Jahre lang als Krankenschwester und Altenpflegerin tätig. Sie arbeitete nur in konfessionell gebundenen Häusern und ließ sich auf eine Barzahlungsmodalität ein, die sie als vollkommen normal empfand: Sie bekam freie Kost und Logis und überdies ein gut bemessenes Taschengeld. Als diese Frau sich nun ausrechnen ließ, was sie als Rente zu erwarten habe, stürzte sie in panischen Schrecken: 367,– Mark pro Monat. Des Rätsels Lösung: Die Kirche hatte die Rentenversicherung nicht etwa auf ihren Gesamtlohn errechnet und abgeführt, sondern nur auf den Teil, den sie als Taschengeld in bar bekommen hatte.

Daß sehr viele Alte sich davor drücken, zum Sozialamt zu gehen und um Hilfe zu bitten, ist nicht überraschend und hat häufig mit Starrköpfigkeit oder falsch verstandenem Stolz viel weniger zu tun, als allgemein angenommen wird. Der Grund ist ein anderer: Ein alter Mensch kommt zum Sozialamt seiner Gemeinde und kriegt auf seinen Antrag hin zu hören: »Erst einmal schreiben wir Ihre Kinder an, um zu sehen, was dort zu holen ist.« Reaktion der Alten: Sie stehen auf und gehen. Dabei werden, das muß man wissen, Kinder und andere Verwandte durchaus nicht uferlos zur Kasse gebeten. Es gibt eindeutige Regelungen, die ein »Ausplündern« der Verwandtschaft verhindern. Die Drohung, sich an die Kinder zu wenden, reicht in der Regel vollkommen aus, daß die Alten gehen – wütend und beschämt.

Ein anderes Beispiel: Ein Arbeiter könnte mit 63 Jahren in Rente gehen und hätte dann 1865,– Mark. Geht er schon mit 58 Jahren in Rente, dann hat er nur 1384,– Mark – also volle 500,– Mark weniger. Die Frage ist also ganz und gar nicht, ob jemand in den Vorruhestand *will*, die Frage ist vielmehr: Wer kann sich diese Regelung eigentlich *leisten*?

Hinzu kommen schlimme und unverständliche Ungleichheiten und Ungerechtigkeiten bei der Rentenfestsetzung. Gehen wir von einem monatlichen Bruttoverdienst von 3000,– Mark aus (wobei wir die »Beihilfen« für einige der Gruppen außer Betracht lassen): Ein Beamter bekommt damit nach 35 Jahren 1881,– Mark, ein Arbeiter und ein Angestellter im öffentlichen Dienst 2168,– Mark. Ein Arbeitnehmer in der privaten Wirtschaft bekommt nach 35 Jahren nur 1181,– Mark, also entschieden weniger als alle anderen Beispiele – nach 40 Dienstjahren hat er 1350,– Mark und nach 45 Dienstjahren 1518,– Mark.

Noch ein Beispiel: Ein durchschnittlich verdienender Angestellter, der 40 Jahre lang seine Versicherungsmarken geklebt hat, wird 1205,– Mark Rente beziehen. Ein Beamter bekommt schon nach fünf Dienstjahren 300,– Mark mehr, also 1505,– Mark. Ich kann von niemandem verlangen, dafür staatsbürgerliches Verständnis aufzubringen.

Obwohl der vorgezogene Ruhestand also ein Trojanisches Pferd ist, ist in Deutschland nur noch jeder Zweite der über 58jährigen berufstätig. Der wirtschaftliche Niedergang trifft ältere Menschen besonders hart, denn für Hunderttausende von ihnen bringt er Beschämung und keinesfalls Gefühle von Freiheit und Glück über die »wunderschöne dritte Lebensphase« mit sich. Der Verrentungsschock wird noch erheblich verschärft, wenn man begreift, daß man zu nichts mehr nütze ist. Die Folge: Die Krankheitsrate steigt explosiv. Der CDU-Politiker und Unternehmer Elmar Pieroth hat einmal gefordert: »Die Pensionierung muß den Fallbeilcharakter verlieren!« In Pieroths Firma können die älteren Mitarbeiter mit 60 Jahren fünf Stunden weniger pro Woche arbeiten, von denen zweieinhalb Stunden aber bezahlt werden. Mit 63 können sie zehn Stunden weniger arbeiten, von denen fünf vergütet werden. Mit 65 können sie einen Arbeitsvertrag unterschreiben, der die Weiterarbeit bis zum 67. Lebensjahr ermöglicht – und in Sonderfällen sogar darüber hinaus. Wenn man Unternehmer auf dieses Beispiel anspricht, entgegnen sie in den meisten Fällen ärgerlich: »Das mag Pieroth können, ich kann das nicht.« Man kann ihnen das Gegenteil beweisen.

Und dann liest der vorzeitig in eine sehr trügerische Ruhe Geschickte eine Meldung, wie sie am 27.9.1993 in der »Süddeutschen Zeitung« stand. Unter der Überschrift »*Pflegesätze in Heimen sind stark gestiegen*« heißt es: »Hamburg (ap) – Die Kosten für die Unterbringung von Pflegebedürftigen in Heimen sind nach Informationen der... ›Welt am Sonntag‹ in jüngster Zeit rasant gestiegen. Das Blatt berichtete über Berechnungen, die vom Bundesfamilienministerium bestätigt worden sind, wonach die Pflegesätze für die Unterbringung von Bedürftigen in Heimen seit 1990 von durchschnittlich 2860,– Mark im Monat auf rund 3800,– Mark angestiegen sind. Teilweise werden sogar mehr als 7000,– Mark im Monat verlangt. Familienministerin Rönsch sagte, auch in den neuen Ländern seien die Pflegesätze dramatisch gestiegen und betrügen mittlerweile im Durchschnitt zwischen 1400,– und 2500,– Mark. Spitzenwerte lägen bereits deutlich über 3000,– Mark. Diese Zahlen dürften ›niemanden mehr kalt lassen‹. Immerhin seien in Deutschland rund 450000 Pflegebedürftige in Heimen betroffen. Die Rentner könnten die Sätze nicht mehr bezahlen und seien, wenn sie pflegebedürftig würden, auf Sozialhilfe angewiesen.«

Es ist mir nicht klar, wen die Ministerin als Mitglied der Bundesregierung meint, wenn sie sagt, das dürfe niemanden kalt lassen. Die Rentnerinnen und Rentner läßt die Meldung jedenfalls nicht kalt, denn sie sind nicht nur frühzeitig aus dem Erwerbsleben herausgeboxt worden, sie sehen sich auch in eine düstere Zukunft geworfen.

Erschreckend viele von ihnen sehen einen Ausweg nur im Freitod, das ist in bisher unbekannter Größenordnung besonders in den fünf neuen Bundesländern der Fall: In Deutschland nimmt sich alle zwei Stunden ein Mensch über 65 Jahre das Leben. Fachleute nennen das einen »Bilanzselbstmord«: »Da kommt nichts mehr, da wird nichts mehr besser.« Die schon zitierte Ministerin für Familie und Senioren, Hannelore Rönsch, ließ einen Bundesaltenplan vorlegen, der finanziell so ausgestattet ist, daß auf jeden älteren Menschen in Deutschland genau *31 Pfennige* kommen. Die Ministerin hat diesen Plan als »Meilenstein der Seniorenpolitik« bezeichnet. In der Realität ist er bereits Makulatur, und die Fachleute bezeichnen die herrschende Seniorenpolitik schlicht als falsch.

Im Bundesaltenplan steht zu lesen, was die Ministerin erreichen will:
– die Förderung der Selbständigkeit und der gesellschaftlichen Beteiligung älterer Menschen;
– die Unterstützung hilfs- und pflegebedürftiger älterer Menschen in Hinblick auf ihre Selbständigkeit.
Kurz: Die Ministerin will etwas erreichen, was einem völligem Umdenken gleichkäme und was bisher jahrzehntelang sträflich vernachlässigt wurde und noch wird. Die Tatsache andererseits, daß man einen »Bundesaltenplan« vorlegt, »Altenpolitik« und »Seniorenpolitik« betreiben will, arbeitet diesem Ziel auf ganzer Linie entgegen, denn die Menschen jenseits der 60 werden in eine Gruppe gedrängt und damit ausgegrenzt, obwohl sie doch – wie angestrebt – wieder als Teil der Gesamtgesellschaft begriffen werden sollen. Schon vor Jahren haben die Fachleute aufgehört, mit dem Begriff »Altenpolitik« ernsthaft zu arbeiten. Für sie heißt es: *Integration aller Altersgruppen in unseren Alltag*, um spezifische Hilfen für jede Gruppe in der Gesellschaft zu entwickeln.

Bis zum Ministerium scheint sich das nicht herumgesprochen zu haben, denn dieses verwaltet lediglich den Elendszustand und demonstriert nachweisbar Hilflosigkeit, wofür, wie Wirtschaftswissenschaftler ohne Spott meinen, ein Ministerium »eigentlich zu teuer« ist.

Wenn die Kabinettsrunde um den Bundeskanzler Jahr um Jahr die Situation der alten Leute als »eigentlich zufriedenstellend« befindet, kann der/die zuständige Minister/in nur mit lächerlich schmalen Mitteln agieren – aber eine Entschuldigung dafür, daß er/sie nicht für die Alten *kämpft*, ist das nicht. Ich hätte gern eine Frau vorgestellt, die »Manns genug« ist, den Kram hinzuschmeißen, weil nichts daran geändert wird, daß es alten Menschen hierzulande so dreckig geht. Vermutlich werde ich da noch lange warten müssen.

Ebenso unbefriedigend, was die Versorgung der Alten angeht, sind die sogenannten »Modellversuche«, in voller Breite vom Bund oder vom Land finanziert und »wissenschaftlich begleitet«. Dazu Hans Mohl: »Das genau ist das Dilemma. Die notwendigen Konsequenzen werden gar nicht, zu spät oder zu langsam gezogen. Bestenfalls erproben Modellversuche Lösungsansätze. Meistens ist das Ergebnis aber nur eine neue Studie, exakt veröffentlicht, auch auf Staatskosten. Doch die Konsequenzen aus diesen Studien lassen auf sich warten.«

Der international angesehene Wiener Soziologe und Altersforscher Professor Dr. Leopold Rosenmayr spricht davon, »daß Wissen und Verbesserungsvorschläge gegenüber gesellschaftlicher und politischer Wirklichkeit unglaublich hilflos und wirkungslos bleiben«. Mit anderen Worten: Einschließlich der gegenwärtigen Ministerin wissen alle Beteiligten, wie es besser und menschenwürdiger gemacht werden kann, und tun es nicht!

Warum scheitern Modellversuche? Fachleute in Sachen Altenheime und Altenpflege bestürmen ihren Abgeordneten mit der Bitte, ihnen aus staatlichen Mitteln ein Modell zu finanzieren. Die Fachleute wissen genau: Haben wir erstmal die Finanzierung sicher, dann können wir zumindest ein paar Jahre lang ordentlich und gewissenhaft arbeiten! Die Lorbeeren lassen wir dem Politiker. Zusätzlich werden noch die begleitenden Wissenschaftler samt ihrer Studie finanziert, und jedermann ist zufrieden – bis die Zeit des Modells abgelaufen ist. Jetzt versuchen die Heimfachleute eine Regelfinanzierung zu bekommen. Häufig klappt das nicht, weil kein Geld mehr da ist oder der Bundestagsabgeordnete kein Interesse mehr hat. Das Modell schrumpft zu einem Altenheim wie tausend andere zurück.

Um die Lage zu verbessern, könnte das Ministerium für Familie und Senioren endlich damit beginnen, alle möglichen Modelle auf diesem Sektor zu *vernetzen*. Vernetzung heißt, daß die Erkenntnisse der Einrichtung A zusammenfließen mit den Erkenntnissen aller Einrichtungen von B bis F – und umgekehrt. Bisher funktioniert in diesem Land nicht einmal das. Zornig fordert Mohl endlich das »regionale Management«, durch das alles Wissen, das für die optimale Versorgung der Alten notwendig ist, aus ganz Deutschland zusammengetragen wird. Auf diese Weise könnte das Ministerium die Kenntnisse bündeln und systematisch weitergeben – was selbstverständlich mit Arbeit verbunden wäre, aber die ließe sich wohl organisieren und bewältigen.

Es ist vorgekommen, daß in zwei nebeneinanderliegenden Großstädten zwei Modellversuche zur Erforschung des Lebens im Alter liefen, der eine vom Bund, der andere vom Land finanziert. In beiden Projekten wußte man nichts voneinander, obwohl sie dasselbe machten...

140 Alteninitiativen, die ebensowenig miteinander vernetzt sind, zählt man in Deutschland. Unter anderem sollen sie dafür sorgen, daß das berufliche Wissen der alten Männer und Frauen genutzt wird. Mit anderen Worten: Ältere Menschen könnten sehr wohl aus ihrem reichen Erfahrungsschatz an Jüngere weitergeben, also »richtig arbeiten«. Diese Initiativen bieten ihre Dienste an wie Sauerbier, aber offensichtlich braucht niemand sie, oder aber – das scheint plausibler – niemand weiß, daß es so etwas gibt.

So erfährt der erstaunte Journalist, daß das Bonner Ministerium mit den Mitteln des Bundesaltenplanes in ganz Deutschland die Einrichtung von Seniorenbüros finanzieren will, während gleichzeitig mehrere Bundesländer ankündigen, ähnliche Modelle unterstützen zu wollen. Also: Offenbar läuft wieder einmal alles aneinander vorbei...

Hunderte von Millionen des Bundes und der Länder flossen in Modellversuche, von denen man begründet erwarten konnte, daß sie eine neue Epoche in der Altenversorgung einläuteten. Aber dann wurde das Geld knapp, und zum Schluß war auch hier das Modell-Altenheim nur noch ein Allerwelts-Altenheim. Das ist unsere Realität, und das gilt für alle möglichen Einrichtungen und Dienste im Arbeitsbereich für die älteren Generationen.

Immer dann, wenn ihr Haus eine neue Broschüre herausgibt – und das geschieht fortlaufend –, schreibt die Ministerin vollmundige Vorworte. Zum Beispiel in der Broschüre »Daheim im Heim« (1993). Der Untertitel lautet »Über die Situation in Heimen für ältere Menschen – und wie sie verbessert werden kann.« Die Beschreibung von Verbesserungen fehlt in der Broschüre allerdings. Auch das Versprechen, die Broschüre solle »auch unbegründete Vorurteile oder gar Ängste, die da und dort noch bestehen mögen, abbauen«, wird leider nicht erfüllt, weil die Ministerin sich nicht auf Realitäten einläßt, sondern sich auf Wortblasen beschränkt. Denn was soll das heißen, wenn sie schreibt: »...es werden auch manchmal Unzulänglichkeiten beklagt, die vermeidbar sind und darum von den Bewohnern nicht akzeptiert werden. Vor allem im Bereich der Körperpflege, aber auch in der persönlichen Anrede werden die Gefühle und Ansichten der Heimbewohner nicht immer genügend berücksichtigt«? Wird sich durch eine solche Feststellung irgend etwas ändern an den oft erschreckenden Verhältnissen, auf die ich bei meinen Recherchen gestoßen bin? Und der Kommentar der Broschüre zum Essen in den Heimen: »Eine Einbeziehung der Heimbewohner in die Gestaltung des Speiseplanes, wie sie in mehreren Heimen mit Erfolg praktiziert wird, eröffnet die Möglichkeit, vermehrt auf die Wünsche der Bewohner einzugehen...«, kann allenfalls als milde Anregung für die Heimleitungen verstanden werden, hat mit der Realität aber nichts zu tun. Wir haben 8000 Heime – mag sein, daß in vielleicht 20 davon Heimbewohner ein wenig mitbestimmen können.

Ähnlich vage bleibt die Broschüre beim absoluten Tabuthema: »Da stirbt auf demselben Flur ein Mitbewohner, den man lange kannte und von dem man genau wußte, daß er nicht mehr sehr viel länger leben würde – aber unter den Überlebenden und dem Heimpersonal wird über den Tod dieses Mitmenschen nicht geredet. Obwohl die bewußte Beschäftigung mit diesem Thema den Überlebenden ihr Überleben leichter machen kann, wird der Tod älterer Menschen in manchen Heimen verdrängt.« Wer immer diesen Text entwarf – es ist nicht sehr geschickt, von »Überlebenden« zu sprechen. Er redet hier von »manchen Heimen«, in denen der Tod verdrängt werde. Korrekter: In den meisten Altenheimen wird der Tod als Thema eisern ausgespart.

Im Vorwort des schmalen Bändchens »Der rote Faden« (1993) formuliert die Ministerin – sicherlich nicht mit Absicht –

geradezu satirisch: »Ich wünsche Ihnen viel Vergnügen bei der Lektüre dieses Ratgebers und hoffe, die hier gegebenen Ratschläge verhelfen Ihnen zu einem interessanten, selbstbestimmten Leben im Alter.«

Damit auch klar ist, daß jeder, dem es im Alter schlecht geht, selbst schuld hat, erfahren wir, was für viele der Leser der Broschüre, die ja gerade ihr *Alter* gestalten wollen, ein wenig spät kommt: »Natürlich hat es ein gesunder und finanziell gesicherter Mensch einfacher, selbständig zu bleiben als ein Gleichaltriger mit mangelhafter Altersversorgung und schlechtem Gesundheitszustand. Gesundheitliche Vorsorge von Jugend an und rechtzeitige Alterssicherung während der Berufstätigkeit tragen zu größerer Selbständigkeit im Alter bei.« Und wenn wir den Satz lesen: »Das zunehmend bessere Verhältnis der Generationen zueinander wird gestärkt, wenn jüngere und ältere Mitbürger einen Teil ihrer Freizeit gemeinsam gestalten«, dann würde uns diese verblüffende Einsicht erfreuen, wenn sie nicht angesichts des »Krieges der Generationen« so utopisch klänge.

Als vollends ahnungslos erweist sich die Ministerin, wenn sie zum Heimgesetz formuliert: »Das Heimgesetz schützt die Bewohner in Heimen für alte Menschen, Pflegebedürftige sowie Behinderte und gibt ihnen bestimmte Rechte, die eigens für sie geschaffen wurden...« Fachleute bestätigen, daß das Heimgesetz in vielen Punkten mangelhaft ist und darüber hinaus im Alltag der Heime meist kaum eine Rolle spielt.

Und zynisch klingt es, wenn sie schreibt: »Vor allem auf unsere Gesundheit hat niemand soviel Einfluß wie – wir selbst!...« Denn wenn ich in einem Heim bin, in dem das Essen ungesund ist, kann ich mit dem besten Willen meine Gesundheit nicht schützen.

Aus der verblüffenden Erkenntnis, in den fünf neuen Bundesländern erreichten nur 10 Prozent aller Altenheime und Altenpflege-Einrichtungen den Mindeststandard, zieht die Ministerin den Schluß: »Handeln ist notwendig« und fährt fort: *»Nehmen Sie die gesellschaftliche und moralische Herausforderung an – spenden Sie!«* Sie haben richtig gelesen: »Daheim im Heim« ist eine Stiftung, soll sich im wesentlichen aus Geldern der Wirtschaft finanzieren – und darüber hinaus sollen viele spenden, um für die Alten in der Ex-DDR Lebensbedingungen zu schaffen, »die der verdienten Lebensleistung entsprechen«.

Der Höhepunkt des Jahres 1993 war zweifelsfrei die Ausrufung des »Europäischen Jahres der älteren Menschen und der Solidargemeinschaft der Generationen«. Dazu Frau Ministerin: »Das... gibt uns die Möglichkeit, für die Senioren europaweit die Grundlage für eine Politik zu schaffen, die über 1993 hinaus in die Zukunft reicht.« Ein paar Nummern kleiner wäre für uns passender gewesen, denn Deutschland liegt, wie gesagt, in der europäischen Entwicklung ganz hinten. In nahezu allen anderen europäischen Staaten wird für die Senioren erheblich mehr getan als hierzulande – und in den meisten Ländern leben sie erheblich billiger und vor allem menschlicher.

Ich bin mit diesem Wust an Broschüren zu einem Rentner gegangen. Er heißt Franz, ist 63 Jahre alt und war eigentlich von Beruf Friseur. Fast sein ganzes Leben lang aber hatte er in einer Baufirma gearbeitet, nachdem er als junger Mann hauptberuflich Schmuggler gewesen war, weil es ordentliche, ehrbare Arbeit in seiner Heimat nicht gab. Er las das alles sehr aufmerksam und kommentierte dann trocken: »Das ist doch alles ein gewaltiger Scheiß und hat mit dem wirklichen Leben fast nichts zu tun.« In der Tat ist sein Leben von dem der Frau Ministerin so weit entfernt wie die Erde vom Mars. Aber vielleicht hilft es dem Realitätssinn im Ministerium ein wenig auf die Sprünge, wenn ich von Franz erzähle. Franz ist nämlich ein ganz normaler Fall.

Er wurde 1930 in einem kleinen Dorf in der Eifel geboren. Seine Jugend bestand aus Schule und harter Arbeit zu Haus. Zwar lernte er das Friseurhandwerk, aber ausüben konnte er es nicht – in der Eifel nährte es seinen Mann nicht. Als er hörte, daß man in einem Holzbetrieb in Ormont Geld verdienen konnte, lief er – wie das in den Jahren nach dem Zweiten Weltkrieg nicht ungewöhnlich war – 35 Kilometer zu Fuß dorthin. Er bekam ein Zimmer, durfte Holzstämme schälen, bekam dafür auch einen Lohn, den aber nicht voll ausbezahlt. Zuweilen hockte er ohne einen Groschen herum, wollte aber doch etwas nach Hause bringen. Also schmuggelte er: zunächst den begehrten Kleesamen nach Belgien hinein und Kaffee heraus, den er dann zu Hause verkaufen konnte. Zuweilen schleppte er auch ein lebendiges, quiekendes Ferkel zehn Kilometer weit durch den Wald. Das Ganze immer nachts, zuerst allein, dann in einer Gruppe. In der Regel marschierten sie des Nachts nach Belgien und kamen in der darauffolgenden Nacht mit je 10 bis 15 Pfund Kaffee auf dem Rücken zurück. 45 Kilometer pro Nacht waren das übliche. Der Zoll war ihnen dauernd auf den Fersen, die Gruppe wurde zerschlagen, Franz hatte Glück, wurde nicht verhaftet und machte von da an den Scout für andere Gruppen. Keiner von ihnen schmuggelte aus Abenteuerlust, für alle war es die einzige Möglichkeit, nicht zu verhungern und gleichzeitig in der Gegend zu bleiben. Noch immer machte Franz auch Waldarbeit, wenn sich eine Möglichkeit bot. Aber die Möglichkeiten wurden immer seltener, und eines Tages war er von Beruf Schmuggler. Er schleppte jetzt pro Tour – für einen Verdienst von ca. 200,– Mark – 40 bis 45 Pfund Kaffee. Zur gleichen Zeit hätte er bei der Bundesbahn für 94 Pfennig pro Stunde arbeiten können oder auch im benachbarten Steinbruch für einen ähnlichen Hungerlohn. Er entschied sich für den Schmuggel, denn der war einträglicher und sicherte das Überleben der Familie. Bei durchschnittlich 80 bis 120 Pfund Kaffee pro Woche verbrauchte man zwar ungeheuer viel Nerven, hatte aber den Vorteil, nicht schlecht zu verdienen. Einmal jagte ihn der Zoll und war schon so nah, daß er den Sack Kaffee dem Zöllner im Schnee vor die Füße werfen mußte, um den Mann dadurch zu Fall zu bringen. Nicht immer hatte er solches Glück, einmal wurde er verhaftet und wegen »Bandenschmuggel« zu drei Jahren auf Bewährung verurteilt, wenngleich dem Richter genauestens bekannt war, daß diese Einnahmequelle die einzige lohnende für die »Bande« war. Das Urteil war noch nicht verkündet, da lief Franz bereits wieder durch den Wald, dem nächsten Sack Kaffee entgegen. Er erinnert sich lächelnd: »Das Schlimmste unterwegs war der

Durst. Ich erinnere mich an Schneenächte, in denen wir unentwegt Schnee lutschten, um durchzuhalten. Ich erinnere mich auch, daß einmal, als ich nach vielen Tagen heimkam, mein Vater gestorben und schon beerdigt war. Manchmal wurden wir so gehetzt, daß wir nicht einmal während einer Rast unsere Kaffeesäcke vom Rücken schnallten. Auf diesen Nachttouren gingen wir in einer langen Reihe, der Pfadfinder immer weit voraus. Und wir durften nicht anhalten, wir durften nicht einmal pinkeln. Wenn du die Gruppe verloren hast, warst du schlicht verratzt. Ich erinnere mich auch an die längste Tour meines Lebens: nachts und bei ständiger Verfolgung 75 Kilometer zu Fuß. Da weißt du, was du getan hast.«

Rentner Franz und die Frau Ministerin trennen, was das »wirkliche Leben« angeht, nicht nur der Abstand der Erde vom Mars, sondern auch schlichte 15000,– Mark pro Monat.

Ähnliches kann man wohl auch für Peter und Anna Regher sagen, die, 84 und 80 Jahre alt, froh sind, »zu Hause« zu sein. Sie kamen erst vor ein paar Jahren hier an – sie kamen aus Kasachstan.

Sie gehören zu den beiden Menschengruppen, die bei uns alt werden wollen, weil sie sich hier vom Leben mehr erhoffen, als ihr altes Zuhause ihnen bieten konnte – die Ausländer und die Aussiedler, zusammen mehrere Millionen Menschen, die hier mithelfen, die Renten zu finanzieren, und ohne deren Hilfe Deutschland niemals eines der reichsten Länder der Welt geworden wäre.

Nördlich des Asowschen Meeres in Rumänien wurden vor über 200 Jahren auf Bitten des russischen Zarenhofes Deutsche angesiedelt. Sie gründeten 59 Dörfer. Peter Regher wurde in dem Dorf Margenau geboren, seine zukünftige Frau Anna in dem Dorf Koteniusfeld – von Kasachstan wußten beide damals nichts. Heute leben sie in Anhausen, ein wenig abseits von Neuwied. Als sie vom Bürgermeister Anhausens besucht wurden und er sie fragte: »Warum seid ihr eigentlich hier?«, antwortete Peter Regher, ohne zu überlegen: »Weil wir das, was wir erlebt haben, nicht noch einmal erleben wollen.« Ich erzähle die Geschichte der Reghers deshalb, weil sie uns dazu bringen kann, für unser Leben hier etwas dankbarer zu sein, als wir es normalerweise sind.

Die Reghers waren eine reiche Familie, sie besaßen zehn Pferde, sechs Kühe, dazu Schweine und Kleinvieh. Als der Erste Weltkrieg wie ein Sturm über sie hinwegbrauste, begannen die Hungerjahre, sie wurden arm. 1930 kam die Kollektivierung der Landwirtschaft, sie wurden enteignet. 1932 wurde Peter Regher zum Militär eingezogen. Um diese Zeit lernte er eine hübsche junge Frau kennen, die aus Koteniusfeld stammte und nicht abgeneigt schien, ihn zu erhören. Sie nannte ihn damals und sie nennt ihn noch heute »einen schönen jungen Mann«.

1933 und 1934 waren die Jahre der großen Mißernten, das Volk darbte. Urlaub bekam Peter nicht, es blieb den beiden nichts, als sich zwei Jahre lang zu schreiben. Zu dieser Zeit starb sein Großvater, der Prediger bei der Brüdergemeinde der Menoniten gewesen war. Da ihm verboten wurde, als Prediger zu arbeiten, verhungerte er. Als Anna und Peter 1934 heirateten, gab es so gut wie nichts zu essen. »Mein Mann mußte 20 Kilometer zu Fuß gehen, sich in einer Warteschlange einreihen und konnte dann vielleicht ein Brot kaufen und damit den ganzen Weg zurückmarschieren.« Zur Hochzeit, daran erinnern sich beide noch sehr lebhaft, gab es Sauerampfersuppe – ein Gericht, das sie sich heute noch kochen.

Peter hatte in der Kolchose den Fachbereich Viehzucht zu übernehmen. Um die Schulung mitmachen zu können, mußte er täglich 25 Kilometer zu Fuß zur Schule laufen. 1938 wurde Peters Vater, ein Holzarbeiter, abgeholt und verschwand auf Nimmerwiedersehen. Erst 1989 wurde die Familie davon unterrichtet, der Vater sei »leider unschuldig erschossen worden«. Annas Vater war schon ein Jahr zuvor geholt und sofort erschossen worden. So waren die Zeiten: 1938 waren die meisten Väter einfach verschwunden, und nach ihnen zu forschen war lebensgefährlich.

Dann kam der Zweite Weltkrieg, die Bevölkerung wurde nach Rußland abkommandiert, um Verteidigungsanlagen zu bauen. Peter Regher: »Wir waren Tausende, aber wenigstens

126

bekamen wir etwas zu essen. Das, was wir zuerst vom Krieg sahen, waren deutsche Flugzeuge.«

Später zogen sie mit 21 Mann nach Hause, über den Dnjepr, hätten es beinahe nicht mehr geschafft, schafften es doch. Anna hatte inzwischen drei Kinder geboren. Im September 1941 wurde den Männern des Dorfes befohlen, sie sollten sich für zehn Tage mit Kleidung und Proviant versorgen, niemand sagte ihnen, wohin es ging. Am 3. September marschierten sie los. Sie marschierten etwa 20 Kilometer pro Tag, und es ging das Gerücht, sie seien unterwegs nach Kasachstan. Nach elf Tagen wurden sie in einen Güterzug verladen und erreichten am 8. Oktober ihr »Ziel«: »Es war die freie Steppe, und wir wußten, wir waren in Kasachstan. Die Türen wurden aufgestoßen, wir sprangen heraus. Es war wirklich freie Steppe, es war da nichts außer den Eisenbahnschienen. Wir schlugen Zelte auf und legten uns nachts ausgerissenes Gras als Kopfkissen unter den Kopf. Es wurde kalt. Das war ein Straflager, wir sollten die Eisenbahnlinie ausbauen. Wir fingen an zu überwintern, jemand vor uns hatte ein paar Felder Korn angepflanzt, wir ernteten mit der Sichel. Nach einem Fluchtversuch wurden wir wieder zurückgebracht.

Wir schneiten ein; es herrschten bald 30 Grad minus, wir hatten keine Handschuhe und an den Füßen nur Holzschuhe. Die Füße froren ab. Wir mußten ein Steinhaus bauen, natürlich für den Kommandanten des Lagers. Zwei Monate lang war ich mehr tot als lebendig. Ein Gedanke hielt mich aufrecht: ›Solange ich auf meinen eigenen Füßen aus dem Zelt hinausgehen kann, anstatt herausgetragen zu werden – so lange lebe ich.‹«

Man muß das Leben der Reghers zweimal erzählen, denn während Peter von der ungeheuren Weite Rußlands einfach verschluckt wurde, konnte Anna, die nichts von Peter wußte, nicht im heimischen Margenau bleiben. Sie mußte sich samt den Kindern reisefertig machen und wurde wie ihr Mann auf einen Güterzug verladen. Tagelang ging es in Richtung Polen. Dort mußte sie zwei endlose Jahre lang unter deutschem Kommando auf einer Kolchose arbeiten. Sie hatte längst mit dem

Gedanken leben gelernt, Peter sei tot. Jetzt war sie ausschließlich für ihre Kinder da.

Die Deutschen zogen ab, verließen die Kolchose in wilder Flucht, und die Frauen und Kinder waren – von den siegreichen Russen verfrachtet – auf den Weg nach Sibirien. In Viehwagen transportiert, landeten sie in den endlosen Wäldern Sibiriens. Ohne daß sie es ahnen konnten, erging es Anna und den Kindern wie zuvor ihrem Mann und Vater: Sie wurden irgendwo an der Bahnstrecke ausgeladen. Man befahl ihnen, sich Häuser zu bauen, sich kleine Gärten anzulegen, um nicht zu verhungern. Doch noch ehe ihre Holzhäuser standen, waren sie - mit Äxten und Sägen ausgerüstet – schon dabei, die endlosen Wälder zu fällen, die Stämme zum Transport auf der Eisenbahn herzurichten. Das ging so bis zum Jahr 1947. Im Frühjahr jenes Jahres traf Anna ein Schicksalsschlag, von dem sie sich nie wieder ganz erholen sollte. Ihre Kinder, ihr Sohn war jetzt 12, die Zwillinge 8 Jahre alt, vergifteten sich an irgendwelchen Wurzeln und starben. Und die Mutter hielt ihre Köpfe in ihrem Schoß und half ihnen beim Sterben, so gut eine Mutter das vermag, dann begrub sie die drei Kinder.

Gerüchteweise hatte sie gehört, daß Peter in Kasachstan war – eine Ewigkeit entfernt, aber sie machte sich auf den Weg. Am 22. Juli 1947 kam sie dort an, wo ihr Mann fast sieben Jahre vorher einfach aus dem Viehwagen gesprungen war, um in der Steppe irgendwie zu überleben. Er hatte sich mittlerweile ein Holzhaus gebaut und dachte oft an Anna, aber die Hoffnung, sie noch einmal wiederzusehen, war längst gestorben.

Jetzt stand sie plötzlich vor ihm. Sie war eine schöne Frau, und sie ist das heute noch. Mit trockenem Humor beschreibt sie die Szene: »Da stand ich. Er war so ein schöner Mann, und ich war so mager.« Das Leben begann wieder. Anna gebar dem Peter vier Kinder, sie bauten das Haus aus, sie legten sich eine Landwirtschaft an, aber sie lebten niemals frei. Anna murmelte: »Je älter einer in Rußland ist, um so mehr Hunger hat er.« Irgendwann stellten sie den Ausreiseantrag, irgendwann wurde er genehmigt, irgendwann während der letzten sechs Jahre kamen sie alle zusammen hier an. Als Anna angekommen war, hatte sie keine Kraft mehr, brach zusammen. Eiligst transportierte das Deutsche Rote Kreuz sie in ein Krankenhaus in Adenau, und es schien mit ihr zu Ende zu gehen.

Ärzte und Krankenschwestern kamen und sprachen mit ihr und lächelten ihr zu. Und als dann die Familie, ihr Mann samt allen Töchtern und Söhnen, sie besuchte, lag sie in einem Berg von Kissen höchst zufrieden im Krankenbett und verkündete strahlend: »Hier ist es gut, hier gehe ich nie wieder weg!«

Anna und Peter haben gerade ihre Diamantene Hochzeit gefeiert, sind also 60 Jahre verheiratet. Sie wollen nicht mehr zurück, sie wissen, daß ihre alten Dörfer in Rumänien ebenso plattgewalzt sind wie das Haus in Kasachstan.

»Ihr seid doch schon in Rußland alte Leute gewesen, 75 Jahre alt. Habt ihr dort eine Rente bekommen?« Anna Regher lächelt. »Na ja, haben wir schon. Zu zweit bekamen wir 79,– Mark Rente im Monat. Fünf Mark davon waren meine Rente.«

Den Gedanken an ein Pflegeheim brauchen sie nicht zu haben. »Es ist selbstverständlich, daß unsere Kinder uns versorgen, wenn es ans Sterben geht. Da braucht man nicht in ein Heim.«

Was würden die beiden sagen, wenn ich ihnen zu erklären versuchte, daß wir einen Pflegenotstand haben? Sie würden es nicht verstehen, denn sie waren immer schon von Herzen dankbar, wenn sie nur zusammensein konnten und wenn sie und die Kinder genügend zu essen hatten. Was würden sie sagen, wenn ich ihnen zu erklären versuchte, daß im westlichen Europa sich Wissenschaftler ganz ernsthaft Gedanken darüber machen, ob es nicht eine Lösung sein könnte, manchen alten, kranken Menschen einfach die Todespille zu geben oder ihnen ärztliche Hilfe zu versagen?

Langlebigkeit ist phantastisch, aber was machen wir mit denen, die *so* lange leben? Haben wir genügend Pflegeplätze? Haben wir nicht. Haben wir genügend Pflegerinnen und Pfleger? Haben wir nicht. Haben wir genügend Familien, die ihre eigenen Alten bis zum Tode pflegen werden? Haben wir nicht.

Haben wir genügend Geld, um jedem alten Menschen die ärztliche Hilfe angedeihen zu lassen, die möglich ist? Haben wir nicht. Alte Menschen begehen doppelt so häufig Selbstmord wie junge Menschen. Wird Selbstmord die bevorzugte Todesart unter den alten Leuten?

Die Politik hat zugelassen, daß wir in diese Falle geraten sind. Kann also die Politik uns retten? Kann sie nicht, sie ist zu unbeweglich und zu phantasielos. Gibt es genügend Phantasie, uns zu helfen? Die gibt es, wir müssen ihr nur die Wege bahnen.

7. Sinnvolles Leben in Lohfelden und in Mayen

Bissig, aber treffend formuliert der Sozialmediziner Hans Schaefer in Mohls Buch:»Unsere Zukunft liegt nicht in der Hand der Politiker, sondern in der Hand der Bürger!« – Wenn von den Bürgern genügend Druck ausginge, dann könnten wir darauf hoffen, daß ein Umdenken stattfindet. Wie wenig das bis jetzt der Fall ist, zeigt eine Meldung, die im September 1993 in fast allen deutschen Tageszeitungen erschien.

Unter der Überschrift:»Autofahren: Gegen Altersgrenze« heißt es:»Gegen eine Altersgrenze für den Besitz eines Führerscheins hat sich Bundesseniorenministerin Hannelore Rönsch (CDU) ausgesprochen. Allein der Gesundheitszustand sei für die Fahrtüchtigkeit von älteren Autofahrern entscheidend, sagte sie zur Eröffnung des Internationalen Fachkongresses ›Verkehrssicherheit älterer Menschen – Mobilität erhalten und fördern‹...« Das riecht geradezu danach, daß kurz vor Wahlen ältere Mitbürger allein schon wegen ihrer großen Zahl nicht verprellt werden dürfen. Doch Polizisten in der Verkehrsszene wissen ein Lied davon zu singen, daß ältere Menschen am Steuer buchstäblich in Sekunden ausrasten und zu vollkommen irrationalen Handlungen neigen: Zum Beispiel rammen sie am Straßenrand abgestellte Fahrzeuge, nicht selten zehn oder zwölf hintereinander, ehe sie zum Halten kommen. Zum Beispiel können ganz einfache Wendemanöver zu einer nicht mehr beherrschbaren Situation führen. Merke: Verwirrtheitszustände können plötzlich auftreten.

Zuweilen bekommen die Alten ein Bonbon: Sie dürfen Seniorenfahrkarten lösen, sie dürfen zu erheblich verbilligten Tarifen mit Eisenbahn und Straßenbahn fahren, und sie empfangen diese Einrichtungen mit großer Dankbarkeit. Dabei ist offenkundig übersehen worden, daß nahezu alle öffentlichen Verkehrsbetriebe in Sachen Finanzen am Tropf hängen und verbilligte Tarife ausgerechnet einer Gruppe insgesamt zugestehen müssen, die zum Teil über erheblich mehr Geld verfügt als jüngere Leute. Ist über diesen Unsinn niemals nachgedacht worden? Gewiß fordern alle diese prekären Zustände politische Entscheidungen, aber anscheinend warten wir alle vergebens auf sinnvolle Entscheidungen derer, die wir wählten.

Zornig malt die Chefärztin der Geriatrie, Professor Dr. Elisabeth Steinhagen-Thiessen, ein faszinierendes Bild: »Ich würde gerne unsere Gesundheits- und Sozialpolitiker auf eine wundersame Reise schicken: nicht verkleinert wie Nils Holgerson, sondern gealtert, mit schwachem Sehvermögen, reduziertem Gehör, gehbehindert, an den Rollstuhl gefesselt. So sollten sie wenigstens für ein Wochenende in einer beliebigen deutschen Dauerpflegeeinrichtung verbringen. Sie werden sich fragen, ob es ein Leben vor dem Tode gibt.«

Um den Politikern Beine zu machen, fährt die Ärztin fort: »Dann sollen sie nach Dänemark gelangen, auf eine Rundreise durch dänische Altenzentren, und erfahren, was ein allseitig vernetztes, medizinisch abgestuftes Versorgungssystem für ältere Bürger ist, wie ein und dieselbe Einrichtung funktioniert als Wohnheim, als Pflegeheim, als stationäres und ambulantes Rehabilitationszentrum, als Hilfsmitteldepot, als Tagesheim, als Cafeteria und Restaurant, als Freizeiteinrichtung der ambulanten Altenhilfe, als Kurzzeitpflege- oder Nachtpatientenhospital, als Rentenzahlstelle und Sozialberatung, als Sozialstation, die rund um die Uhr häusliche Pflege anbietet.«

Hans Mohl stellt dazu fest: »Gäbe es alles das auch bei uns, gäbe es genügend Spezialkliniken, in denen der Patient im Anschluß an einen Krankenhausaufenthalt auf das Leben zu Hause vorbereitet werden könnte, würde sich in vielen Fällen auch die Einweisung älterer Menschen in ein Alters- oder Pflegeheim vermeiden lassen.«

Wir können gegen die Verantwortungslosigkeit der Politiker nur angehen, indem wir sie direkt fragen: »Was würdest du tun, wenn es um deine eigene Mutter ginge?« Beispiel Katharina: Sie stammt aus einem Dorf in der Oberpfalz. Geboren wurde sie 1914 als Tochter eines Mannes, der sowohl ein

Bauer war wie auch beim Bau der Reichsbahn arbeitete, aber auch in einem Steinbruch – er war zeit seines Lebens gezwungen, Geld dazuzuverdienen, der Hof war zu klein. Jeden Morgen ging man um sieben Uhr in die Messe, aber ehe das geschah, war schon die Kuh gemolken, war das Frühstück gerichtet. Dann ging es in die Schule. Mittags gab es bis 14 Uhr etwas Freizeit, von 14 bis 16 Uhr wieder Schule. Danach wurden die Kühe hinausgetrieben zum Weiden auf Wiesen und Wegen. Dann standen die Schulaufgaben an, anschließend ab ins Bett. Arbeit bestimmte Katharinas Kindheit. Als sie 15 Jahre alt war, arbeitete sie für 25 Mark im Monat in einem Krankenhaus, das zu einem Kloster gehörte, auf den Stationen, in der Waschküche, im Nähzimmer, in der Küche, im Bügelzimmer. Das einzige, was sie als Freizeit zählen konnte, waren gelegentliche Ausflüge.

Mit 18 kam sie nach Hause zurück und arbeitete auch dort schwer. Dann folgte eine Periode, in der sie erneut in einem Krankenhaus in der nahen Kreisstadt schuftete. Zu Hause kamen die Eltern nicht mehr zurecht, sie mußte wieder heim. Als sie 21 Jahre alt war, verdingte sie sich in den Nachbarhaushalt, dort kochte sie, arbeitete in der Landwirtschaft, schenkte das Bier in der dazugehörigen Kneipe aus. Sie bekam 40,– Mark im Monat.

Katharina liebte einen Mann, der im gleichen Dorf einen kleinen Bauernhof betrieb. 1938 heirateten sie, die Kinder kamen 1939, 1941, 1942, 1948, das Leben war karg und hart. Sie hatten acht Kühe und zwei Ochsen für den Pflug und den Wagen. Bargeld kannten sie kaum, wenn welches im Haus war, wurde es gehütet wie ein Schatz und jeder Groschen sechsmal umgedreht, ehe er ausgegeben wurde. In der Landwirtschaft kannte man keine Krankenkasse, längere Krankheit bedeutete den Bankrott.

Wenn ich das so trocken aneinanderreihe, schildere ich die Lebensläufe von vielen Hunderttausenden. Bargeld war so gut wie unbekannt. Keiner konnte sich vorstellen, daß man gegen Mietzahlung wohnte, für so etwas war erst recht kein Geld da. Eine Lehrstelle war etwas höchst Seltenes. Man arbeitete im Wald, als Hilfsarbeiter beim lokalen Maurer, in der Landwirtschaft, im dörflichen Handwerk als Stellmacher oder Schmied.

Tagesabläufe sahen so aus: Bei klarem Wetter und bei Mondschein um drei Uhr nachts aufstehen. Dann auf das Feld. Gegen sechs Uhr auf die Arbeitsstelle gehen und für einen heute unvorstellbar geringen Lohn bis etwa zehn Uhr abends arbeiten. Dann wieder aufs Feld bis etwa Mitternacht. Eine Familie, die 1000,– Mark Schulden beim Arzt hatte, gönnte sich keinerlei Zukunft: Da wurde sogar mit dem Heiraten gewartet, bis der Arzt bezahlt war.

Katharinas Mann stand morgens gegen fünf Uhr auf und fuhr die Milch aus dem Dorf in die benachbarte Molkerei. Als er die Chance hatte, als Waldarbeiter anzufangen, griff er begierig zu, denn das war die einzige Möglichkeit, bei der AOK versichert zu sein. Der Opa, der im Haus ein Zimmer hatte, bekam 80,– Mark Rente und war zumindest »geringfügig« krankenversichert. Durch die Arbeit im Wald, das konnte Katharinas Mann sich ausrechnen, würde er einmal 700,– bis 800,– Mark Rente bekommen, Katharina selbst etwa 450,– Mark. Im Grunde lebten sie noch in einem Tauschhandel. Sie brachte ihre Eier und ihre Butter zum dörflichen Tante-Emma-Laden. Vor dort nahmen Vertreter die Erzeugnisse mit. Für das Pfund Butter bekamen sie 1,– Mark, für das Ei einen Groschen angeschrieben. Das war noch in den 60er Jahren so. Katharina ist heute 80 Jahre alt, und sie mißt ihre Erinnerungen in endlosen Ketten von todmüde machenden Arbeitsabläufen. Sie hat die vier Kinder großgezogen und sie alle ordentlich ins Leben entlassen. Für Katharina ist es unvorstellbar, auf ein Sozialamt zu gehen, um nach diesem Leben voller Arbeit um etwas zu bitten. Der Gedanke an ein Altenheim – oder gar einen Pflegeplatz – ist für sie absurd. Sie würde, das weiß sie aus der Zeitung, für einen Schwerstpflegeplatz mehr als 5000,– Mark im Monat zahlen müssen, und dafür würde in ihrer Vorstellung der Hof, der längst von einem Sohn betrieben wird, draufgehen. Sie sagt kopfschüttelnd: »Der Staat ist doch reich. Was macht der mit uns alten Leuten?«

Meine Frage an die Politiker:»Würden Sie diese Frau in ein Altenheim schicken? Und wenn ja, in welches?«

Der Irrsinn unseres Systems zeigt sich auch darin, daß Landräte, Bürgermeister und Ratsmitglieder Alten- und Pflegeheime nur dann besuchen, wenn es ihnen wichtig ist, Stimmen zu fangen. Infolgedessen haben sie vom Alltag in den Altensilos nicht die geringste Vorstellung, wenngleich einem nachdenklichen Zeitgenossen zuweilen die Frage kommt: Was machen die Politiker denn mit ihren eigenen Eltern?

Glücklicherweise machen sich die meisten Frauen und Männer, die Heime leiten, längst ihre eigenen Gedanken, welche Konsequenzen aus den Versäumnissen zu ziehen sind und wie sie ihre Heime so menschlich gestalten können, daß dort Leben im besseren Sinne möglich ist. Im Grunde haben sie zur Umstrukturierung keine Mark zur Verfügung, sie können nicht in neuen Anbauten oder Umbauten schwelgen. Sie müssen alles so lassen, wie es ist, und trotzdem das Leben der Alten menschlicher machen. Das Verblüffende dabei ist, daß das häufig gelingt.

Begleiten Sie mich in ein Städtchen in der Nähe von Kassel. Es heißt Lohfelden und ist zu großen Teilen vollkommen neu geplant und gebaut. Grundsätzlich muß man sagen, daß so etwas nur mit Politikern möglich ist, die begreifen, was Altern bedeutet. Lohfelden ist in der glücklichen Situation, einen solchen Landrat zu haben.

Alles ist um ein neues Rathaus herumgruppiert. Es gibt von Arztpraxen bis zur Apotheke, von der Post bis zu allen notwendigen Behörden und hübschen Läden alles. Und es gibt ein Altenzentrum. Ursprünglich war dieses Alten- und Pflegeheim, als es vor zehn Jahren gebaut wurde, ein ganz normales Heim, das sich in nichts von anderen in Deutschland unterschied. Es hatte allerdings durch seinen Boß, den 1938 geborenen Martin Ehmer, einen Vorteil: Ehmer ist ein Perfektionist. Niemals ist irgend etwas gut genug, niemals ist irgend etwas so gut, als daß man es nicht noch besser machen könnte. Das offenbart sich an scheinbar kleinen, aber wichtigen Dingen. So wußte er aus Erfahrung, daß die Energieversorgung eines solch großen Komplexes erschreckend teuer ist. Also versuchte er, diesen Sektor zu entschärfen. Er verfügt heute über ein Altenheim, dessen Stromverbrauch elektronisch mit Hilfe einer Computeranlage gesteuert wird. Da mag durchaus der Hang zur elektrischen Eisenbahn durchschimmern, aber das stört Ehmer nicht: Er spart mit dieser Methode alljährlich stolze 20000,– Mark. So wird mit der Abluft aus der Küche der Wasserboiler aufgewärmt. Da passiert es denn schon einmal, daß der Küchenchef von der Spülmaschine bis hin zur elektrisch bewegten Großpfanne alles gleichzeitig laufen läßt und der Computer schlicht die Stromzufuhr unterbricht. Nach Meinung des Computers ist das zuviel des Guten, doch Martin Ehmer grinst sich eins: Das System wird zur Nachahmung empfohlen.

Martin Ehmer, grauhaarig und schlank, mit einem Hang zu lässiger Kleidung, hat in seinen jüngeren Jahren bestimmt nicht daran gedacht, ein Altenheim zu managen. Er besaß eine gutgehende Firma, überschrieb sie seinem Sohn und widmete sich danach einem Beruf, der alles andere als gut angeschrieben ist. Daß er es trotzdem tut, hat etwas damit zu tun, daß er sehr aufmerksam das Altwerden der eigenen Eltern beobachtete. Hinter seinem Schreibtisch hängt ein vielsagender Spruch an der Wand: »Die Zeit arbeitet nicht für Sie! Sie müssen es selbst tun!« Stolz sagt er: »Wir sind kein Modell, wir versuchen nur das Miteinander.«

120 Plätze bietet er an, etwa 70 Prozent davon sind belegt von Verwirrten und Depressiven. Das ist so gewollt, bei Ehmer ist ausgerechnet das, was andere Heimleiter fürchten, Programm. Er sagt Sätze, die ich in anderen Alten- und Pflegeheimen niemals gehört habe. Zum Beispiel: »Wenn einer bei uns hier morgens im Bett bleiben will, dann kann er das auch mal!« Und: »Ich will meinen alten Leuten die Angst nehmen.«

Er geht mit mir durch das Haus und erläutert jeden Raum, jede Menschengruppe, jeden Wohnbereich. Ganz nebenbei erwähnt er: »Wir haben eine Sozialarbeiterin, die jeden Neuen genau unter die Lupe nimmt. Vor allem klärt sie eine Frage: Muß dieser Mensch überhaupt ins Heim?«

Frage: »Wie sieht das aus?«

Ehmer: »Ganz einfach. Jemand meldet sich an, jemand wird angemeldet. Dann stellt sich heraus, daß er zu Hause ein bauliches Problem hat. Zum Beispiel ist sein Bad zu eng und zu klein. Er kann sich nicht drehen und wenden, hat keine Haltegriffe an den Wänden. Dann sagen wir: Das kann man leicht und billig ändern!«

Ehmer kann durchaus ruppig-ehrlich sein. Er weiß, daß sein Haus in der Branche Furore macht, und er weiß auch, daß Fachbesucher, also Leute von anderen Einrichtungen, ganz gierig darauf sind, von ihm alles erklärt zu bekommen. Da sagt er abweisend: »Also, wenn ich hier Besucher habe, dann will ich, daß es sich um Leitungskräfte handelt, also um Heimleiter, Geschäftsführer. Ich will im Sinne der Alten, daß sich hier Menschen umsehen, die wirklich etwas bewegen können. Ich habe nicht unbegrenzt Zeit.« Dann grinst er wegen seiner Ruppigkeit, aber viel Reue ist nicht zu entdecken. Er ist ein Mann, der weiß, was er will, und dem es leicht zu langsam geht, wenn er sich auf andere verlassen muß.

Ich habe festgestellt, daß Ehmer kleine Dinge, Winzigkeiten zuweilen, verändert hat und daß daraus ein Heim entstand, das nicht mehr den bei uns herkömmlichen Unterkünften gleicht. Aus seinen Beobachtungen entstanden strukturelle Änderungen des Alltags.

So hatte er beobachtet, daß in diesem Haus die alten Menschen zu gymnastischen Übungen in das Erdgeschoß in einen speziellen Raum geholt wurden. Das war Teil der Rehabilitation. Nun ist, wie schon erwähnt, bekannt, daß verwirrte Menschen jede Situation ihres Lebens vollkommen neu erleben und deshalb Ängste entwickeln. Also kann ein Raumwechsel erhebliche Ängste auslösen. Ähnliches gilt für Depressive. Also wurde der tägliche Ortswechsel in den Gymnastikraum gestrichen. Die Übungen finden jetzt im Zimmer der Bewohner oder auf den sich zu Aufenthaltsräumen ausweitenden Fluren statt. Niemand wird mehr der Gefahr, Angst zu bekommen, länger als notwendig ausgesetzt. Auf den Fluren wird auch gekegelt, auf den Fluren, weit und geräumig ausgebaut, da ist richtig was los.

Eine weitere Neuerung basiert auf der gleichen Überlegung.

Ehmer: »Bei unseren Verwirrten findet grundsätzlich alles im Leben im eigenen Lebensfeld statt. Ich will Kontinuität.« Wenn Verwandte zu Besuch kommen, um sich zu informieren, welchen Betreuungsschlüssel Ehmer anbieten kann, erfahren sie: 1:2,5 in der Schwerstpflegegruppe (in Hessen: Gruppe IV). Das ist normal, das ist mit geringen Abweichungen überall in Deutschland so. Entscheidend ist, was Ehmer daraus macht. So weigert er sich zum Beispiel, Teilzeitkräfte einzustellen, und sagt: »Im Betreuungsbereich (Pflege, Tagesstrukturierung) wären Teilzeitkräfte gegen die gewollte Kontinuität. Wir haben im Pflegebereich nur drei Halbtagskräfte. Vielleicht wäre noch eine Kraft mehr noch keine Gefahr für die Kontinuität. Aber mit vielen Teilzeitkräften kann man eine solche Betreuung, wie bei uns, nicht durchführen.« Er stemmt sich also gegen eine Methode, die anderswo Heimbesitzern Geld sichert, weil er sich sagt: »Verwirrte und depressive alte Menschen brauchen immer dieselben Gesichter um sich.«

Es gibt einen Früh- und einen Spätdienst sowie Dauernachtwachen. Der Frühdienst geht also gegen 13.00 Uhr (nach einer Übergabebesprechung an den folgenden Spätdienst). Das hat zur Folge, daß die pflegenden Teams im Haus immer dieselben Heimbewohner betreuen. Der einzelne kann sich darauf verlassen, daß die Pflegerin, die ihm morgens beim Anziehen hilft, dieselbe Frau ist, die am frühen Nachmittag mit ihm Kaffee trinkt. »Es ist nicht gut, wenn die Gesichter dauernd wechseln«, sagt Ehmer nochmal. »Und es ist wichtig, daß diese Menschen normalerweise aufstehen, sich anziehen und ihren Raum verlassen. Draußen auf dem Flur aber müssen sie erneut einem Menschen begegnen, den sie kennen, dessen Gesicht vertraut ist.«

Das führte in Lohfelden – neben Altenpflegerinnen als Bezugspersonen – zur Einstellung von jungen Hausfrauen, die durchaus nicht vom pflegerischen Fach sind. Sie sind im Haus, weil sie gerne mit alten Menschen umgehen und in Ehmers Haus etwas sind, was für verwirrte und depressive alte Menschen, aber auch für die Gesunden von größter Wichtigkeit ist: Bezugspersonen. Sie sind einfach da.

Wenn also die Pflegerin oder Betreuungskraft den alten Mann rasiert und angezogen hat, geht er auf den Flur hinaus und trifft dort eine Frau, die immer da ist, die mit ihm singt, Spiele spielt, kegelt, spazierengeht.

Wenn Ehmer schwärmt, er spare durch den Energiecomputer rund 20000,– Mark im Jahr, dann weiß er auch, was er mit dem Gesparten tut: Zwar kann er dafür nicht Personal einstellen, aber er kann es in die Heimentgelte stecken (d. h. es in Form von geringeren Heimkosten seinen Heimbewohnern »zustecken«).

Ehmer lächelt und murmelt: »Geld ist da – nur, für was es ausgegeben wird, das ist eine politische Entscheidung.« Er fällt jeden Tag politische Entscheidungen. Zum Beispiel läßt er einen Behindertentransportwagen mit Hebebühne des Arbeiter-Samariter Bundes vorfahren, der mit einem Spezialkran drei Frauen in Rollstühlen an Bord hievt. »Die fahren jetzt ins Zentrum von Kassel, um im besten Café am Platz Kaffee zu trinken und Kuchen zu essen. Ich habe einen Geldtopf für kulturelle Unternehmungen, und ich sage: Das ist eine kulturelle Unternehmung! Von oben verordnen kann man das alles nicht«, resümiert er, »denn da oben ist keine Fachkompetenz.«

Einen anderen, äußerst kritischen Punkt hat Ehmer auch ganz anders bezwungen, als das gemeinhin in deutschen Altenheimen geschieht: Er ist das Ärzteproblem des Hauses von der Wurzel her angegangen.

Tatsächlich ist der Arzt im deutschen Altenheim ein großes Problem. Dieser Arzt ist in der Regel ein Allgemeinarzt, und er kommt auf Wunsch des jeweiligen Bewohners. Das bedeutet, daß nicht selten sich vier bis acht Allgemeinärzte in einem Alten- und Pflegeheim die Klinke in die Hand geben. Nicht ohne Stolz weisen Heimleiterinnen und Heimleiter darauf hin, daß die freie Arztwahl selbstverständlich auch im Heim gilt.

Diese Lösung hat einen Pferdefuß, denn das Verfahren bedeutet nicht, daß der jeweilige Bewohner oder die Patientin nun auch die optimale ärztliche Lösung gefunden haben. Gewohnheit ist allzu häufig Ersatz für die bestmögliche Lösung. Mit einfachen Worten: Ein Allgemeinarzt ist kein Altenarzt, und seine Eignung als Arzt schließt nicht unbedingt ein, daß er für die speziellen gesundheitlichen Probleme alter Menschen ein Auge hat oder überhaupt dafür gerüstet ist.

Der an anderer Stelle in seinen Bemühungen um alte Menschen geschilderte Sozialpsychiater Dr. Paul-Otto Schmidt-Michel (s. S. 75 ff.) unterhält mit dem privaten Verein »Arkade e. V.« ein Heim für alte psychisch Kranke. Dort ist die freie Arztwahl nicht möglich. Das Betreuungsteam wählt einen Arzt aus, der grundsätzlich einige Bedingungen in vollem Umfang erfüllen muß: Er muß für das Heim zu jeder Tages- und Nachtzeit da sein. Er muß die Patienten liebevoll behandeln. Und er muß nachweisen, daß er alles notwendige Wissen für diese spezielle Gruppe besitzt.

Auf der anderen Seite habe ich Heime in Deutschland gefunden, in denen grundsätzlich nur ein Allgemeinarzt behandelt, aber kein auf alte Menschen spezialisierter Arzt. Vor diesen Heimen, das sagten alle Fachleute, muß gewarnt werden, weil es möglicherweise Absprachen zwischen ihm und der Heimleitung zu Lasten der Bewohner gibt und weil die Gefahr besteht, daß der Arzt nur dazu da ist, den Lauf der Heimmaschinerie möglichst an keinem Punkt zu unterbrechen.

Martin Ehmer hat das Problem anders gelöst. Im Haus in Lohfelden ist die freie Arztwahl eine Selbstverständlichkeit. Zusätzlich aber kommt einmal in der Woche zu einem festen Termin ein Altenfacharzt, ein Gerontopsychiater aus dem benachbarten Psychiatrischen Krankenhaus Kassel-Merxhausen.

Ehmer: »Das ist lebenswichtig. Es ist unerläßlich, daß sich alle Allgemeinärzte, Internisten, Fachärzte (z. B. Urologen), die ins Heim kommen, mit diesem Gerontopsychiater absprechen. Ich kann mir ein wirklich gutes Pflegeheim ohne Kooperation mit der Psychiatrie überhaupt nicht vorstellen. Wo sind denn die Fachleute für Verwirrtheit und Depression? Selbstverständlich in der Psychiatrie. Und wenn meine Bewohner ins Krankenhaus müssen, treffen sie dort auf diesen Facharzt, den sie aus dem Haus hier schon kennen. Das ist eine ideale Konstellation.«

Aufgrund dieser Konstellation schaffte das Haus in Lohfelden etwas, das ich in den meisten Alten- und Pflegeheimen nicht fand: eine systematische, von Strichlisten untermauerte Untersuchung, wie man mit Tabletten, Pillen und Pulvern, mit Medikamenten eben, umgeht. Sinnigerweise gibt es in Deutschland bisher keine genaue wissenschaftliche Untersuchung darüber. Also griff Ehmer wieder einmal zur Selbsthilfe. Nach einigen Jahren des Versuchs kann er beweisen, daß sich die Medikamentenlage bei 75 Prozent aller Bewohner verbessert hat. Das heißt: Von den 75 Prozent nimmt die Hälfte keine Medikamente mehr. Das dürfte ein deutscher Rekord sein, denn nichts ist anderswo so beliebt wie die Gabe von Beruhigungsmitteln: viel Chemie, viel Ruhe im Haus. Ehmer: »Wenn wir weniger Psychopharmaka geben, zahlt sich das aus. Eigentlich müßten die Krankenkassen mir einen Scheck schicken. Es zahlt sich vor allem bei den im allgemeinen üblichen Nachwirkungen aus, die diese Mittel haben. Das kommt – bis hin zur Sucht – bei uns nicht vor. Noch etwas: Es gibt bei den Heimbewohnern weniger Fallneigung, also auch weniger Verletzungen und Brüche.«

Die Regel in deutschen Heimen ist, daß schon der Nachtdienst morgens gegen vier oder fünf Uhr damit beginnt, die einzelnen Patienten zu wecken, zu waschen, zu rasieren, anzuziehen. Das ist in Lohfelden ein Unding: »Der Nachtdienst macht bei uns Nachtdienst und macht keinen Patienten für den Tag bereit. Dieses Aus-dem-Schlaf-Holen, Waschen, Baden ist doch Unsinn. Bei uns liegt normalerweise auch niemand im Bett, wenn das nicht aus Krankheitsgründen unbedingt der Fall sein muß. Dann gehen sie hinaus zu den Frauen, die sich den Tag über um sie kümmern. Das heißt aber auch, daß unsere Bewohner abends gegen sieben oder acht Uhr richtig müde sind und ganz freiwillig ins Bett gehen.«

Jedes Team hat wöchentlich eine fallbezogene Sitzung, und es ist wichtig, daß kein Vorgesetzter dabei ist und durch seine bloße Anwesenheit stört. Es muß garantiert sein, daß Schwester X und Pfleger Y sich wütend aufregen können: »Mensch, die Frau Sowieso geht mir unheimlich auf den Geist...« Natürlich muß es jedem Team möglich sein, sich auch über Martin Ehmer aufzuregen. Es ist möglich – er nimmt nicht teil.

Der Perfektionist Ehmer zeigt mir einen Kellerraum des Hausmeisters, in dem eine Menge völlig verdreckter Sessel stehen. »Das ist in Altenheimen ein Problem«, sagt er. Richtig, Sessel sind ein Problem, denn sie verdrecken nicht nur, wenn ein Bewohner seinen Joghurt daraufkippt, sie sind auch in der Regel absolut nicht altengerecht. Ehmer verbrachte sage und schreibe zwei Jahre damit, einen altengerechten Sessel zu entwickeln, der sowohl vom Massivmaterial her bis zum Bezugsstoff endlich so gebaut ist, daß alte Menschen damit zurechtkommen und daß die Sessel leicht gereinigt werden können. Die ersten einhundertfünfzig sind bestellt.

Noch etwas ganz Wichtiges ist in Ehmers Heim anders als anderswo: Weder wird der Tod als Thema ausgespart, noch wird das Sterben verschwiegen.

Ich muß an dieser Stelle auf ein Buch verweisen, das die Vorsitzende der *Grauen Panther*, Trude Unruh, herausgegeben hat. Der Titel ist: »Tatort Pflegeheim«. Das Buch ist nichts anderes als eine Sammlung von Erfahrungsberichten von Zivildienstleistenden, ohne deren Hilfe der Betrieb in den meisten Heimen längst zusammengebrochen wäre und die in Zukunft aufgrund der scharfen Kürzungen auf dem Sozialsektor fehlen werden, wobei kein Mensch weiß, wie das zu bewältigen sein wird. Die jungen Männer haben einen meist neugierigen und unvoreingenommenen Blick auf den Alltag der Heime. Was sie sagen, ist für uns wichtig. Die Aussagen der insgesamt 400 Zivildienstleistenden mußten gekürzt werden, sind jedoch vom Sinn her nicht beschnitten.

Da heißt es unter der Überschrift »Warten auf den Tod« wörtlich: »Einmal starb bei uns auf der Station eine Frau, und die ›Profis‹ warteten im Nebenzimmer auf den Exodus (sic!). Ich bin rein ins Zimmer und habe mich ans Bett gestellt, so daß ich Blickkontakt mit der Frau hatte. Eine Schwester kam auch dazu, die Frau begann in der finalen Schnappatmung wild zu gestikulieren. Da fragte die Schwester laut: ›Wollen Sie irgendwas?‹ Und bietet der Sterbenden eine Zeitung an. Ich habe die Schwester dann gefragt: ›Merken Sie denn nicht, daß die Frau etwas ganz anderes will?‹ Da ist die mit hochrotem Kopf rausgerannt. Ich habe dann der Frau bis zu ihrem Tod die Hand gehalten, und sie ist auch sehr ruhig gestorben. Später sagte mir der Heimleiter, ich solle nicht noch einmal so pampig gegenüber meinen Vorgesetzten sein. Schon gar nicht im Beisein von Patienten. Die Schwester war nämlich die Stationsleiterin.«

In den meisten deutschen Heimen wird, wie gesagt, der Tod ausgespart, das Sterben verschwiegen. Wenn die Verwandtschaft erscheint, um Oma anzumelden, ist von Diät die Rede, von ständiger ärztlicher Rufbereitschaft und von Sauberkeit im Haus – niemals aber von Sterben und Tod. Die kurze Erzählung des Zivildienstleistenden legt den Finger auf eine üble Wunde im deutschen Heimbetrieb: Die Situation in den meisten deutschen Alten- und Pflegeheimen ist schlicht unaufrichtig. Es kommt hinzu, daß das Personal nicht im geringsten daraufhin geschult wird, den Tod als etwas Natürliches zu begreifen, damit umzugehen, mitzutrauern.

Dem Martin Ehmer kam eine junge Frau zur Hilfe, die eigentlich zunächst nichts anderes sein wollte als eine Bezugsperson für die alten Frauen und Männer eines Wohnbereichs. Sie heißt Ursula Schiller und beschäftigt sich mit Sterben und Tod der alten Menschen. Sie will, daß der Tod ein Teil des Lebens wird. In Lohfelden lebte im Heim ein 100jähriger Mann, der seinen Tod kommen sah, der eine ganze Reihe von Besuchern bestellte, um ordentlich von ihnen Abschied zu nehmen, und der, als es soweit war, darum bat, ein bestimmtes Musikstück noch einmal hören zu können. Er hörte es und starb.

»Sterbende«, sagt Martin Ehmer, »werden bei uns niemals in ein Extrazimmer geschoben, damit sie keinen stören. Wir informieren die anderen Heimbewohner, damit sie den Sterbenden noch einmal streicheln. Und sie tun das. Wir erleben immer wieder, daß soziales Verhalten gerade dann neu entdeckt wird. Wir sagen dem Sterbenden auch ausdrücklich, daß er sterben darf, daß er gehen darf, daß alles okay ist, alles erledigt. Die Ursula Schiller kommt auch nachts.«

Zum Thema Tod sind eine Unmenge Fragen zu klären und Entscheidungen zu treffen. Wichtig in Lohfelden scheint zunächst die Erkenntnis, daß Sterben nicht unbedingt furchtbar traurig sein muß, daß es zum Leben gehört, daß es auch Befreiung sein kann. Es muß geklärt werden, ob man eine Lebensverlängerung will, ob sie im Heim möglich ist oder ob das Krankenhaus gewählt wird. Es ist zu fragen, ob die Medikamente abgesetzt werden sollen oder nicht. Damit wird den Pflegenden, den Ärzten, den Angehörigen, der Leitung und Ursula Schiller eine Schiedsrichterfunktion aufgezwungen, mit der sie leben müssen. Aber keine Entscheidung wird ohne Übereinstimmung getroffen, niemand ist gezwungen, einsame Entscheidungen durchzusetzen. Vielleicht hat der Sterbende auch darum gebeten, nicht mehr ins Krankenhaus transportiert zu werden, vielleicht will er gehen, ohne mit großem technischem Aufwand noch einmal zurückgeholt zu werden. Wenn ein Sterbender mit seinen Angehörigen noch einmal sprechen will, wird das möglich gemacht. Vielleicht will er noch Briefe schreiben oder schreiben lassen. Vielleicht will er noch einmal das Haus sehen, in dem er sein Leben lang gelebt hat. Vielleicht will er bestimmte Leute noch einmal treffen, um mit ihnen zu sprechen. Sie werden herbeigeholt.

Ehmer: »Sich Zeit zu nehmen und dem anderen Zeit zum Sterben zu lassen – das ist wichtig.«

Niemand stirbt in Lohfelden allein; jeder wird bis zum letzten Atemzug begleitet.

Dann kommt die Trauerarbeit mit den übrigen Bewohnern, mit dem Pflegeteam, mit den Angehörigen.

Selbstverständlich gibt es noch Schwachpunkte, *nobody is perfect*. Da fehlt der Aspekt des Gesunden, zu viele Heimbewohner sind sehr alt und krank. Hinter dem Komplex liegt ein weiteres großes Grundstück, auf dem Martin Ehmer ein Zentrum plant, in dem alte Menschen eine Wohnung sowohl mieten wie kaufen können, ein Zentrum, in dem alles zu finden ist, was alte Menschen brauchen. Er hat die Idee, andere werden bauen. Er wird das als Boß des Heims nicht mehr erleben, denn er scheidet 1994 aus dem Dienst. »Ich werde in 1994«, sagt er, »noch eine neue Einrichtung des Arbeiter-Samariter Bundes, die ich mit initiiert habe, als Geschäftsführer mit zum Laufen bringen – ein neuer Gedanke, eine Kombination von zu enthospitalisierenden PKH-Patienten und einem Pflegeheim in Zusammenarbeit mit dem Landeswohlfahrtsverband, dem Psychiatrischen Krankenhaus und dem Landkreis.

Danach nur noch Beratungen, allerdings keine Niederlassung in Lohfelden; ich wohne in Fuldabrück (4 km) und habe dort mein Büro. Für die Aufsichtsräte werde ich noch gewisse Aufgaben bei ASB-Gesellschaften wahrnehmen.«

Im übrigen hat das Lohfelder Altenzentrum die gleichen Schwierigkeiten wie andere Heime auch. Ein Teil der Schwierigkeiten hat mit den Krankenhäusern der Umgebung zu tun. Wenn nämlich Bewohner in Krankenhäuser eingeliefert werden müssen, weil sie in einer Krise stecken, kommen sie sehr oft mit einem Dekubitus zurück. Das sind kleine oder große aufgelegene Stellen am Körper. Eigentlich dürfte das nicht sein, kommt aber leider oft vor. Diese wunden Flächen entzünden sich leicht und bilden hochgefährliche Eiterherde. Die Flächen sind bei alten Menschen sehr schwierig zu behandeln.

Nun herrscht zwischen Altenpflegerinnen und den Krankenschwestern und Pflegern in Allgemeinkrankenhäusern offener Krieg. Das hat damit zu tun, daß die Krankenhausleute den Altenpflegerinnen vorwerfen, nicht die gleiche Qualität in der Pflege zu entwickeln wie sie selbst. Umgekehrt derselbe Vorwurf. Zwei verfeindete Gruppen also, die eigentlich denselben Beruf haben, unter ähnlichen Schwierigkeiten arbeiten und beide schlecht bezahlt werden. Die Krankenhäuser sind allesamt unter Kostendruck geraten, arbeiten (genauso wie die Altenheime) mit entschieden zu wenig Personal, und letztlich wird das alles auf dem Rücken der Patienten ausgetragen.

Es gibt richtige Kämpfe zwischen den beiden Gruppen. So manche Altenpflegerin in Ehmers Heim erlebt das, wenn z. B. einer der Bewohner mit Schlaganfall in das nächste Krankenhaus transportiert wird. Da die Pflegerin seit Jahren mit diesem alten Menschen zusammenlebt und für ihn verantwortlich ist, ruft sie also im Krankenhaus an, um sich nach seinem Befinden zu erkundigen. Antwort: »Da kann ich Ihnen keine Auskunft geben. Sie sind kein Angehöriger, und das fällt unter Datenschutz.«

Derartige Kleinkariertheiten, die allerdings in einen größeren Rahmen gehören, kommentiert Ehmer mit dem bissigen Zusatz: »Die Versorgung von Schlaganfallpatienten nach der akuten medizinischen Behandlung – also die Rehabilitation – in deutschen Krankenhäusern ist beschissen. In den Krankenhäusern (und in Heimen) müßte sich etwas ändern«, sagt er, »denn immer mehr alte Menschen sind dort. Sie müssen aus den Betten raus und wie bei uns tagesstrukturierende Betreuung erhalten, soweit dies ihr Gesundheitszustand zuläßt. Das spart nicht nur Medikamente, sondern verhindert auch den Dekubitus – kostet aber Personal. Die so wichtige Tagesstrukturierung ist allerdings grundsätzlich kein finanzielles, sondern ein Management-Problem.

Nun gibt es zwar einige Spezialkliniken, wo man sich um Rehabilitierungsmaßnahmen bemüht, und auch in den anderen Kliniken fängt man seit geraumer Zeit früher damit an, aber was geschieht mit den nach Hause entlassenen Patienten?«

Wenn man Martin Ehmer danach fragt, wie er sich denn sein eigenes Alter vorstellt, ist er lächelnd zu einem Vortrag bereit, in dem das Wort Altenheim selbstverständlich nicht vorkommt. Er beginnt beim kritischsten Punkt, da wo sich ein älterer Mensch mit dem Gedanken zu beschäftigen beginnt, er könne vielleicht älter werden. Die meisten, das ist ganz eindeutig, drücken sich vor diesem Gedanken.

Ehmer beginnt mit einem kühlen Rundumschlag: »Das Glorienbild der Familie als Hort der Pflege und Sorge ist falsch. Die sozialen Felder stimmen nicht mehr. In Deutschland funktioniert in Sachen alte Menschen eigentlich nichts – es sei denn, man kümmert sich selbst darum. Jemandem im Alter die Hoffnung nehmen heißt, den Tod verkünden, das muß man klar sehen. Ich habe erlebt, daß ein Führerschein bei alten Menschen als Teil der Identität begriffen wird. Nimmt man ihm den Führerschein, verliert er diese Identität. Ich habe erlebt, daß eine Wohnung, in der ein altes Paar lebte, leicht umgebaut und völlig restauriert wurde. Im Grunde blieb alles beim alten, nur Bad und Küche altengerechter, leicht verändert. Es war unvorstellbar, wie die sich anstellten, als sei die Welt zusammengebrochen. Angeblich war in dieser Wohnung alles anders als vorher.

Wenn ich das auf mich beziehe, kann ich daraus nur ein Resultat ziehen: Man darf unter keinen Umständen mit der Planung des eigenen Alters warten, bis man mit 80 vor die einzige Alternative gestellt wird, die noch bleibt: rein ins Heim!

Daraus folgen so einige allgemeingültige Überlegungen. Zum Beispiel: Was nutzt mir mein Einfamilienhaus, wenn ich die Treppen nicht mehr hochkomme? Was nutzt mir mein normales Badezimmer, wenn ich keine Hilfen habe, in die Wanne zu steigen? Dann muß man sich von dem Krempel trennen, man muß ihn verkaufen! Aber man muß eben noch jung genug sein, um auch verkaufen zu können. Die meisten machen den Fehler, sich viel zu spät mit diesen im Grunde einfachen Gedanken zu beschäftigen, sie drücken sich. Ich will in der Lage sein, mit 65 Jahren in ein Lebensfeld zu gehen, in dem ich so lange leben kann, wie ich geistig fit bin. Also muß man Voraussetzungen schaffen. Das erste wichtige Wort: Die Umgebung muß altengerecht sein, auch dann schon, wenn ich noch topfit und erst 65 bin. Wir wissen nicht, was kommt, aber wir sollten daran denken, was kommen kann. Also muß die gesamte Umgebung einschließlich meiner eigenen Wohnung, also auch Bad und WC, rollstuhlgerecht sein. Das Haus muß einen Lift haben, ich muß überall rollen können: Also breite Flure, schwellenlose Ein- und Ausgänge, neben den Treppen Rampen.

Noch etwas: Ich will mitten im Trubel wohnen. Da muß eine Post sein, Läden, Kneipen, alles, was ich sonst noch brauche. Ferner muß es eine ganze Gruppe solcher Wohnungen geben, damit Gleichaltrige zusammenfinden können – aber nicht müssen! Es soll auf keinen Fall eine Komprimierung der eigenen Sozialgeschichte sein. Also müssen dort auch junge Menschen leben, Kinder vor allem. Es sollte kleine Gruppenräume geben, in denen man sowohl essen wie auch sich treffen kann. Wichtig ist, daß man unterschiedliche Hilfen direkt und schnell kriegen kann. Also muß dort eine Sozialstation sein, in der ich buchen kann, was ich brauche. Erinnern wir uns an Schweden. Die kümmern sich dort besser um die alten Leute, aber Fehler machten sie auch. Erst stülpten sie den Männern und Frauen komplizierte und komplexe Systeme über, dann mußten sie Aktivierungsprogramme austüfteln, um die Alten dazu zu bewegen, selbst etwas zu tun und zu unternehmen. Aus solchen Fehlern können wir lernen und es gleich richtig machen. Ich kann mir also durchaus vorstellen, daß mein Nachbar bei mir saubermacht, ein Schüler für mich einkaufen geht und ich für den Nachbarn irgend etwas erledige, was ich besser kann als er. Es muß eine komplette Vernetzung stattfinden, ein regionales Management.«

Man kann sicher sein, daß Martin Ehmer das erreicht – notfalls baut er das entsprechende Stadtviertel um sich selbst herum.

Glücklicherweise ist es nicht nötig, Martin Ehmer zu glorifizieren und als Einzelkämpfer für eine Senioren-Nahkampfspange vorzuschlagen. Frauen und Männer wie er werden Gottseidank zahlreicher, und sie kommen in zunehmendem Maße aus den Bereichen der sechs großen Wohlfahrtsverbände. Sie wissen: Wie bisher kann es nicht weitergehen, wir können nicht darauf warten, daß die Politiker beweglicher werden.

Da ist im Haus der Arbeiterwohlfahrt in Andernach bei Koblenz der 36jährige Sozialarbeiter Jürgen Neidhöfer, ein bärtiger junger Mann, massiv gebaut, gut geeignet für den Kampf um ein besseres Altenleben. Vor allem bringt er neben seiner Begeisterung einen kühlen Kopf mit, ohne den in diesem mühseligen Geschäft gar nichts läuft. An Neidhöfer fallen die Augen auf, sie verraten ein großes Beharrungsvermögen. Auch er hat die Eigenart, knappe Sätze zu formulieren, hinter denen Jahre der Erfahrung stehen. Er sagt: »Wir wollen endlich kein Zielgruppendenken mehr!« Und: »Wir müssen es schaffen, endlich Lebensweltplaner in die großen Verwaltungen zu kriegen.« Sodann führt er ein Beispiel dafür an, wie lokal gebundene Politiker diskutieren, wenn sie sogenannte Zielgruppenplanung betreiben. Es geht um einen Zebrastreifen vor einem Altenheim: »Da wird unendlich viel geredet, daß vor allem die Gruppe der Alten selbstverständlich zu ihrem Schutz einen eigenen Zebrastreifen bekommen muß. Dasselbe sagt man zum Zebrastreifen vor Kindergärten, bloß geht es dort um junge Mütter und um ihre Kinder. Wann kommt endlich jemand auf die Idee zu sagen, daß Zebrastreifen für alle, die eine Fahrbahn überqueren, recht nützlich sind? Wir sprechen über die sogenannte Zielgruppe der Alten, als hätten sie mit uns nichts zu tun. Wann hören wir endlich damit auf?« Was er sagt, denken viele, können es wahrscheinlich nur nicht so präzise benennen.

Neidhöfer hat auch einen sehr eigenen Kopf, wenn es um die fünf neuen Bundesländer im Osten geht. Er selbst mußte beruflich dorthin. Sanft spöttelt er: »Die hatten ihre Volkssolidarität, die hatten ihre Volkswirtschaftshelferinnen. Dann kamen wir und machten alles schlechter. Die ABM-Stellen gingen vor die Hunde und unser angeblich so phantastisches System funktioniert nicht.« Er steckt zur Zeit selbst in Engpässen. »Alle Träger, die soziale Dienste oder ähnliche Institutionen betreiben, rennen den laufenden Geldern hinterher. Wir müssen Unsummen ausgeben, kriegen sie aber nicht sofort zurück. Es ist ein Irrsinn.«

»Was kann am Altenheim geändert werden?«, frage ich.

Die Antwort kommt schnell: »Wir brauchen ein verändertes Wohnumfeld, mehr Eigenverantwortung für ältere Menschen. Sanftere Pflege in den Heimen, gleitende Arbeitszeiten. Wir brauchen auch Kurzzeitangebote für alte Menschen, also vorübergehende Aufenthalte, vorübergehende Pflege – die Krisenbewältigung mit dem Ziel, den alten Menschen wieder nach Hause gehen zu lassen. Diese ganze Gesellschaft muß andere Formen des Zusammenlebens suchen und ausprobieren. Dringend!«

Neidhöfers *Dringend* bedarf für die Welt der Alten keiner Erklärung mehr und ist eine noch harmlose Vokabel angesichts der Realitäten. Immer wieder reißen Magazine, Tageszeitungen und das Fernsehen Skandale an. Dabei laufen alle Journalistinnen und Journalisten in ihrer Kritik am Staat Gefahr, als Nestbeschmutzer tituliert zu werden, wenn sie Mißstände in Heimen anprangern. So fand ein Reporter der »Bildzeitung«

in Nordbayern ein nach außen hin gepflegtes Heim, das einem evangelischen Sozialwerk gehört und in dem ein ehemaliger Ausbilder der Bundeswehr der Chef ist. Alte Menschen dort berichteten dem Reporter, daß Schwestern im Heim einen alten Mann mit Multipler Sklerose als »alten Depp« bezeichneten und ihm immer wieder das Licht ausschalteten, auch wenn es schon dämmerte. Eine alte Frau, die sich einen Oberschenkelhalsbruch zugezogen hatte, bekam zu hören: »Geh, stell dich nicht so an!« Erst nach zwanzig Stunden wurde sie ärztlich versorgt. Eine 90jährige Frau starb, weil bei einem Erstickungsanfall der Arzt erst nach Stunden gerufen wurde. Eine Bettlägerige spuckte drei Tage lang Blut, kam erst dann ins Krankenhaus und starb dort. Der örtliche Sprecher des Seniorenschutzbundes *Graue Panther*, der 72jährige Rudolf Schulze, spricht es aus: »Dort wird seit Jahren gequält.«

Nun wird der Einwand kommen: »Die ›Bildzeitung‹ druckt doch immer schreckliche Geschichten.« Das Elend ist, daß diese schreckliche Geschichte nicht nur stimmt, sondern so und ähnlich dauernd in Deutschland vorkommt. Das ist Alltag. Gewiß, das Personal ist total überfordert, gewiß, auch in diesem Altenheim betreut eine Hilfsschwester nachts 60 Bewohner – aber Personalnot kann keine Entschuldigung für Grausamkeiten sein.

Auf dem Deutschen Fürsorgetag im Herbst 1993 wurde über ein Phänomen diskutiert, das in der Welt der alten Menschen seit Jahren als normal hingenommen wird: Gewalt gegen Alte.

Wie Mohl sagt, ist das ganz eindeutig ein Problem der sogenannten zivilisierten Staaten. In Amerika wurde festgestellt: »Der Schutz älterer Menschen ist oft schwieriger zu gewährleisten als der Kinderschutz.« Sage und schreibe 43 US-Staaten erließen in den letzten Jahren Gesetze zum Schutz älterer Menschen. Das ist notwendig, denn allein körperliche Mißhandlungen werden in den USA pro Jahr etwa 140000mal verzeichnet. Und das ist nur die Spitze des Eisberges. Ein Dokument der American Medical Association rechnet fest damit,

daß etwa zwei Millionen alte Menschen unter Mißhandlung oder Vernachlässigung leiden. Ähnliches hören wir aus Großbritannien: »Offenbar kommt es relativ häufig vor, daß ältere Menschen von ihrem Betreuer persönlich oder seelisch mißhandelt werden.« Körperliche Gewalt, verbale Angriffe, Vernachlässigung – so sieht die Liste aus. In England geht man davon aus, daß eine halbe Million älterer Menschen in der Gefahr leben, mißhandelt zu werden. Die Organisation »Age Concern« hat eine Liste der »Rechte für alte Menschen« gefordert: Alte sollen auch im Pflegefall bestimmen dürfen,
– die eigenen Gewohnheiten zu behalten,
– den eigenen Lebensstil aufrecht zu erhalten,
– wann sie essen, schlafen, wachen möchten,
– wann sie angesprochen werden möchten, usw.
Für junge Menschen hierzulande eine Selbstverständlichkeit, für alte Menschen in häuslicher oder Heimpflege durchaus nicht. Age Concern fordert auf, folgende Dinge öffentlich zu verurteilen:
– die körperliche Mißhandlung durch Schlagen, Stoßen, Einsperren, Unterdrücken,
– die psychische Mißhandlung durch Erpressung, Tadeln, Schuldzuweisungen,
– die Vernachlässigung in der Ernährung, Kleidung, Bequemlichkeit,
– die gewaltsame Isolierung,
– den sexuellen Mißbrauch,
– den Mißbrauch von Medikamenten,
– den Mißbrauch von Geld und Besitz.
Ganz wichtig andererseits: Auch die Betreuenden müssen geschützt werden, also auch die pflegenden Angehörigen. Häufig wird den Alten begründet vorgeworfen, daß sie ihre Betreuer schubsen, zwicken, kratzen, anspucken, angrapschen und beißen. Von 39 befragten Altenpflegerinnen und Pflegehelferinnen klagten 51 Prozent darüber. Das sei ein häufiges Problem in der täglichen Arbeit.
»Gewalttätige Situationen« ergeben sich dauernd. Eine Schwester: »Für mich ist es Gewalt gegenüber dem Patienten,

wenn ich ein Bettgitter anbringe, wenn ich ihn wasche, obwohl er nicht will und dann nach mir schlägt...«

Hans Mohl: »Wenn die *Grauen Panther* sich bei uns Senioren*Schutz*bund nennen, ist das letztlich auch bezeichnend dafür, wie sehr ältere Menschen Gewalt als zunehmende Bedrohung empfinden. Die tödlichen Grenzen sind erreicht!«

Jürgen Neidhöfers *Dringend* gilt also auch hier, wo es um neue Methoden des Miteinander geht. Er nennt sein Konzept, das in dem Städtchen Mayen in der Eifel verwirklicht wird, das »Mehr-Generationen-Wohnen«.

Er hat seine Gründe, warum ausgerechnet der 3300 Einwohner zählende Ort Mayen ein solches Zentrum bekommt: Unter den Wohnungssuchenden gibt es besonders viele junge Leute und besonders viele alte Leute. 679 Menschen suchen eine Wohnung, davon sind nur 92 Fünf-Personen-Haushalte, aber 142 Eine-Person-Haushalte und 169 Zwei-Personen-Haushalte. Da die Stadt gleichzeitig Standort einer Fachhochschule für öffentliche Verwaltung ist, drängen im Durchschnitt 1100 Studenten auf den Wohnungsmarkt.

Warum also nicht...
– ein Altenzentrum bauen,
– ein Pflegeheim integrieren,
– Wohnungen sowohl für Alte wie für Junge um dieses Zentrum herumgruppieren,
– jede einzelne Wohnung, ob klein, größer oder groß, von Beginn an für Junge *oder* Alte ausstatten,
– Gemeinschaftsräume ins Auge fassen,
– an alleinerziehende Mütter denken,
– im Erdgeschoß liegende Läden vermieten,
– einen mobilen sozialen Dienst einrichten, der die Stadt und das Umfeld versorgt, gleichzeitig aber auch das Zentrum, und also jeden, der ihn anfordert?

Genau das ist Neidhöfers Konzept, wobei ihm zustatten kam, daß der Bürgermeister von Mayen darauf bedacht war, daß seine Bürger daheim und in Ruhe, versorgt und gesichert, ihr Alter verbringen können. Neidhöfer denkt weit und sehr realistisch. Er sagt, daß es das Ziel sein muß, den Bewohnern des Zentrums ein »emotionales Zuhause« zu geben, wie das von dem Psychiater Mitscherlich gefordert wurde.

Neidhöfer: »Wir denken an einen Rat der Bewohner mit großem Einfluß. So ein Rat kann als Generalvermieter fungieren und Einfluß darauf nehmen, wer eine Wohnung bekommt. Die älteren Bewohner können durchaus Babysitten, die Jüngeren den Älteren helfen. Ich denke nicht an Ehrenämter, ich denke an bezahlte Arbeit. Wir haben überlegt, ob es nicht ein Punktesystem geben sollte: Wenn eine junge Frau einer alten Frau beim Putzen hilft oder bei ihrer Pflege, dann ist doch denkbar, daß die junge Frau bei 10 Punkten 10 Prozent weniger Grundmiete bezahlt. Das gilt selbstverständlich auch für den Studenten, der für ein älteres Ehepaar einkaufen geht. Die örtlichen Vereine könnten eingebunden werden, Sozialräume mitbenutzen, jede Arbeit bringt Mietminderung. Das Miteinander von Alt und Jung würde Verständnis schaffen.«

»Wird man dort bis zum Tod wohnen können?«

»Generell ja. Aber jeden bis zum Tod in seiner Wohnung zu halten, ist bekanntlich Utopie. Es wird immer Menschen geben, die ins Krankenhaus müssen oder in ein spezielles Altenheim mit allen technischen und medizinischen Möglichkeiten.«

»Was wird so eine Wohnung kosten?«

»Wir denken an 13 Mark Kaltmiete pro Quadratmeter. Der Bauträger ist privat. Wir haben gründlich gerechnet, die Rechnung geht auf.«

Es ist in diesem Buch viel die Rede von der Notwendigkeit, die Hilfen aller Art für Menschen regional zu vernetzen, das *Muß* eines regionalen Managements, wie Hans Mohl das nennt. Am Fall von Jürgen Neidhöfer ist das gut zu demonstrieren: In Trier, in Mainz, in Frankfurt, in Bonn, in Köln kennen die Kollegen Neidhöfer zwar, und sie sagen auch: Der ist auf Draht! Aber was er da in Mayen baut, weiß niemand. Ich frage im Seniorenministerium nach: Niemand weiß von Neidhöfer und dem Projekt in Mayen. Und ob der Neidhöfer weiß, was der Ehmer tut, ist zweifelhaft – dafür wird es dieses Buch geben.

8. Wohngemeinschaften – die Suche nach Nähe

Wenn es nun offenbar für viele so schwierig ist, ein gutes Heim zu finden, und wenn es so viele Gründe – rationale und gefühlsmäßige – dagegen gibt, in ein Heim zu gehen, könnte man dann nicht an eine Möglichkeit denken, die wir schon unter dem Stichwort Paul Wilms (S. 31 ff.) kennengelernt haben? Ein Ausweg scheint also die Wohngemeinschaft zu sein, und bei vielen klingt es, als sei diese Art des Zusammenlebens der Königsweg in ein sorgenfreies Alter. Frauen und Männer zwischen 50 und 70 sagten frohgemut: »Wir haben uns gedacht: Wir kaufen einen alten Bauernhof irgendwo in Italien oder Spanien und machen eine Wohngemeinschaft auf!«

Das klingt gut, man muß jedoch dagegen fragen: »Mit wem wollen Sie denn eine Wohngemeinschaft eröffnen?« Die Antwort lautete dann: »Mit Freundinnen und Freunden. Die kenne ich alle schon jahrelang.« Darauf folgt die Frage: »Kennen Sie diese Freundinnen und Freunde wirklich gut genug, um Tür an Tür und Wand an Wand mit ihnen zu leben?«

Das frage ich durchaus nicht aus Miesmacherei, dieses Mißtrauen ist berechtigt. Nach vier Monaten intensiver Recherchen kann ich feststellen, daß die meisten Wohngemeinschaften aus zwei Gründen kläglich scheitern:

In der Regel werden sie nicht lange und gründlich genug geplant, und die meisten von ihnen platzen, wenn das Leben ernst spielt und jemand aus der Wohngemeinschaft zum Pflegefall wird. Dann kommt allzu oft dieser Satz: »Sophie war mir ein Leben lang die beste Freundin, aber ich bringe es nicht über mich, ihr tagtäglich sechsmal den Po abzuwischen!«

Lassen wir uns jedoch nicht entmutigen, denn eines steht bewiesenermaßen fest: Die Wohngemeinschaft ist, selbst bei schwerer Pflege, die billigste und gleichzeitig beste Altersversorgung, die ich fand. Jetzt wird es spannend, jetzt müssen wir uns mit einem Buch beschäftigen, das 1993 im Votum-Verlag in Münster erschien: »Alt sein – aber nicht allein«. Dreizehn Frauen und fünf Männer aus allen Ecken Europas beschreiben eine »Neue Wohnkultur für jung und alt«. Dabei wird deutlich, was ich schon angedeutet habe, daß unsere Nachbarn in Europa auf diesem Sektor viel weiter sind als wir – obwohl sie alle nicht so reiche Länder sind.

Als Schlußkapital dieses Buches hat Cornelie Müller, eine Musik- und Theaterfrau aus München, unter dem Titel »Ich bin so wirr« eine sehr einfühlsame Geschichte über eine alte Frau zusammengetragen, ihre Mutter. Es ist eine ergreifende alltägliche Geschichte, einfach ein Stück aus unser aller Leben, das ich hier leicht gekürzt notiere. Wir dürfen nicht vergessen, daß es in unserem Alter als Alternative zur Trostlosigkeit die Suche nach Nähe und Zärtlichkeit gibt: Wir müssen nur den Willen haben, sie zu finden.

Cornelie Müller: »Einen Anfang gibt es nicht. Es ist alles scheinbar unmerklich gekommen... Damals, vor drei Jahren etwa, oder waren's vier, da war kein Einschnitt, kein Ereignis, das einem gesagt hätte: Nun beginnt ein neuer Abschnitt im Leben deiner Mutter, der auch für dich große Veränderungen mit sich bringen wird... In Gesprächen mit den Geschwistern zeigte sich, daß jeder für sich Zeichen der Veränderung schon vor Jahren wahrgenommen hat, aber erst im nachhinein können sie formuliert, miteinander verbunden werden, ergeben ein Bild, das man erst jetzt versteht... Die Mutter verläßt mit 72 Jahren das Haus auf dem Land, in dem sie seit Kriegsende gelebt, ihre fünf Kinder großgezogen, ihren Mann und ihren zweitältesten Sohn verloren hat, um sich in der Großstadt noch einmal neu einzurichten: selbständig, unabhängig, von der Sorge und Last eines großen Haushalts mit Garten befreit, in einer freundlichen Drei-Zimmer-Wohnung in der Nähe ihrer Kinder und Enkelkinder, die sie gelegentlich und gerne besucht, aber auch ebenso gerne wieder verläßt, um in ihre Wohnung zurückzukehren. ›Was bin ich froh, keine familiären Pflichten mehr zu haben!‹ ›Großmutterpflichten‹, wie sie es nennt, will sie nicht übernehmen. ›Ich bin keine Oma fürs

Grobe.‹ Sie macht all die Dinge, zu denen sie in den langen Jahren des Land- und Familienlebens wenig Zeit oder keine Gelegenheit hatte: Besuch von Kinos, Konzerten, Theater und Ausstellungen, Wanderungen, Ausflüge in das geliebte Oberland, ins Café und die Weinstube. Sie hat ihre Freude am unabhängigen Leben, am Alleinsein...

Die Tochter betrachtet in diesen Jahren das Leben der Mutter mit distanzierter Aufmerksamkeit... Sie sieht mit leisem Stolz und Bewunderung, wie die Mutter, klar und bestimmt, an den eigenen Wünschen orientiert, ihr Leben gestaltet. In vorsichtigen Gesprächen reden die beiden zum ersten Mal mehr als bisher über Vergangenes... Die gegenseitige Akzeptanz ist groß... Dann tauchen die ersten Klagen der Mutter über die eigene Vergeßlichkeit auf, werden aber schnell abgewiegelt, der Verlust von Schirmen, Kleidungsstücken und dem Geldbeutel als Mißgeschick abgetan: ›Jeder vergißt mal was‹... Die Mutter hört auf, sich selber das Essen zu kochen und geht statt dessen jeden Mittag vergnüglich ins Café... Daß sie täglich dort ißt, vergißt sie... Sie stürzt auf der Straße, weiß sich aber selber zu helfen und erzählt erst am nächsten Tag, angesichts der offensichtlichen Blessuren, davon – mit listigem Zwinkern in den Augen die Unsicherheit und Verunsicherung überspielend. Die Besuche der Mutter bei den Kindern werden weniger, die Besuche der Tochter bei der Mutter... werden zum festen und regelmäßigen Bestandteil beider Leben... Der Sohn übernimmt mehr und mehr die Regelung der finanziellen Angelegenheiten...

Dann, im Sommer vor drei Jahren, der Sturz aus dem Bett: Schlüsselbeinbruch. Sie erinnert sich nicht, wie es dazu kam. Viel beunruhigender noch, daß der Unfall sofort vergessen wird, sie nicht weiß, warum sie einen Verband trägt... Im Herbst sind Tochter und Sohn wegen Krankheit nicht in der Lage, dieses Gleichmaß aufrechtzuerhalten. Im November meldet sich der Hausarzt mit der Bitte, die Mutter neurologisch untersuchen zu lassen. Sie komme täglich, manchmal sogar mehrmals, scheinbar grundlos, in die Praxis. Man spricht von möglicherweise beginnender ›Alzheimerscher‹, was sich aber nicht bestätigt. Beim Neurologen ist sie so verwirrt und aufgeregt, daß sie ihren Namen nicht nennen kann und nicht weiß, wann sie geboren ist und wieviel Kinder sie hat... Der Neurologe schaut die Tochter streng an und sagt: ›Wie alt ist Ihre Mutter? Achtzig? Es wird Zeit, daß Sie Ihre Mutter zu sich nehmen!‹ Die Tochter erschrickt und ist ratlos. Mit der Mutter noch einmal eine Wohnung zu teilen, würde sie sich zutrauen, aber Wohn- und Arbeitsverhältnisse lassen eine solche Überlegung aussichtslos werden... Die Spaziergänge der Mutter werden weniger, die Wege kürzer, sie weiß nicht, wo sie war und wie sie nach Hause gekommen ist... Nach außen, Nachbarn und Fremden gegenüber, tritt sie sehr bestimmt auf und läßt sich nichts anmerken. Sie ruft immer häufiger an, erkundigt sich nach diesem und jenem, sagt aber nie: ›Ich brauche Hilfe‹... Die Dinge, die sie noch selber erledigt, geraten ihr zusehends aus den Fugen: Rotwein morgens in der Kaffeepause, Zahnpasta statt Creme im Gesicht, Brille im Eisschrank... Die Mutter hatte die Fähigkeit, ihr Leben selbständig und allein zu gestalten, verloren... Aber auch der Zeitpunkt ist überschritten, an dem man sich hätte eingestehen müssen, daß man Hilfe braucht...

Dann die ersten ›großen‹ Verwirrtheitszustände, bei denen ihre Sprache sich verändert, unverständlich wird. Erschrecken und Ratlosigkeit. Die Erleichterung, als sich die Situation wieder ›normalisiert‹... Die Tochter sieht sich nach ambulanten Hilfsmöglichkeiten um. Ihre Hoffnung auf psycho-soziale Hilfestellung, die in ›so einem Fall‹ dringender benötigt wird als medizinische, wird bitter enttäuscht... Hilfe beim Zurechtkommen mit dem Alleinsein, bei den Widrigkeiten des Alltagslebens, bei der Bewältigung der Erkenntnis, mit Verwirrtheiten leben zu müssen, ist nicht vorgesehen... Schließlich findet sie bei einer kirchlichen Organisation Hilfe. Fünfmal in der Woche kommt jemand morgens, um der Mutter den Start in den Tag zu erleichtern... Natürlich versprechen sich die Geschwister von der professionellen Hilfe eine gewisse Entlastung und auch Entspannung der Situation. Aber das tritt nicht ein: die Pflegekräfte wechseln, manchmal täglich, wissen nichts mit der Situation anzufangen, sind nach Blutdruckmessen und Tablettenverabreichen wieder verschwunden und hinterlassen eine um so verwirrtere Mutter... Sie fühlt sich nur zu Hause, wenn eines ihrer Kinder bei ihr ist... Bei der Tochter mischen sich Sorge und Mitgefühl mit Gefühlen der Ohnmacht, des Alleingelassenseins und auch der Empörung: über die Selbstverständlichkeit, mit der Probleme des Alterns den Familien überlassen werden und dort auch die Enkel betreffen, die eigentlich ganz andere Dinge vorhaben, als ständig über Alter und Altern nachzudenken... Die Gespräche mit professionellen Hilfsorganisationen, Heimleitungen, etc., sind teilweise deprimierend, manchmal ermutigend, immer ohne konkrete Ergebnisse. Die Mutter steht mittlerweile auf diversen Wartelisten von Altenheimen, Pflegeheimen und ambulanten Hilfsdiensten. Dann der Anruf morgens von der Pflegeschwester, die Mutter läge vor ihrem Bett, es sei was passiert, man wisse nicht genau was... Zunächst kommt die Mutter ins Krankenhaus: Sie hat dreifache Beckenbrüche, sie ist vollständig verwirrt, wiederholt manisch die Telefonnummer der Tochter und ›ich bin so wirr!‹ Sie ist bei vollem Bewußtsein, aber ohne Wahrnehmung ihrer Situation. In den folgenden Wochen taucht sie in unterschiedlichster Weise aus den Tiefen der Verwirrtheit auf. Sie redet ohne Unterlaß, ist sehr unruhig und steht trotz ihrer schweren Brüche zum Entsetzen des Pflegepersonals oft und unbemerkt auf den Beinen... Schließlich der Umzug in ein Zwei-Bett-Zimmer im Pflegeheim: Das persönliche Umfeld besteht aus einem kleinen Möbelstück, ein paar Büchern, Kleidern, Bildern und Fotoalben, einem Kästchen mit Briefen und einem mit Schmuck. Die Tochter hält die Mutter im Arm und wiegt sie wie ein Kind. An diesem Tag muß sie lange weinen. Die Zuwendung wird wahrgenommen, das ist der einzige Trost... Die Mutter kann wieder gehen. Sehr gut sogar. Sie dreht wie früher ihre täglichen Runden und findet nicht mehr zurück. Schon nach zwei Wochen diagnostiziert eine entnervte Pflegeschwester sie als ›Weglauferin‹, mit der was geschehen müsse: man müsse sie ruhigstellen... Noch vor einem halben Jahr erschien es ausgeschlossen, die Mutter in ein

Zwei-Bett-Zimmer einzuquartieren. Heute scheint sie es kaum wahrzunehmen, es scheint sie nicht zu belasten. Immer wieder kommt der Gedanke, daß Vergessen auch eine Hilfe sein kann, entwürdigende Situationen auszuhalten. Aber vielleicht wäre die Mutter ohne ihr Vergessen nicht in diese Situation gekommen?«

Soweit dieser einfühlsam-traurige Bericht, der viele Schwachpunkte in der Versorgung alter Menschen in diesem Land deutlich macht. Das ist eine Geschichte aus der Großstadt, womit auch klargestellt werden kann, daß Versorgungsstrukturen selbst in Millionenstädten durchaus nicht umfassend sind, eher löchrig, kleinkariert, auf die Seelen nicht achtend, finanziell problematisch.

Was hat diese Mutter falsch gemacht? Was hat diese Tochter falsch gemacht? Ich frage das nicht, um jemandem Schuld zuzuschieben, sondern um deutlich zu machen, an welchen Punkten wir ansetzen können und müssen, wenn wir das Leben alter Menschen würdig gestalten wollen. Sollen wir eingreifen? Sollen wir diskret schweigen? Es gibt kein Rezept.

Gehen Sie also mit mir auf die Suche nach neuen Formen, das Alter in einer – wenigstens phasenweise – friedlichen, beglückenden Weise erleben zu können. Am Ende des Kapitels werden Sie ein Stück weiter auf dem Weg sein, die richtigen Fragen für sich selbst und das Leben im Alter stellen zu können.

Altenpolitik ist Wohnpolitik. Wann immer man darüber nachdenkt, wie man das Alter der Eltern oder das eigene Alter gestalten kann, stößt man auf das Problem, daß es in diesem Land zu wenig Wohnungen gibt, die altengerecht ausgebaut sind. Oft sind es ganz kleine Dinge, die alte Menschen in der eigenen Wohnung unglücklich und unsicher machen. Ich traf viele alte Witwen, die sich die meisten Sorgen um den Punkt machten, daß niemand sie finden würde, wenn sie, aus welchen Gründen auch immer, in der Wohnung zusammenbrächen. Ich war verblüfft, daß man allgemein ganz einfache und nicht einmal teure Absicherungselektronik nicht kannte. Da gibt es für wenig Geld Raumüberwachungsgeräte, die sofort Alarm schlagen, wenn jemand durch ihren Elektronikstrahl hindurchfällt und liegenbleibt. Da gibt es sogar Sicherungen im Bad, die dann Alarm auslösen, wenn der Bewohner länger nicht auf die Toilette geht. Kurz: Es gibt auf diesem Sektor schlichtweg alles. Und gerade aus solchen einfachen Verunsicherungen heraus ziehen viele alte Menschen in ein Wohnheim, da niemand sie über die heutigen technischen Möglichkeiten aufklärt, am wenigsten der Heimbetreiber, der ja ein Interesse daran hat, seine Betten zu belegen.

In einem Gespräch mit Christian Linder hat Heinrich Böll einmal gesagt: »Ich glaube, es ist wirklich fast eine deutsche Tragödie, daß wir alles lernen, zu Hause oder auch in der Schule – aber leben lernen wir nicht. Die Freude am Leben, am Alltäglichen, etwa am Frühstück, ist schon wieder verdorben durch irgendwelche Hintergedanken, die man hat; was machst du heute, was mußt du alles tun? . . .« Ich habe bemerkenswert viele ältere Menschen getroffen, die ihr Alter als eine Art schwerer Arbeit empfinden, die sie ohne zu mucken erledigen müssen, um am Ende dann kläglich zu sterben.

Das meinte Böll wohl.

Mir erscheint es auch typisch deutsch, daß wir von einem »altengerechten«, »behindertengerechten« oder »generationenübergreifenden« Wohnungsbau sprechen, statt von einem menschengerechten. Wir trennen Leben voneinander ab, als hätte der Alte mit dem Jungen nichts zu tun, nie etwas zu tun gehabt. Das Buch »Alt sein – aber nicht allein« ist als Lektüre dringend zu empfehlen, weil es einen anderen Weg geht. Es macht klar, daß überall in diesem Land versucht wird, älteren Menschen eine Heimat zu geben, in der sie lange eigenständig und unabhängig leben können. Auf mancherlei Gebieten sind uns unsere Nachbarn in Europa überlegen. Ich erzähle auch von ihnen, weil es dringend notwendig ist, von ihnen zu lernen und sie nachzuahmen. Ich hege die sehr triviale Hoffnung, daß Gemeindeplaner und Architekten, Bürgermeister und Finanzleute darauf aufmerksam werden, um möglicherweise eines Tages zu sagen: Das machen wir!

Der Holländer Berny van de Donk, Dr. der Haushaltswissenschaften (ähnlich den Sozialwissenschaften bei uns), ist Spezialist für das Gruppenwohnen von Senioren. Mit viel Humor erzählt er von Bob Fris, dem Vorsitzenden einer Nationalen Vereinigung von Gruppenwohnen von Senioren. Dieser Fris pflegt jedem älteren Mitbürger, der zu ihm ins Büro kommt, um sich Rat beim Aufbau einer Wohngemeinschaft zu holen, zu sagen:»Tu das lieber nicht!«Fris weiß, wie schwer es ist, eine solche Wohngemeinschaft auf die Beine zu stellen und zum Leben zu erwecken. Hemmungslos sozialromantische Vorstellungen bedeuten immer den schnellen Zusammenbruch eines Projektes.

Die wichtigsten Gründe für den Aufbau einer Wohngemeinschaft älterer Menschen sind nach holländischen Erfahrungen diese:
- aktiv bleiben wollen,
- der Einsamkeit vorbeugen,
- gegenseitige Betreuung und Geselligkeit.

Dabei ist es nach wissenschaftlichen Untersuchungen ganz schwierig, das genaue Maß dafür zu finden, wieviel Selbstbestimmung der Mensch braucht – und wieviel Gemeinsamkeit. Es ist eine Gratwanderung.

Immer wieder stellt man sich in Holland die Frage, ob eine Wohngemeinschaft ausschließlich für ältere Menschen geplant werden soll oder für alle Altersgruppen. Man hat dort die Erfahrung gemacht: Vor allem alte Menschen schreckt der Gedanke ab, mit mehreren Generationen in einer Gruppe zusammenzuleben. Die Begründungen:»Junge Leute entscheiden sich nicht für eine Gruppe, die die Perspektive hat, für immer zu bleiben. Und in unserer Gruppe hatten ja sechs Leute ihre Häuser verkauft und viel Geld investiert.« Oder:»Ich habe keine Lust mehr, mit Jugendlichen zu wohnen. Die mögen andere Musik, viel lautere, die können Stille überhaupt nicht mehr ertragen.«

Van de Donk beschreibt ein faszinierendes Projekt,»de Halmen« in Enschede, eine Einrichtung, die sowohl nationale wie internationale Beachtung fand. Diese Seniorengemeinschaft existierte von Oktober 1982 bis Juli 1989. Die Initiative zur

Gründung war bereits Ende der 70er Jahre von einem Ehepaar in Enschede ausgegangen. Die Frau arbeitete als Sozialarbeiterin in einem Krankenhaus. Es gehörte zu ihren Aufgaben, alte Menschen aus dem Krankenhaus in Pflegeheime zu vermitteln, wenn sie zu Hause nicht mehr für sich sorgen konnten. Dabei lernte sie natürlich Pflegeheime kennen und war erschrocken. »Für mich wollte ich selber entscheiden, wo ich hinkomme. Ich wollte nicht in ein Pflegeheim!«

Das Ehepaar versuchte, eine Seniorenwohngemeinschaft zu gründen, Tageszeitungen berichteten darüber. Auf diese Weise kamen sie an einen Wohnungsbauverein, der das Projekt durchziehen wollte, und an einen Architekten, der es planen sollte. Nach vier Jahren Vorbereitung war es soweit: Sechs Ehepaare und zwei Alleinstehende zogen in das Haus ein, sie waren zwischen 52 und 74 Jahre alt. Ihre Gründe für diese Entscheidung:

»Alte, die in eine Wohngemeinschaft einziehen, haben oft einfach Angst vor der Einsamkeit.«

»Weil man alleine ist. Ich bin verwitwet. Also ist man allein, die Kinder sind aus dem Haus.«

»Weil man einfach mal mit jemandem reden will. Es geht mir dabei aber gar nicht um meine ganzen Probleme, oder so.«

»Das, was ich mein ganzes Leben lang wollte, sozialistische Lebensformen verwirklichen, und was ich nie konnte, das versuche ich jetzt in der Wohngemeinschaft.«

Es war nach Ansicht einiger auch eine Möglichkeit, mit Eheproblemen anders umzugehen, denn wenn man eine Gruppe um sich hat, »ist man nicht so aufeinander angewiesen«.

Das Gebäude liegt in einem der neuen Stadtviertel Enschedes. Zum Haus kommt man durch einen gemeinsamen Garten, alle ebenerdigen Wohnungen haben eine Terrasse, die im ersten Stock eine Dachterrasse. Jede Wohneinheit hat ein Wohnzimmer von 26, ein Schlafzimmer von 12 Quadratmetern, eine Diele, eine Kochnische, ein kleines Bad mit WC. In jeder Wohnung gibt es eine Notrufanlage.

Eine Gegenmeinung: »Auch in einer Ehe muß man sich zurückziehen können. Um sich zurückziehen zu können, waren die Wohnungen zu klein.«

Zur Absicherung der Privatsphäre verabredeten die Bewohner einen Code: Wenn der Wohnungsschlüssel außen steckte, war das das Zeichen, daß Besuch willkommen war. Das klappte gut.

Die Menschen dieser Gruppe kannten sich durch die Planung gut, und trotzdem waren sie sich fremd. Die kritische Aussage einer Bewohnerin: »Da lernt man Charakterzüge kennen, von denen man während der Vorbereitung keine Ahnung hatte.«

An winzigen Alltagsdingen entzündeten sich die Konflikte. Eine Bewohnerin über eine andere: »Ich meine, sie war ja ganz gutmütig, aber so eine, die eine Busreise nach Spanien macht! Und sie wollte an ihrem Geburtstag sogar, daß wir eine Polonaise durch den Garten machen. Mit Lampions! Und sie, sie fand uns einfach überaus langweilige Leute.« Abneigungen entstanden. Das äußerte sich so: »Und wenn richtig fein gekocht worden war, dann saß sie schon mit ihrem Besteck am Tisch und wartete. Bevor sich jemand hingesetzt hatte, hatte sie schon ihren Teller randvoll und aß ihn auch sofort leer.«

Die erste Phase in »de Halmen« war von der dominierenden Rolle des Initiatoren-Ehepaars, vor allem der Frau, bestimmt. Der Mann: »Wir fühlten uns für alles, was die Wohngemeinschaft betraf, sehr verantwortlich.«

Die Frau: »Wir waren dort nicht einfach nur, um in einer schönen Wohnung zu wohnen.«

Viele Bewohner erlebten diese Haltung als Bevormundung, und als das Ehepaar in Urlaub ging, taten sich die anderen Bewohner zusammen und verbündeten sich gegen sie, so daß später ein Kitten des Verhältnisses nicht mehr möglich war – das Paar zog aus.

Die zweite Phase begann. Und auch in dieser Phase gab es immer wieder Frauen und Männer, die dominant waren, die Gruppe führten. Der kritischste Punkt war die gegenseitige Betreuung.

Der Verein hatte mit hohen Erwartungen an jedes einzelne Mitglied begonnen und hatte in der Hausordnung formuliert: »Wichtigstes Ziel unserer Wohngemeinschaft ist es, daß sich die Mitglieder zu Zeiten von Krankheit und Not gegenseitig helfen. Dieses Ziel ist nur erreichbar durch großen Einsatz, durch Toleranz und Gemeinschaftssinn jedes einzelnen.«

Die Wissenschaftler, die dieses Projekt begleiteten, fanden heraus, daß jeder Bewohner seine eigene Definition dessen hatte, was unter »Sich-Kümmern« zu verstehen ist. Ging es zum Beispiel um Sterbebegleitung, so sagte der eine, das sei eindeutig erwünscht, während seinem Nachbarn bei dieser Vorstellung geradezu »das Grauen kam«. Sehr schwierig war es auch, über Krankheit und Tod miteinander zu reden – vor allem eben dann, wenn man sich gut fühlte und eigentlich nichts anderes wollte, als den dritten Lebensabschnitt mit Mut und Zuversicht anzugehen.

Ich zitiere den Berichterstatter Dr. Berny van de Donk: »Während der ersten Zeit erkrankte in der Wohngemeinschaft ein verheirateter Mann unheilbar an Lungenkrebs. Das Initiatorenehepaar wollte unbedingt helfen. Dem Kranken und seiner Frau wurde das zuviel, und sie sonderten sich von der Gruppe ab. Eine der Bewohnerinnen sagte dazu: ›Das war traurig. Die beiden halfen aus ganzem Herzen. Sie meinten, helfen zu müssen, und spürten gar nicht, daß denen das zuviel war. Wenn man ihnen sagte: Laß die beiden doch!, sagten sie: Nein, das geht nicht! In einem Haushalt gehe das nicht, man dürfe sie nicht alleine lassen. Wenn wir das täten, seien wir keine Wohngemeinschaft mehr. Ich habe mich davon sehr eingeengt gefühlt.‹«

Mit anderen Worten: Bei vorübergehenden, nicht schweren Erkrankungen funktionierte die Wohngemeinschaft reibungslos, bei schweren, tödlichen Erkrankungen versagte sie – mußte versagen. »De Halmen« löste sich auf, weil einige alte Menschen den Antrag auf Aufnahme stellten, aber verschwiegen, daß sie in psychiatrischer Behandlung waren, weil andere zu alt waren, weil die Gruppe immer mißtrauischer gegenüber den Neuen war. Trotzdem nennt keiner der Fachleute das Projekt einen Fehlschlag. Im Gegenteil: Es wurde deutlich, welche Fehler man vermeiden kann.

Immerhin gilt aus Holland zu vermelden, daß 60 Wohngemeinschaften verblüffend gut laufen, während weitere etwa 60 in Vorbereitung oder bereits gestartet sind oder es demnächst versuchen.

Zum Schluß noch die Aussage eines Bewohners, die deutlich macht, wo die Schwierigkeiten liegen: »Stellen Sie sich einmal vor, es wird jemand richtig hilfebedürftig, und die sagen mir dann irgendwann: ›Du bist diese Woche mit Füttern dran!‹ Das kann ja eintreten, gell? Ich weiß nicht, ob ich das kann. Das ist eklig, weil so jemand ja sabbert und so, es ist wirklich eklig... Ach ja, ich könnte das schon! Nur dieses: ›Jetzt bist du diese Woche dran, der XY ihren Hintern abzuputzen!‹, da sage ich: Nein danke, das schaffe ich nicht, das ekelt mich so an, das kann ich nicht. Da langt meine Nächstenliebe nicht. Ich bringe das nicht fertig.«

Warum dieses Beispiel aus dem benachbarten Ausland, warum kein deutsches? Nun, andere Länder haben, wie gesagt, erheblich mehr Erfahrungen bei der Einrichtung von Wohngemeinschaften, und sie lieferten auch ungleich mehr seriöse Berichterstattung darüber. Dort kann man genaue Beschreibungen und vor allem die Schilderungen von Fehlern bekommen, um sie – vielleicht – zu vermeiden.

Aber kommen wir jetzt zu uns, und sehen wir uns an, was Deutsche auf die Beine gestellt haben. Es gibt Projekte in nahezu allen Bundesländern, und sie sind zum Teil hervorragend.

9. Träume – unter Vorbehalt

Es ist durchaus kein Zufall, daß in dem Buch »Alt sein – aber nicht allein« die meisten Beiträge von Frauen stammen, die meisten darin beschriebenen Menschen Frauen sind. Ich habe bei meinen Recherchen die Erfahrung machen können, daß in vielen Fällen, in denen zum Wohl der alten Menschen unter uns quergedacht wird, Frauen diese Gedanken mit Leben füllen oder aber den liebevollen Hintergrund bilden, die Arbeit tun. Frauen sind es, die den Betonköpfen der Verwaltungen und Ministerien Paroli bieten, und Frauen sind es, auf deren Arbeit sich Wissenschaftler und Interessierte verlassen, wenn es um Schwierigkeiten bei der Umsetzung geht.

Es ist also nicht verwunderlich, daß diese grundsätzlichen Gedanken von einer Frau stammen, von Lisette Milde, Kostümbildnerin und stellvertretende Vorsitzende der *Grauen Panther*:

»Später sind es dann die oft schon erwachsenen Kinder, die es ›gut‹ mit ihren alten, alleingebliebenen Eltern meinen. Im Altenheim, so meinen sie, sei Vater oder Mutter doch am besten aufgehoben, weil da für alles gesorgt ist – vom Essen bis zur Wäsche und der Geselligkeit unter Gleichaltrigen...

Für manchen alten Menschen mag das auch zutreffen. Die meisten jedoch wollen sich ihre Selbständigkeit erhalten...

Angesichts der würdelosen und entmündigenden Angebote der Gesellschaft für hilflose alte Menschen ist es tragisch zu nennen, daß viele von ihnen in ihren ›starken, kraftvollen Lebensjahren‹ die Ketten geschmiedet haben, die sie nun fesseln. Das Aushalten-Müssen der unbefriedigenden Lebensumstände führt zu Streit und Aggression oder, nach innen gerichtet, zu Krankheit und Depression. Wem es darum geht, Modelle gegen Entwürdigung und Entrechtung im Alter und für das Zusammenleben der Generationen zu entwickeln, der muß darüber nachdenken, wie die Abhängigkeiten zu vermeiden sind, die zu gegenseitiger Ausbeutung führen. Da geht kein Weg an einer existenzsichernden Mindestrente für arme Alte vorbei und auch nicht an der Umverteilung und Neubewertung von Arbeit.

Wer Geselligkeit liebt, wird in einem Mietsilo ohne Gemeinschaftseinrichtungen seelisch zu Grunde gehen. Wer befürchten muß, daß der persönliche Wohlstand geneidet oder die Armut verachtet wird, wird lieber vereinsamen, als sich Anfeindungen auszusetzen.

Wir brauchen Planer und Verwaltungsmenschen, die uns das zukommen lassen, was sie für sich selbst beanspruchen.

Städteplanung sollte nicht auto-, sondern menschenfreundlich sein, und der Wohnungsbau sollte Versorgungszentren mitplanen, die ein Zusammenleben aller Generationen ermöglichen... Die Unmenschlichkeit unserer Zeit drückt sich in Ghetto-Modellen aus.«

Noch einmal Fakten: Die Hälfte aller Armen in Deutschland sind Rentnerinnen über 70 Jahre. 80 Prozent der pflegebedürftigen alten Menschen werden bei uns von 2,5 Millionen Ehefrauen, Töchtern und anderen weiblichen Verwandten gepflegt. Zwei Drittel von ihnen bekommen keinerlei Entlastung durch irgendwelche Hilfsorganisationen. Die Bundesländer geben an, daß jeder Zehnte bis Dritte der über 65jährigen in seinem Alltag regelmäßig Hilfe braucht.

Das macht – als Hintergrund zu Lisette Mildes Worten – sehr deutlich, wie kritisch die Situation hierzulande ist.

Das »Pantherhaus« in Hamburgs St. Pauli ist ein gutes Beispiel dafür, wie man versuchen kann, Einsamkeit zuleibe zu rücken. Eine heile Welt ist nicht zu erwarten, aber das Bemühen, Eigenständigkeiten in einer Gemeinschaft aufzubauen und mit Hilfe dieser Gemeinschaft zu erhalten. Ulrike Petersen, Politologin und Mitglied der *Grauen Panther*, hat an der Umsetzung dieser Idee gearbeitet und stellt sie vor. Schier endlos war der Kampf, bei Behörden und Institutionen das Haus durchzusetzen, das alles zu finanzieren und in Gang zu bekommen. Es dauerte zehn Jahre. Das Haus, 1911 gebaut, ist im Besitz einer städtischen Wohnbaugesellschaft und wurde vom Verein der *Grauen Panther* als Generalmieter übernommen. Der Verein will zeigen, daß es möglich ist, ganz unterschiedliche Menschen zusammenzubringen und zusammen leben zu lassen, ohne ihre Eigenverantwortung zu beschneiden oder in irgendeiner Form einzuengen. Die *Grauen Panther* stellen die Notwendigkeit, hilfs- und pflegebedürftige Menschen zwangsweise in Sondereinrichtungen unterzubringen, radikal in Frage.

Im Oktober 1986 wurde das Haus – das acht verschieden große Sozialwohnungen hat, im Erdgeschoß die Vereinsräume beherbergt, von einem kleinen Garten umgeben und einer Dachterrasse gekrönt ist – bezogen. Die Hausgemeinschaft besteht aus sechs Frauen, einem Kind und vier Männern. Das jüngste Menschlein ist vier Jahre alt, der älteste Erwachsene 90. Die Menschen sind Rentner, arbeitslos, im Studium oder im Beruf. Es gibt keine Hausordnung, kein Freizeitprogramm, keine Therapie, keine Betreuung, keine Sozialarbeit. Wenn man so will, besteht die Kunst des Lebens darin, sich unermüdlich mit zehn anderen Individuen zu streiten und zu einigen: Alltag als Lernziel.

Ulrike Petersen: »Es geht um die gemeinsame Umsetzung einer Konzeption, um den experimentellen Weg, Menschen zu integrieren, die den amtlichen Stempel ›hilfs- und pflegebedürftig‹ tragen. Es geht um die sogenannten ›Pflegefälle‹, die als die ›schwierigen Alten‹ gezeichnet sind. Es geht um diejenigen, die unter Vormundschaft stehen, mit der sicheren Perspektive, institutionell untergebracht zu werden. Es geht um diejenigen, die zum Teil bereits in Altenhilfe- und Psychiatrieeinrichtungen leben und den Weg nach draußen suchen. Es geht um diejenigen, für die es trotz ambulanter Hilfen in ihrer Häuslichkeit keine dauerhafte Lebensperspektive geben kann, weil ihnen dort die zwischenmenschlichen Bezüge verlorengegangen sind... Das *Panther-Haus* geht in das achte Jahr und mit ihm seine Menschen bis auf einen Bewohner. Im Frühjahr (1992) ist Willi, ein alter, alleinstehender Nachbar, verstorben... Die Hausgemeinschaft erlebte damit nach sechsjähriger gleichbleibender Zusammensetzung zum ersten Mal eine Veränderung...«

Dieses »Modell« hatte Folgen. Für ein neues Haus wurde 1992 in Hamburgs Stadtteil St. Georg der Grundstein gelegt. Offizielle Stellen der Stadt fragten bei den *Grauen Panthern* an, ob man nicht weitere Wohnprojekte schaffen könne. In den Stadtteilen Harburg, Billstedt, Neugraben, Rahlstedt und St. Pauli-Süd kam es bereits zu ernsthaften Gesprächen.

Streifen wir kurz unsern Nachbarn Dänemark. Zuweilen schämt man sich, in einem der reichsten Länder der Welt erwähnen zu müssen, daß in den Nachbarländern alte Menschen eine bessere Zukunft haben. So in Dänemark. Trotzdem haben auch die Dänen erhebliche Probleme und wissen noch nicht, wie sie damit fertigwerden können. Die Gruppe der Frauen, die als bezahlte und unbezahlte Fürsorgearbeiterinnen tätig sind (eine Gruppe, die zwischen 45 und 59 Jahre alt ist) schmilzt. Sie nimmt nämlich nicht entsprechend der Zahl der alten Menschen zu. Es ist noch nicht lange her, daß zwei Frauen sich um einen älteren Menschen kümmern konnten. In 20 Jahren wird ein jüngerer Mensch sich um drei Alte zu kümmern haben. Die Dänen haben es aber insofern besser als wir, als sie von Beginn an auf eine vernünftige und vor allem bezahlbare Planung und Umsetzung in der Altenpolitik aus waren. In Dänemark gilt der ältere Mensch ungleich mehr als in Deutschland. Karen Zahle setzt das in Daten, Zahlen und Fakten um: »Die finanziellen und sozialen Dienstleistungen sind in Dänemark gesetzlich garantiert und eine Pflichtaufgabe der Kommunen. Hiermit hat man den familiären Gegebenheiten der Gegenwart Rechnung getragen: Die Familie fungiert nur noch als Ergänzung zum öffentlichen Hilfesystem. Die Angebotspalette für alte Menschen ist umfassend und sieht folgendermaßen aus:

1. Hilfe, Pflege und (Sozial)-Beratung im eigenen Heim.
2. Mobiler Mittagstisch, warmes Essen frei Haus.
3. Tagesstätten bzw. -zentren mit Werkstätten, Mittagstisch und ambulanter ärztlicher Versorgung, zu denen man selbst hingehen oder für die man Fahrdienste beanspruchen kann.

4. Heime für Tagesbetreuung (teils auch für demente alte Menschen) und für vorübergehende Nachtaufenthalte.
5. Behindertengerechte Ausstattungen bzw. Anpassung der Wohnung an die individuellen Bedürfnisse zum Erhalt weitestmöglicher Selbständigkeit; auch Einbau von Notrufsystemen und speziellen Installationen.
6. Betreute Wohnungen, die vom kommunalen Sozialamt vermietet werden, behindertengerecht eingerichtet und abgeschlossene Einheiten sind.
7. Pflegeappartements (ohne Küche) in stationären Einrichtungen mit permanenter Betreuung, für die ein Mietbetrag in Höhe von maximal 15 Prozent des Einkommens erhoben wird, während die übrigen Dienstleistungen wie Mahlzeiten, Friseur, Therapie etc. individuell angefordert und abgerechnet werden. Bei diesen zuletzt erwähnten Appartements spricht man von Pflegewohnungen. Sie sind entstanden, nachdem seit dem 1. 6. 1988 in Dänemark keine Pflegeheime mehr gebaut werden.«

Legt man diese Angebotspalette angriffslustig deutschen Sozialpolitikern vor (und genau das habe ich unternommen), ist man über die Ahnungslosigkeit der Antwortenden verblüfft. Einhellig heißt es: »Ja, ja, aber man kann doch die Dänen nicht mit unserem System vergleichen. Wir sind da ja ganz anders.«

Barbara Brasse, Erziehungswissenschaftlerin und Supervisorin, berichtet über das Mehrgenerationenwohnen in der Hannoveraner Siedlung »Laher Wiesen«, ein national wie international vielbeachtetes Projekt. Sie überschreibt ihren Beitrag nicht ohne Ironie »Wenn Träume wahr werden...«, weil sehr wohl auch Alpträume dabei herauskommen könnten. In »Laher Wiesen« allerdings ging es bisher gut bis sehr gut. Immerhin ist das Projekt ein vom Bonner Bauministerium preisgekrönter Architektenentwurf für das Zusammenleben mehrerer Generationen. Jubilierend hieß es in der Laudatio: »Die Siedlung ist zweifellos das intelligenteste, an neuen Gedanken reichste, architektonisch reizvollste Beispiel für das individuelle preisgünstige Wohnen mehrerer Generationen unter einem Dach, das in dem Wettbewerb gefunden wurde... Tatsächlich ereignet sich das Neuartige dieser familienfreundlichen, auf Lebenszyklen reagierenden Siedlung weniger im undramatischen Lageplan als in den individuellen Varianten des Haustyps, in den Grundrissen...: mit den Vorderhöfen, den Wintergärten als Verbindungsgliedern, den zweistöckigen Wohnungen, den Innenhöfen, nicht zuletzt mit den flachen Hinterhäusern, in denen – je nachdem – große Kinder, Großeltern, andere Verwandte oder fremde Mieter wohnen oder Büros untergebracht werden können...«

Das Architektenehepaar Boockhoff und Rentrop – sie Stadtplanerin, er freier Architekt – baute sich einen Traum: Auf einer Grundfläche von 14000 qm stehen 69 unterschiedliche Ein- bis Zweifamilienhäuser dicht an dicht. Die gesamte Siedlung wird auf einer Mittelachse von nur einer Straße erschlossen, der Rest besteht aus nicht asphaltierten Wohnwegen zwischen den Häusern. Barbara Brasse: »Wucherndes Gras ist beherrschendes Element von Laher Wiesen. Gras wächst auf den Dächern und zwischen den Hausreihen. Die Wege tragen Gräsernamen, sie sind schmal...«

Das Zauberwort – sprachlich ein ziemlicher Mißgriff – heißt »Wohnen im Generationenmix«. Planer und Politiker mahnen immer wieder die »gesunde Familie« an, sprich: die Möglichkeit, drei Generationen im natürlichen Verbund unter einem Dach wohnen zu lassen. Unsere Realität entspricht dem nicht, denn bundesweit bestehen bereits mehr als 35 Prozent aller Haushalte aus Singles, in Ballungsräumen meistens 50 Prozent und mehr. Wenn man also alte Familientraditionen beschwört, die es schon zu früheren Zeiten so nicht gab, dann ist das verlogen, und man kann nur darauf hoffen, daß Menschen die Chance begreifen, auch ohne Familie mit allen Altersgruppen zusammenzuleben – denn eine wirkliche Chance ist das allemal.

In den »Laher Wiesen« ist der Wohnweg verbindendes Element, zwischen Drinnen und Draußen braucht nicht mehr getrennt zu werden. Alle Häuser sind so gebaut, daß sie ohne viel Aufwand auch umgebaut werden können, man kann vorhandene Räume variieren, aber auch Raum dazugewinnen. Erstaunlich allerdings, daß in nur vieren der 69 Häuser die Idee in die Tat umgesetzt wurde, die kleinen Gartenhofhäuser von alten Angehörigen bewohnen zu lassen. Aber das ist nur auf den ersten Blick entmutigend, denn nach Ansicht der Architekten soll sich die Anlage erst frei entwickeln: Die, die heute mit ihren Kindern in den Haupthäusern wohnen, werden die Chance haben, im Alter in die Gartenhäuser umzuziehen. Es ist also für die Zukunft geplant, eine Sache, die für Deutschland sehr selten und nicht selbstverständlich ist. Aber daß man selbst in einem so gelungenen Projekt zwiespältige Gefühle haben kann, beschreibt Barbara Brasse, wenn sie über eine der älteren Bewohnerinnen berichtet. Deren Mann war bereits krank, als sie in die Siedlung zogen. Mittlerweile lebt er in einem Pflegeheim. Seine Frau hat jetzt »die Kinder« dort, also den Sohn, die Schwiegertochter, die Enkel. Trotzdem ist offensichtlich nicht »alles nur Sonnenschein«:

»Ich habe mich als Zugezogene und älterer Mensch hier ohnehin schwergetan, neue Bekannte zu finden, und dann kam noch die Krankheitssituation meines Mannes hinzu: Wir konnten nicht mehr wie früher einfach ausgehen, weil er schon beim Einzug gehbehindert war. Kam Besuch ins Haus, waren die Gespräche eingeschränkt, weil er sich nur noch schlecht ausdrücken konnte und schnell überanstrengt fühlte. Man kann sagen, daß sich mein Mann ungleich besser eingelebt hat als ich, weil bei ihm die Bedürfnisse nach sozialem Kontakt nicht mehr so vorhanden sind wie bei mir. Er war zufrieden, wenn er dasitzen konnte und ich um ihn herum war. Für mich war es unter diesen Umständen schwierig, mich hier zurechtzufinden. Ich glaube, in den letzten Jahren wäre vieles für mich einfacher gewesen, hätte ich meinen alten Freundeskreis um mich gehabt, nur, um mich einfach mal aussprechen zu können. Die jüngeren Leute können einen nicht so verstehen. Die sagen immer nur wieder: Mutter, du mußt auch etwas für dich selber tun. Oder sie schlagen mir vor, mit ihnen ins Konzert zu gehen. Aber das ist mir keine Hilfe, weil mir das Gefühl, der kranke Mensch braucht einen, die Ruhe nimmt. Das können die Jüngeren einfach nicht nachempfinden, was nicht heißt, daß ich kein gutes Verhältnis mit meinen Kindern habe und von denen keine Hilfe bekomme. Aber die Generationen leben heute in zu verschiedenen Welten und haben andere Vorstellungen vom Leben. Dieses Nichtverstehenkönnen steht immer ein bißchen dazwischen, auch wenn man sich liebhat...«

Barbara Brasse berichtet auch über die finanzielle Seite der Probleme: »Viele jüngere Menschen gehen beim Bau ihres Einfamilienhauses von einer Finanzberechnung aus, bei der die Eigenmittel so knapp bemessen sind, daß sie Baukostensteigerungen, innenarchitektonische Extrawünsche, ein zusätzlicher Kredit, hochgesetzte Zinsen sehr schnell in eine Situation bringen, in der das monatliche Budget für die laufenden Lebenshaltungskosten unter eine erträgliche Grenze sinkt.« Genau das war bei den Kindern der alten Dame der Fall, und ihre Schwiegertochter sagte sehr offen: »Eigentlich hatten mein Mann und ich ja gedacht, daß wir etwas für seine Eltern tun, als wir sie hierhergeholt haben. Dann gerieten wir aber im Zuge des Hausbaus in die Lage, kaum mehr Geld zum Leben zu haben. Eigentlich hätten wir die Zelte hier abbrechen und das Ganze verkaufen müssen! Aber wir konnten die beiden doch nicht schon wieder verpflanzen, nachdem wir sie gerade erst hergeholt hatten. Für ältere Menschen ist ein Haus doch etwas, das man sich fürs Leben schafft. Also haben wir uns gesagt: Da müssen wir durch! Wir müssen mit den Banken neue Verhandlungen führen! In der Situation bot uns die Schwiegermutter nochmals Geld an. Allerdings war das ein Teil ihrer Altersversorgung. Trotzdem nahmen wir es, um aus der Bredouille zu kommen. Es war ein schreckliches Gefühl, Geld nehmen zu müssen, das ihre Selbständigkeit bedeutete! Wir haben sehr gelitten, als das passierte!«

Ein weiterer kritischer Punkt stellte sich heraus: Die alte Dame und ihre Schwiegertochter verstehen sich gut, lassen ihre Verbindung nicht abreißen, finden es aber eindeutig schwierig, mit einem Menschen aus einer anderen Generation die persönlichen Probleme zu besprechen. Schwierig ist für beide auch, sich in den engen Grenzen ihrer Behausung so zu verhalten, daß keiner das Gefühl hat, er müsse sich dauernd um deren anderen kümmern.

Das klingt verschroben, kann aber störend wirken. So sagen beide Frauen: »Wenn die andere mit irgend jemandem im Innenhof sitzt, mag ich schon gar nicht in den Hof gehen.« Die Ältere sagt: »Wenn sie draußen sind, und ich gehe auch hinaus, vermittle ich wahrscheinlich das Gefühl, man müsse sich jetzt um mich kümmern.«

Ein weiteres Beispiel: In Freiburg liegt der Laubenhof, den Ulla Schirmer, Sozialpädagogin und Geschäftsführerin der Forschungsgesellschaft Anstiftung in München, beschreibt. Die historische Bürgerstiftung der Stadt, die Heiliggeistspitalstiftung, betrieb bereits ein Altenwohnheim und ein Altenpflegeheim, als sie sich vor rund einem Dutzend Jahren entschloß, den Laubenhof zu bauen. Man war sich im klaren darüber, daß man einen neuen Weg ging. Die Stiftung wollte alten Menschen einen Wunsch erfüllen: ihnen auf der einen Seite das größte Maß an Selbständigkeit lassen, ihnen aber auch alle Unterstützung anbieten, die sie in bestimmten Situationen benötigen.

Die Wohnanlage liegt im Sträßchen Im Haltinger in einem bürgerlichen Villenviertel, der Architekt ist Rolf Disch, die Baukosten betrugen ca. 21 Millionen Mark. Das sogenannte Wohnungsgemenge sieht so aus: 62 Einzelwohnungen (44–62 qm), 15 Zweizimmerwohnungen (79–83 qm), 12 Familienwohnungen (105–135 qm), Gemeinschaftszentrum mit Cafeteria und Terrasse, Clubraum, Kegelbahn, Sauna- und Massagebereich, zentrales Büro, Bereitschaftszimmer. Die Mietpreise: 29 frei finanzierte Wohnungen, davon 17 Altenwohnungen mit 13,– bis 14,– Mark pro Quadratmeter. 12 Familienwohnungen mit 7,– Mark pro Quadratmeter. 60 mit öffentlichen Mitteln finanzierte Wohnungen mit 6,75 Mark pro Quadratmeter. Für alle Altenwohnungen wird ein Betreuungszuschlag von 80,– bis 100,– Mark erhoben. Die Leistungen dafür sind beachtlich: 24stündige Rufbereitschaft, Hilfe bei vorübergehender Erkrankung, Unterstützung im Alltag, Bereitstellung von Gemeinschaftsräumen, Freizeitangebote, Beratung und Vermittlung von Hilfsangeboten. Das Personal: eine Altenpflegerin als Leiterin, ein Hausmeister, eine Reinigungskraft, 8 Teilzeitkräfte für die Rufbereitschaft, zwei stundenweise Aushilfen für die Cafeteria, drei Zivildienstleistende. Die Wohnanlage hat eine Straßenbahn- und Busverbindung vor dem Haus, alle Läden sind zu Fuß erreichbar, Ärzte und Sozialstation in unmittelbarer Nähe.

Ulla Schirmer beschreibt ihre Verwunderung, als sie die Anlage betritt. Sie zitiert eine alte Dame, die ihr sagt: »Kein Vergleich mit einem Altenheim. Keine Heimordnung, keine Bevormundung, alles wie im normalen Leben. Wir sind hier wer und nicht nur Alte. Viele Leute meinen, man könne hier nicht wohnen, weil alles so schön ist, und was schön ist, muß auch teuer sein. Und jetzt sage ich Ihnen, ich lebe genauso wie vorher und habe mehr als das Taschengeld, das mir im Altenheim zuständе.« Der Laubenhof, so Ulla Schirmers Urteil, »ist eine echte Alternative zum Altenheim und auch zum Wohnen in häuslicher Umgebung, solange in vielen Bereichen altengerechte Wohnungen fehlen.«

Es ist wirklich wie im richtigen Leben: Der Laubenhof funktioniert deshalb so gut als Dorf für alte Menschen, weil er unter der Leitung der Altenpflegerin Frau Faas steht, die als der gute Geist des Hofes ihn mitplante und seit Fertigstellung auch leitet. Ihr Betreuungskonzept beruht auf dem Leitsatz *»Hilf mir, es selbst zu tun«*. Ulla Schirmer zitiert Frau Faas: »Diese Anlage ist ein gutes Beispiel für den Einfluß einer großzügigen Umgebung auf die innere Großzügigkeit der Menschen. Kürzlich sagte ein Altenheimleiter zu mir, dem ich den Laubenhof gezeigt hatte: Sie haben es gut, aber hier leben ja auch ganz andere alte Menschen als bei uns. Und das genau stimmt nicht. Hier wird nur unter besseren Bedingungen als im Altenheim gelebt; und deshalb sind die Menschen aktiver und lebendiger.«

Lassen wir eine Rollstuhlfahrerin aus dem Laubenhof sprechen: »Wissen Sie, ich lese sehr gerne, oft auch nachts, und dann stehe ich morgens erst spät auf. Ich kann mir meinen Tag hier so einteilen, wie ich möchte, kein Reglement schränkt mich ein... Mit meinem Rollstuhl kann ich überall hinkommen, und wenn es mir mal zuviel ist, kann ich vom Laubengang aus an allem teilhaben. Es ist immer Hilfe da, wenn ich darum bitte, auch wenn ich mit dem Auto in die Stadt fahren muß. Ich fahre noch selbst, brauche aber mit dem Rollstuhl für die vielen Hindernisse in der Stadt Unterstützung. Wenn ich krank bin, dann kocht mir eine Nachbarin den Tee oder erledigt Besorgungen für mich. Und dann ist da vor allem Frau Faas, die mich ermutigt und für mich sorgt. Aber auch die Kinder aus der Nachbarschaft stellen mir schon mal das Bügelbrett auf oder holen mir etwas aus dem Schrank, wenn ich nicht selbst drankomme. Ich kann sie vom Küchenfenster oder vom Laubengang aus rufen. Es ist genug Hilfe da, wenn ich sie brauche. Aber wissen Sie, ich möchte von mir aus so wenig Hilfe wie möglich und soviel wie möglich selber machen. Manchmal denke ich, das schaffst du nie, und wenn ich es dann probiere, geht oft mehr, als ich mir zugetraut habe.«

Selbstverständlich hat auch der Laubenhof seine Macken, selbstverständlich klagen Bewohner, daß es statt Badewanne nur eine Naßzelle gibt oder die Wohnung nicht gut geschnitten ist. Wesentlich aber ist: Jeder kann selbstverantwortlich leben, wird nicht von Regeln eingeengt – und das Wichtigste: Es ist absolut nicht teurer als in einem Altenheim.

Die Stiftung plant bereits eine neue Anlage, in der auch ambulante Kurzzeitpflege für Hochbetagte angeboten werden soll. Und Sterbebegleitung! Das ist ein sehr heißes Eisen, mit dem ich mich in einem anderen Kapitel ausführlich beschäftige.

Olle Volny, ein schwedischer Architekt, Spezialist für das Wohnen im Alter, schreibt – ähnlich wie Richard von Weizsäcker –: »Man kann sagen, daß sich der Grad der Menschlichkeit einer Gesellschaft daran ablesen läßt, wie sie mit ihren alten Menschen umgeht. Dies gilt auch für die Gestaltung des Wohnens im Alter... Die Industriestaaten haben das Wohnproblem der Alten – mithin von beinahe 20 Prozent der Bevölkerung – noch nicht gelöst. Man kann nicht genug betonen, daß die Mehrheit der alten Leute aktiv ist und sein möchte. Sie wollen von ihren neuen Voraussetzungen ausgehend leben und setzen große Hoffnungen auf ihre freie Zeit. Die Suche nach neuen Wohnformen für sie könnte heute schon vorbildliche Lösungen für kommende Generationen schaffen. Eines wissen wir ja sicher: Wir werden alle alt...«

Ich habe es schon erwähnt, daß diese Gesellschaft auf Altenheime nicht verzichten kann, ganz einfach, weil es Menschen gibt, die den Rest ihres Lebens dort verbringen möchten. Und wir haben überall gute Altenheime – wenn auch viel zu wenig. Auf Pflegeheime werden wir ebensowenig verzichten können, weil sie eine notwendigte Station für Krankheit und Krise sind – oder aber unsere letzte Station. Die vorgestellten anderen Wohnformen für alte Menschen sind längst überfällig. Sie alle haben Vorteile, sie alle haben auch Nachteile.

Der kritischste Punkt ist die Beantwortung der Frage: Wo will der alternde Mensch leben? Man wird einen Bauern nicht im Altenheim einer Industriesiedlung unterbringen wollen, und ein Mann, der sein Leben lang in Wolfsburg oder Köln an einem Fertigungsband Autos zusammensetzte, wird vermutlich im Alter nicht in ein abgelegenes Altenheim auf dem Land wollen. Der Kleinstädter wird sich in einem Altenheim im Zentrum Frankfurts wahrscheinlich nicht wohlfühlen, und die alte Dame, die ihr Leben im brausenden Berlin zubrachte, wird sich in einem Heim in der Oberpfalz buchstäblich ausgesetzt fühlen. Sind wir überhaupt in der Lage, auf derartig unterschiedliche Bedürfnisse hin zu planen? Die Antwort lautet ja.

Wissen Sie, was ExWoSt ist? Diese Erfindung eines Bürokratenhirns bedeutet »Experimenteller Wohnungs- und Städtebau«. Das Bundesbauministerium fördert auf diesem Sektor Forschungen, die »ältere Menschen und ihr Wohnquartier« angehen. In dem Buch »Alt sein – aber nicht allein« stellen der Architekt und Stadtplaner Bernd Breuer und der Stadtplaner Dr. Manfred Fuhrich (beide in der Bundesforschungsanstalt für Landeskunde und Raumordnung) Modelle aus diesem Forschungsfeld vor, die man nach ihrer Lage in drei Gruppen ordnen kann:

– innerstädtische Altbauquartiere
– Wohnsiedlungen
– Land und Umland.

Sehen wir uns zunächst die *innerstädtischen Quartiere* an. In den meisten Städten herrschen dringende Sanierungsbedürfnisse, und alte Menschen werden bei diesen Sanierungen oft übergangen. Die Autoren drücken das sehr zurückhaltend aus: »Modernisierungen und Maßnahmen zur Verbesserung des Wohnumfeldes können älteren Menschen zugute kommen, bewirken mitunter aber deren Verdrängung.« Wie wahr, denn innerstädtische Quartiere sind teuer, und alte Menschen können teure Mieten in der Regel nicht zahlen. Wenn also Besitzer in der Innenstadt modernisieren, werden ältere Menschen »umgesetzt«, wie man das freundlich nennt – sie werden schlicht in eine bedeutend weniger attraktive Gegend abgeschoben, in kleinere, billigere Wohnungen meist außerhalb, nicht selten in Altenheime.

In den Innenstädten finden wir häufig schlecht ausgestattete Wohnungen – fehlende Bäder, fehlende Aufzüge, Monotonie, Einsamkeit, Baumängel, unzureichende Versorgungseinrichtungen. Das sind Mängel, unter denen ältere Menschen intensiver leiden als junge. Die Autoren haben deshalb Modelle von *Wohnsiedlungen* beschrieben, die genau diese Mängel nicht haben und die alte Menschen geradezu einladen, dort zu wohnen. Dabei ist erstaunlich, wie wenig solche Modelle überhaupt bekannt sind. Es geht um die Projekte:
- *Leben im Alter in der Rheinpreußensiedlung*, Duisburg-Homberg, Nordrhein-Westfalen,
- *Wohnsiedlung am Weidengraben*, Neu-Kürenz (Trier), Rheinland Pfalz,
- *Bromberger Viertel*, Gröpelingen, Bremen,
- *Wohnanlage Iserbrooker Weg*, Altona, Hamburg,
- *Wohnsiedlung Heerstraße-Nord*, Spandau, Berlin,
- *Wohnsiedlung Akazienstraße*, Büdelsdorf, Schleswig-Holstein,
- *Wohnsiedlung Beethovenstraße*, Bönen, Nordrhein-Westfalen,
- *Wohnsiedlung am Strampel*, Nordhorn, Niedersachsen.

Alle diese Siedlungen sind nach der gleichen Struktur gestaltet. Die Grundidee: Der ältere Mensch soll dort wohnen bleiben, wo er immer gewohnt hat. Die Wohnungen sind im Eigentum einer oder mehrerer Wohnungsgesellschaften, sind mit öffentlichen Mitteln gebaut oder mit öffentlicher Förderung erneuert worden. Entweder ist der Anteil älterer Menschen dort ohnehin schon sehr hoch, oder aber es steht zu erwarten, daß der Anteil in den nächsten Jahren steil ansteigt. Angestrebt wurde eine selbständige und selbstbestimmte Lebensführung, das heißt, daß man Nachbarschafts- und Selbsthilfepotentiale entwickeln will. Behinderte Menschen gehören ebenso dazu wie »ganz normale« junge Familien. Es gibt Sozial- und Servicestationen, so daß die Bewohner Hilfen wie auf einer Speisekarte abrufen können. Beratungsdienste, Selbsthilfe und Nachbarschaftshilfe sind Komponenten, die durchaus nicht immer funktionieren, aber durch ständige Einmischung der Nachbarschaft weiter verbessert werden. Das ist sehr lebendige Demokratie.

Auch die Wohnungen der Gruppe *Land und Umland* haben viele Vorteile: Nähe zur Natur, geringere Umweltbelastungen, preisgünstigeres Wohnungsangebot, überschaubare soziale Strukturen. Eindeutig ist ein Trend auszumachen, daß Menschen, die ihr Leben lang in der Großstadt arbeiteten, durchaus daran denken, im Alter aufs Land zu ziehen. Aber: Die Versorgung mit Waren und das Angebot an Dienstleistungen sind auf dem Land und im Umland eindeutig schlechter als in den Städten, ebenso im kulturellen und medizinischen Bereich. Zudem wies ich bereits darauf hin, daß zum Beispiel soziale Dienste durchaus nicht flächendeckend vorhanden sind, wenngleich Politiker das gern behaupten. Noch etwas kommt auf dem Land erschwerend hinzu, und ich bitte die Leser, das zu bedenken: Altwerden bedeutet sehr häufig die Notwendigkeit, mit Einsamkeit umzugehen. Diese Einsamkeit wird in ländlichen Gebieten als krasser und vor allem ausgedehnter empfunden.

Folgende Projekte sind auf dem Land und im Umland der Städte interessant und anschauenswert:
– *Vorstationäre Altenhilfe*, Urbach, Baden-Württemberg,
– *Integriertes Wohnen*, Altusried (Allgäu), Bayern,

- *Städtebauliche und soziale Maßnahmen zur Schaffung eines altengerechten Wohnquartiers*, Oldenburg in Holstein, Schleswig-Holstein,
- *Ältere Menschen im ländlichen Raum*, Gerolstein, Rheinland-Pfalz,
- *Ältere Menschen im Neubaugebiet Hart*, Markgröningen, Baden-Württemberg,
- *Pastors Kamp*, Goldenstedt-Luten, Niedersachsen,
- *Entwicklungspotentiale, Entwicklungskonzeptionen für eine altersgerechte Quartiersentwicklung*, Langenhagen, Niedersachsen.

In allen diesen Modellgemeinden haben sich die gesellschaftlichen Strukturen in den letzten Jahrzehnten vollkommen gewandelt. Zum Beispiel ging die Landwirtschaft stark zurück, während gleichzeitig der Tourismus gefördert wurde. Es kamen neue Bürgerschichten hinzu, neue mittelständische Industrien wuchsen, alte Industrien starben. Trotz alledem: Die Sehnsucht nach einem ländlichen Leben im Alter ist geblieben. Für Sie auf Ihrer Suche nach der besten Möglichkeit des Wohnens im Alter aber gilt: Vorsicht, und nichts entscheiden, ohne genau hingeschaut zu haben, das Umfeld beachten!

Folgen wir dem Münchner Architekten Michael Klingeisen zu dem Projekt *Integriertes Wohnen an der Brennergasse* in Kempten im Allgäu. Humorvoll schildert er, wie er 1989 zu den ersten Besprechungen ins Allgäu fuhr: »Wer soll wo und warum integriert werden«, fragte er sich, »warum können das die Leute nicht selbst, warum muß ein solches Projekt wieder mal von ›oben‹ implantiert werden, in welchem Zustand befindet sich eigentlich unsere Gesellschaft, daß wir künstliche soziale Netze brauchen, und wie sehe ich meine eigene Rolle zwischen den Bewohnern, dem Bauherrn und all den Ämtern und sozialen Trägern? Ich war verblüfft, wie leicht ich meine eigenen Fragen beantworten konnte. Wir leben in einer Zeit der Vereinzelung, die familialen Netze sind in Auflösung geraten, Nachbarschaft, die in früheren Zeiten so vieles an kleinen und größeren Nöten auffangen konnte, existiert nur noch sehr selten. Ob es nun berufliche Gründe sind, die zu Wanderungsbewegungen verleiten, oder nur ein Überdruß an Familie und Nähe, Tatsache ist, daß immer mehr Menschen sich aus ihrer gewohnten Umgebung und Familie entfernen, lösen und auch die vielen kleinen Hilfsdienste verlorengehen, die es gerade alten Menschen erlauben, möglichst lange in den eigenen vier Wänden ein selbständiges Leben zu führen. Meine Fragen waren also schnell beantwortet. Integriertes Wohnen? Ja, und zwar so schnell wie möglich!«

Michael Klingeisen wurde in die Arbeitsgemeinschaft des *Wohnbund* und der *Sozialbau Kempten GmbH* eingegliedert. Das Konzept sollte auf einem Traumgrundstück realisiert werden. Es ist ein Teil der Altstadt und liegt direkt an der Iller – romantisch zu nennen und ein erstrebenswertes Zuhause für jedermann.

Das Konzept sah so aus:

1. Vermeidung einer Ghettoisierung alter Menschen. Dies soll durch eine Kombination unterschiedlicher Wohnformen, die von verschiedenen Generationen und Haushalten genutzt werden können, erreicht werden.

2. Die Kombination verschiedener Gemeinschaftseinrichtungen, wobei ganz entscheidend ist, daß ein Raum- und Nutzungsprogramm vorliegt, das erst gefüllt werden muß. Die Bewohner sollen selbst herausfinden, wie sie was zu welchem Zweck gestalten und nutzen wollen. Das war das wirklich Neue.

3. Neu war 1989 auch die Idee, endlich davon loszukommen, Altenheime wie abgeschlossene Inseln zu verstehen, über deren Mauer kein Mensch blicken will und soll und kann. Stadtteilanbindung nennt man das. Die Gemeinschaftsräume des Projektes sollten auch den Leuten im Stadtteil zur Verfügung stehen – also eine weite Öffnung in die Stadt hinein.

4. Es war auch der Versuch, die Beziehung zwischen den Bewohnern, den Bau- und Sozialträgern ganz neu zu gestalten, neu zu definieren. Die Bewohner sollen endlich mitreden können. In der Praxis: Die Alten sollen selbst entscheiden, wer im Fall eines Neuzuzugs einziehen kann, ob sie zum Bei-

spiel weiterhin »Essen auf Rädern« wünschen oder ob sie selbst füreinander kochen wollen. Es wurde möglich, einen Spastikerverein aufzunehmen und dadurch das gesamte Programm aus dem Blickwinkel älterer Menschen zu verändern und den Blick für ganz andere Gruppen zu öffnen – ein Vorgehen, das auch den Alten half, die eigene Situation im Blick auf andere durchaus zu relativieren und ihnen damit zu helfen.

Mittlerweile läuft das Projekt mit großem Erfolg, wenngleich alle Beteiligten durch viele Frustrationen hindurchmußten, ein gewaltiges Arbeitspensum zu leisten hatten. Verblüffend ist, wie weit Mitsprache, Mitbestimmung und Selbstverwaltung gehen können. Hier Klingeisens Punkte:

Der Bewohnerrat, gewählt aus der Bewohnerschaft, hat *Mitsprache und Mitbestimmung* bei folgenden Punkten:
– in allen das Projekt tangierenden Entscheidungen, zum Beispiel Instandhaltungsplanungen, Modernisierungen etc.: die Sozialbau Kempten GmbH ist verpflichtet, die Bewohner voll zu informieren,
– bei der Durchführung von Modernisierungen,
– bei großen Anschaffungen zur gemeinschaftlichen Nutzung,
– bei der Neuvergabe von Wohnungen, wo der Bewohnerrat Vorschlagsrecht hat,
– bei Maßnahmen und Aktivitäten zur Nutzung und Veränderung des Wohnumfeldes (also zum Beispiel bei Mietergärten, Anlagen).

Die *Selbstverwaltung* bezieht sich auf:
– die Gestaltung von Außenbereichen und Gemeinschaftseinrichtungen,
– die Organisation von Veranstaltungen,
– die Organisation des Waren- und Dienstleistungsangebotes (Fahrradwerkstatt, Mittagstisch, etc.),
– Reparaturen in den eigenen vier Wänden,
– die Festlegung der Hausordnung.

Ich habe Ihnen mehr als 25 Modelle aufgezeigt, die außerhalb der Norm liegen, aber Modelle sind, in denen wir als älter werdende Menschen gut leben können. Dazu paßt der Satz von Wilhelm Frieling-Sonnenberg: *Statt Angst vor dem Alter brauchen wir die Ablehnung jetziger Heime.*

Susanne Schneider-Papadopoulos hat sehr eindrucksvoll die Siedlung der Baugenossenschaft *Freie Scholle* in Bielefeld beschrieben. Denken Sie daran, daß ich diese Beispiele bringe, weil Sie zu Hause bei sich darauf aufmerksam werden sollen, daß überall in Deutschland Altenzentren bestehen, in der Planung, im Bau sind, bei denen Sie sich danach erkundigen können, ob in Ihrer unmittelbaren Nachbarschaft etwas Ähnliches existiert. Denn viele dieser Querdenker, die andere und bessere Wege gingen, wissen voneinander – auch wenn die Vernetzung noch zu wünschen übrig läßt –, und ihre Adressen finden Sie im Anhang dieses Buches.

Ich will mit der *Freien Scholle* in Bielefeld enden, weil die Situation dieser Siedlung typisch ist: Es gab nicht genügend Geld, um abzureißen und neu zu bauen. Man mußte mit dem auskommen, was an Substanz vorhanden war. Damit soll also auch denen Mut gemacht werden, die keine großen Summen investieren können. An der Freien Scholle, Bielefeld, zeigt sich, was machbar ist.

Susanne Schneider-Papadopoulos ist Dipl.-Ing. und Innenarchitektin. Sie lebt in Berlin. In Bielefeld fing alles mit einer Turnhalle an – 1911. Da gründete sich eine Genossenschaft, deren Mitglieder begeisterte Turner waren, aber keine Turnhalle hatten. Zwar stand in der ersten Satzung schon etwas von Wohnungsbau – aber erst einmal mußte die Turnhalle her, Turnvater Jahn wollte das so. Ein Jahr später hielt der sozialdemokratische Stadtverordnete Carl Severing eine flammende Rede über den Wohnungsmangel in der Stadt, und er erinnerte die Arbeiter an die Kräfte der Selbsthilfe. In der Spindelstraße entstanden 30 Wohnungen, die Siedlung *Am Niedermühlenhof* wurde gebaut. Keine Mietskasernen mit engen, dunklen Höfen, sondern eine für die damalige Zeit sensationell lichte und locker gebaute Anlage. Im Gegensatz zu den Arbeiterquartieren damaliger Zeit waren die Wohnungen praktisch und vor allem technisch auf dem neuesten Stand. Sie hatten WC, elektrische Beleuchtung, Kochgas und fließendes Wasser. In den Kellern gab es gemeinschaftliche Badeeinrichtungen.

Die *Freie Scholle* baute zwischen 1924 und 1929 große Wohnsiedlungen, die heute zu den architektonischen Schmuckstücken der Stadt Bielefeld gehören. Nach dem Zweiten Weltkrieg wurde es schwierig, die Siedlungen zu unterhalten – oder gar neu zu bauen –, weil in der Hitlerzeit die Arbeiterbewegung so gründlich zerschlagen worden war, daß sie sich nur mühsam erholen konnte. Es kam erschwerend hinzu, daß private Kapitalanleger beim Erwerb von Altbauten steuerlich begünstigt wurden, für genossenschaftliche Bauten aber kein öffentliches Geld aufzutreiben war – eine der Merkwürdigkeiten im Nachkriegsdeutschland. Man mußte also darangehen, die Siedlungen der frühen Jahre zu modernisieren.

Drei Prinzipien hatte man zu verteidigen, und man verteidigte sie: Identität, Demokratie, Förderung. *Identität* heißt: Wohnungssuchende schließen sich zusammen und werden Bauherren, eine ganz wichtige Tatsache, die altengerechtes Wohnen begünstigen kann. Damit werden Mieter und Vermieter eins, es kann aber auch niemand einem anderen kündigen. *Demokratie* heißt in diesem Zusammenhang, daß es eine komplette und intakte Selbstverwaltung gibt, die vom Hausmeister bis zum Aufsichtsrat und Vorstand reicht. Das *Förder*prinzip bedeutet, daß man sich konzentriert um Gemeinschaftsräume und Gemeinschaftsaufgaben kümmert, daß man an Gemeinschaftsküchen ebenso denkt wie an Kindergärten und daran, berufstätigen Frauen die Arbeit zu erleichtern. Damit, so Susanne Schneider-Papadopoulos, war der Weg frei, an *altengerechtes Wohnen* zu denken. Das kam nicht von ungefähr, denn in den Bielefelder Siedlungen ist schon heute jeder zweite Bewohner älter als 60.

So tat man sich in Bielefeld zusammen mit der Sozialstation Barmbek-Nord in Hamburg, dem Sozialzentrum der Arbeiterwohlfahrt in Bremen und der Berliner Krankenwohnung der Wohnsiedlung Heerstraße-Nord: Man wollte unter allen Umständen für die Planung die besten Leute haben. Was dabei herauskam, ist erstaunlich. Man entwickelte ein ganzes Dienstleistungsangebot für die Mitglieder der *Freien Scholle*, das so aussieht:

- Beratung bei der alten- und pflegegerechten Wohnraumgestaltung,
- Bereitstellung von Hilfs- und Pflegevorrichtungen, z. B. Krankenbetten, Rollstühle und Lifte,
- Anleitung zur Pflege und Beratung in der praktischen Hilfe zu Hause für Angehörige, Nachbarn und Freunde,
- Koordination und Vermittlung von ambulanten und sozialen Hilfsdiensten (Putzdienste, Hilfe bei der Hausordnung, Essen auf Rädern, Nachbarschaftshilfe),
- Vermittlung von Kontakten zu Ärzten und Beratungsdiensten für ältere Menschen,
- Beratung in finanziellen Angelegenheiten, Unterstützung bei Behördengängen (Wohngeld, Rentenansprüche, Sozialhilfe, Leistungen der Krankenkasse),
- Aufbau und Unterstützung genossenschaftlicher Selbsthilfe bei der Betreuung in den Siedlungen.

Das Beratungsteam und die Handwerker der *Freien Scholle* stehen zur Verfügung, wenn es darum geht zu überlegen, wie man eine Wohnung altengerecht umgestaltet. Und um die Bedürfnisse von Alten und Behinderten zu vertretbaren Kosten berücksichtigen zu können, wird man in den Siedlungen eine bestimmte Anzahl von Erdgeschoßwohnungen so umbauen, daß sie behinderten- und rollstuhlgerecht sind. Diese Pflege- und Krankenwohnungen werden in der unmittelbaren Nähe der Gemeinschaftshäuser, Nachbarschaftshäuser und Pflegeeinrichtungen liegen, die über entsprechende Installationen verfügen.

Der wichtigste Punkt dürfte die Beratung sein. Ein zentrales Büro ist jeweils Treffpunkt der Siedlung. Die Beratung übernehmen zwei Sozialpädagoginnen mit praktischen Erfahrungen in der Altenhilfe und Krankenpflege. Auf Anforderung besuchen sie die alten Menschen zu Hause und besprechen die baulichen Probleme. So kamen äußerst pfiffige Lösungen heraus. Beispielsweise wurde für eine gehbehinderte Frau ein

Balkon im Erdgeschoß einfach nach vorn geöffnet, damit der Weg zum Auto der Tochter kürzer und weniger anstrengend ist. Aber es geht auch schlicht darum, eine Einstiegshilfe für die Badewanne anzubringen oder eine Putzfrau zu besorgen. Sozialstation und Pflegeinitiative arbeiten so eng zusammen, daß den meisten Bewohnern ein Krankenhausaufenthalt erspart werden kann. In Bielefeld können die Alten bis zu ihrem Tod zu Hause bleiben.

10. Der Sex, der Tod und die Wiedemann

Sicher nicht von ungefähr reden Heimleiter, Heimbesitzer, viele Altenpflegerinnen und -pfleger über zwei Dinge öffentlich so gut wie nie – oder aber wenn, dann vollkommen verkrampft: über die Sexualität und über den Tod. Offenbar ist Alter etwas, das mit Sexualität absolut nichts zu tun haben darf – und mit Tod schon gar nicht.

Ich rief nacheinander in zwanzig Altenheimen an, und meine Frage lautete: »Wie halten Sie es mit der Sexualität bei Ihren Bewohnern?« Die Regelantwort war die: »Sexualität? Die haben doch gar keine mehr!« Nur in einem Fall lachte die Heimleiterin: »Sexualität ist normal, das ist sie für mich doch auch. Es kann schon mal passieren, daß sich in meinem Haus zwei zusammentun. Dann sage ich ihnen: Denkt aber dran, daß das kein Doppelbett ist. Das ist nur für einen! Für mich wäre das also bestenfalls eine Versicherungsfrage, wenn das Bett zusammenkracht, sonst nichts.«

Es ist sehr typisch für die Deutschen, daß es über die Sexualität im Alter so gut wie keine brauchbaren wissenschaftlichen Arbeiten gibt, obwohl sich alle Fachleute darüber einig sind, daß erstaunlich viele Menschen im Alter sexuell aktiv sind und ganz offen dazu stehen, daß sie Sexualität brauchen (etwa 70 Prozent der Männer, 50 Prozent der Frauen).

Der Frauenarzt Dr. Erich Hermann schrieb in seinem Buch »Mach das Licht nicht aus« zu diesem Thema: »Gerade in christlichen Ehen, aber auch unter alleinstehenden Christen gibt es ein Leiden an der Sexualität.« Er sagt auch: »Alle Erfahrungen weisen darauf hin, daß ältere Ehepaare unfähig sind, sich über dieses Thema zu artikulieren.«

Wir leben in einer vom Jugendwahn besessenen Gesellschaft, nach deren Ansicht alte Menschen und Sexualität nicht zusammenpassen. Und doch ist es genau umgekehrt: Alte

Menschen sehnen sich sehr nach Sexualität – sind aber oft unfähig, darüber zu sprechen.

Ich habe während meiner Recherchen Erstaunliches zu hören bekommen. Unter anderem war ich Gast in Familien, die einen Angehörigen zu Hause pflegen. Gar nicht selten beschwerten sich meine Gesprächspartner darüber, daß Opa oder Oma tatsächlich hin und wieder onanieren. Das sei ja nicht zu fassen – in dem Alter! Dazu bemerkt der Frauenarzt Erich Hermann: »Sexualität ist nicht alles – aber ohne ist alles nichts.« Wie bekannt war schon Luther der Meinung, zweimal in der Woche müsse sein. Aber da wir unsere Eltern selten als sexuelle Wesen wahrnehmen, können wir uns auch nicht vorstellen, daß sie noch im Alter Sexualität wollen und zum Leben brauchen.

Dabei ist bekannt, daß Menschen mit positiver Einstellung zur Sexualität länger leben und entschieden weniger krank sind als die anderen. Das ändert jedoch nichts an der Tatsache, daß wir trotz eifriger Aufklärung des Volkes durch Menschen wie Oswald Kolle schrecklich prüde blieben: 80 Prozent aller älteren Ehepaare reden nicht über Sexualität miteinander und haben das nie getan. So weisen denn vor allem Frauenärzte darauf hin, daß Depressionen bei Älteren sehr häufig auf massive sexuelle Probleme zurückzuführen sind: Sexualität findet nicht statt.

Die Frage müßte schlicht lauten: Vermissen Sie Sexualität – oder sind Sie froh, sie abhaken zu können? Und die Antwort müßte dann letztlich jedem selbst überlassen bleiben. Aber gerade in Wohn- und Pflegeheimen wird dieses Thema schlicht ausgeklammert. »Überall«, urteilt Frieling-Sonnenberg, »herrscht eine rigide Kontaktmoral.« Häufig werden älteren Frauen und Männern bei Verdacht auf Onanie die Hände festgebunden, und nicht selten wird nach einem Mittel gegriffen, das geradezu diabolisch genannt werden kann: dem Katheter. Da sind der massive Einsatz von Beruhigungsmitteln und der heftige Vorwurf der Sünde vornehmlich in kirchlich geführten Institutionen noch harmlos zu nennen.

Tatsache ist wohl, daß ältere Menschen sich der Sexualität

nicht mehr nähern mögen, weil sie auf der einen Seite Angst vor der Reaktion ihrer Umwelt haben und auf der anderen Seite, zum Beispiel in Heimen, Bestrafung fürchten. Kindheitsmuster wiederholen sich für sie.

Es ist nicht Aufgabe dieses Buches, sich ausführlich mit dem Thema zu beschäftigen, wohl aber muß ich darauf hinweisen, daß wir alle darüber nachdenken sollten, warum wir unseren älteren Mitmenschen die Lust auf den eigenen Körper und den des Partners so nachhaltig vermiesen.

Das zweite Tabu in Heimen ist der Tod. Man kann das in weiterem Zusammenhang sehen: Der Tod ist ein Tabu dieser Gesellschaft. Hinzu kommt, daß aufgrund des Personalmangels kaum ausgebildete Kräfte da sind, die in der Lage wären, Sterbebegleitung zu praktizieren. Und das total überstreßte Pflegepersonal hat absolut keine Lust – und keine Zeit –, von erfahrenen Psychologen darin geschult zu werden, wie man mit alten Menschen über den Tod spricht, wie man ihn mit ihnen zusammen erlebt und wie man trauert. Wir haben in den allermeisten Heimen keine Sterbebegleiter. Das ist für eines der reichsten Länder der Welt beschämend.

Ich bin hier an einem ganz entscheidenden Punkt angelangt, denn wir alle wissen, daß wir sterben müssen, aber die meisten von uns verdrängen diese Tatsache so perfekt, daß sie ausgesprochen sauer reagieren, wenn man in ihrer Gegenwart von Tod und Sterben spricht. »Jetzt nimmst du mir meine gute Laune!«

Reden wir dennoch darüber!

In Deutschland sterben alljährlich 870 000 Menschen. Allein 230 000 von ihnen sterben an Krebs. Sehr viele der 3 Millionen Krebskranken leiden in der letzten Phase unter entsetzlichen Schmerzen. Die Schätzungen der Fachleute sind eindeutig: Etwa 200 000 sterbende Krebskranke erleiden vollkommen unnötig nicht endenwollende Schmerzphasen – zu Hause, in Heimen, in Pflegeheimen, in Krankenhäusern. Und das, weil unsere Bürokratie versagt, weil Politiker versagen, weil Ärzte versagen.

Ich muß jetzt von einer quirligen 43jährigen Frau berichten, die höchst tatkräftig und eigenwillig diesem skandalösen deutschen Zustand zuleibe rückt. Dabei legt sie sich bewußt mit dem politischen Bonn an und scheut sich auch nicht, mit denen Krach zu kriegen, die die Macht haben – sie bringt sie in Verlegenheit. Wenn ein moderner Begriff erlaubt ist: Sie ist eine Powerfrau.

Die Rede ist von der Journalistin Renate Wiedemann, die in Buchholz vor den Toren Hamburgs lebt und die es sich wohl nicht hätte träumen lassen, daß sie das Sterben zum Hauptthema ihres Lebens machen würde. Im Frühjahr 1987 machte sie sich auf eine merkwürdige Deutschlandreise: Sie besuchte Menschen, die Menschen beim Sterben halfen. Ein volles Vierteljahr sprach sie mit ihnen über ihre Beweggründe. Dabei entdeckte sie 55 Gruppen in Deutschland, von denen die Öffentlichkeit kaum etwas wußte und die ehrenamtlich nichts anderes taten, als Sterbende liebevoll in den Tod zu begleiten. Ganz langsam wuchs ein Plan. Sie schrieb über diese Menschen einen Illustriertenbericht, der dann nicht veröffentlicht wurde, aber sie ließ sich dadurch nicht entmutigen, sondern beschloß: »Dann tue ich selbst etwas!«

Sie hörte sich um, sie suchte Frauen und Männer, die etwas vom Sterben wußten, die als Forscher und Wissenschaftler das Sterben zu ihrem Fach gemacht hatten und die, wie sie selbst, der Ansicht waren, daß in Deutschland ein skandalöser Zustand herrschte.

1988 kam es auf dem Frankfurter Flughafen zu einem denkwürdigen Treffen. Weil alle Beteiligten wenig Zeit hatten und aus ganz Deutschland kamen, mußte man die seltsame Taufe zwischen zwei Flügen erledigen. Gegründet wurden die *Deutsche Hospizhilfe e. V.* und später ein dazugehöriges Nachrichten-Magazin: »Hospiz-Bewegung«.

Sie war die einzige Frau unter sieben Männern – dem Stuttgarter Sozialarbeiter und Psychotherapeuten Helmuth Beutel, dem Psychiater und ärztlichen Direktor des Westfälischen Landeskrankenhauses in Gütersloh, Professor Klaus Dörner, dem Hamburger Onkologen und Vorsitzenden der Kassenärztlichen Vereinigung Hamburgs, Professor Ulrich R. Kleeberg, dem Karlsruher Richter am Bundesverfassungsgericht, Klaus Kutzer, dem Heidelberger – inzwischen verstorbenen – Arzt am Deutschen Krebsforschungszentrum Professor Dietrich Schmähl, dem Sozialmediziner Professor Johann-Christoph Student von der Evangelischen Fachhochschule in Hannover und dem Gründer des ersten Deutschen Hospizes in Aachen, Pfarrer Dr. Paul Türks.

Der Hospiz-Gedanke stammt aus England. Berühmte Frauen haben diesen Gedanken – Altern, Tod und Sterben sollen wieder mehr in das Leben der Menschen eingebunden werden – vorgetragen und mit Leben erfüllt: Mutter Teresa, die Sterbeforscherinnen Dr. Elisabeth Kübler-Ross und Dr. Cicely Saunders.

Dabei wollte Renate Wiedemann nicht sich selbst für die Begleitung Sterbender in den Tod ausbilden lassen, sie wollte vielmehr die meist getrennt voneinander in Gemeinden und Städten arbeitenden Hospiz-Gruppen zu einer Einheit verschmelzen, ihnen eine Stimme auch bei den Gesundheitspolitikern geben, ihnen ein Sprachrohr sein und die Deutschen anregen, sich in einer besonderen Art von Nachbarschaftshilfe füreinander einzusetzen. Die acht Gründungsmitglieder formulierten die Ziele der Bewegung folgendermaßen:

»... den weltweit seit über 25 Jahren erfolgreichen Hospizgedanken auch in Deutschland zu etablieren und damit Altern, Tod und Sterben wieder mehr in das Leben aller Menschen einzubinden. Die deutsche Hospizhilfe hat in den letzten Jahren weit über 100000 Hilfswillige und Hilfsbedürftige unbürokratisch miteinander in Kontakt gebracht und zum Entstehen vieler hundert Hospizgruppen beigetragen, die sterbenskranken Menschen und ihren Angehörigen Lebenshilfe geben, damit auch hier die meisten Menschen möglichst bis zuletzt schmerzfrei in vertrauter Umgebung mit ihnen Nahestehenden leben können. Sie möchte darüber hinaus erreichen, daß jedes Krankenhaus, jedes Alten- und Pflegeheim und jede Sozialstation eine Hospizlerin erhält, die Pflegende und Ärzte fortbildet, sterbende Menschen und ihre Angehörigen berät und betreut und für das Entstehen vieler neuer örtlicher Hospizgruppen sorgt... und daß es kein Altenheim und Pflegeheim und keine Pflegestation in Deutschland mehr gibt ohne menschliche Patenschaften örtlicher Verbände, Firmen, Vereine und Organisationen, die alte bzw. pflegebedürftige Mitbürger mindestens einmal wöchentlich besuchen und einmal im Monat einen Ausflug und eine Veranstaltung organisieren. Auf diese Weise können ältere Mitbürger aus ihrer Isolation geholt, wieder mehr in das gesellschaftliche Leben integriert und Kontakte und Freundschaften zwischen Jung und Alt gefördert werden.«

Ein wahrlich umfassendes Programm, dem kurioserweise zunächst – sehr menschlich – durch Vereinsmeierei Steine in den Weg gelegt wurden. Wie konnte jemand eine Deutsche Hospizhilfe begründen, wenn er selbst kein Sterbebegleiter war? Das ging doch nach deutschen Vereinsregeln gar nicht! Doch Renate Wiedemann setzte sich durch, wurde Fachfrau für etwas, das alle alten und schwerkranken Menschen in Deutschland dringender denn je brauchen: die Vernetzung ihrer Interessen im Sinne menschlichen Alterns und im Sinne eines menschlichen Todes.

Tatsächlich stecken wir in einer Krise, die wir immer weniger im Griff haben. Ganz ernsthaft wird überlegt, wie ich schon angedeutet habe, ob man Frauen und Männern im Alter nicht bestimmte lebensverlängernde medizinische Therapien vorenthalten sollte. Argumentation: Das kann kein Mensch mehr bezahlen. Und der Zustand, der auf die Mehrzahl der Sterbenden in deutschen Alten- und Pflegeheimen wartet, kann nur als elend bezeichnet werden. Sie bekommen keine Hilfe, und ich erinnere an den in anderem Zusammenhang zitierten Zivildienstleistenden, der berichtete, von einem Vorgesetzten getadelt worden zu sein, nur weil er während des Dienstes einer sterbenden alten Frau eine halbe Stunde lang die Hände streichelte. Das ist durchaus kein Einzelfall.

Mittlerweile hat die Unermüdliche aus Buchholz es immerhin erreicht, daß der Präsident der Bundesärztekammer, Karsten Vilmar, 1992 die Schirmherrschaft über den Verein übernahm, was 1993 übrigens kein Geringerer als Bundespräsident Richard von Weizsäcker getan hat und 1994 Ignatz Bubis, Vor-

192

sitzender des Zentralrates der Juden in Deutschland. Renate Wiedemann bekommt unterdessen etwa 15000 Briefe und Anrufe im Jahr – meist von Leuten, die sich in der Hospiz-Bewegung engagieren wollen, aber auch von Tausenden, die Rat und dringend Hilfe brauchen. Einfach war dieser Start nicht, denn kaum jemand konnte begreifen, daß sich eine junge, hübsche Frau ausgerechnet für einen würdevollen Tod stark macht. Das ging so weit, daß eine Bank Renate Wiedemann kein Konto für Spenden eröffnen wollte. Wer kümmert sich bei klarem Verstand um das Sterben?

Daß dieses Land es wirklich nötig hat, sich um Sterbende zu kümmern, macht das Gründungsmitglied des Vereins, Professor Dr. med. Johann-Christoph Student – Mitglied der Akademie für Ethik in der Medizin – klar, der in Hannover die Arbeitsgruppe »Zu Hause sterben« ins Leben gerufen hat. In Heft 4 der »Hospiz-Bewegung« im Herbst 1993 heißt es unter dem Titel: »*Skandal: Statt guter Schmerztherapien ärztliche Beihilfe zur Selbsttötung!*«: »Die deutschen Ärzte tun zu wenig für ihre Patienten! Fragt man Menschen nach den Ursachen ihrer eigenen Todesängste, so geben die meisten an, Angst vor unerträglichen Schmerzen in der letzten Lebensphase zu haben. Daß diese Angst nicht unbegründet ist, zeigt sich im Alltag leider immer wieder. Insbesondere Menschen, die an Krebs leiden, haben in bis zu 80 Prozent aller Fälle in ihrer letzten Lebenszeit stärkere Schmerzen zu erdulden. Zum Glück verfügt die Medizin heute allerdings über eine ganze Palette hochwirksamer schmerztherapeutischer Methoden, die es erlauben, in fast allen diesen Fällen (bei über 90 Prozent der Betroffenen!) Schmerzfreiheit herzustellen. Dies ist wesentlich ein Verdienst jahrzehntelanger Forschungen der internationalen Hospiz-Bewegung. Gerade deutsche Schmerzforscher beklagen jedoch schon seit vielen Jahren immer wieder, daß die vorhandenen Möglichkeiten der Therapie von Deutschlands Ärzten nur selten genutzt werden. Nicht einmal ein Drittel aller Schmerzpatienten, so wird vermutet, kommt in den Genuß wirksamer Schmerztherapien. In fast allen anderen Ländern Europas, so kann man hören, seien die Verhältnisse vielfach besser... Sind Deutschlands Ärzte tatsächlich so inkompetent?... Es gibt eine sehr einfache Möglichkeit, die Qualität der Schmerztherapie in einem Land zu messen. Entsprechende Untersuchungen nutzen dabei die Tatsache, daß das wichtigste Medikament für eine wirkungsvolle Schmerzbehandlung das Morphin ist... Die Menge des in einem Lande verwendeten Morphins bietet entscheidende Anhaltspunkte dafür, wie gut eine Bevölkerung im Falle starker Schmerzen von ihren Ärzten versorgt wird... Wie aber steht Deutschland im europäischen Vergleich da?... Das Ergebnis ist wenig erfreulich für alle, die unter starken Schmerzen leiden. Denn unter den westeuropäischen Staaten landete die Bundesrepublik nur auf einem der letzten Plätze... Nur in vier der 17 Länder Westeuropas müssen die Menschen noch mehr unter Schmerzen leiden als in Deutschland. Nur in Luxemburg, Finnland, Griechenland und vermutlich Portugal müssen sich Menschen noch mehr quälen... Die UN haben deshalb die unterversorgten Staaten, zu denen auch Deutschland gehört, dringend aufgefordert, erstens zu prüfen, inwieweit ihr Gesundheitssystem und die Gesetzeslage die angemessene Versorgung der Bevölkerung mit Morphin behindern, und zweitens Aktionspläne zu entwickeln, um diese Situation zu korrigieren. Dabei ist im Grunde genommen jeder niedergelassene Arzt in der Lage, dieses gut verträgliche, kaum mit Nebenwirkungen belastete Medikament anzuwenden – wenigstens theoretisch. Warum aber geschieht dies in Deutschland nicht? Warum enthalten Ärzte ihren notleidenden Patienten widerrechtlich die nötige Hilfe vor?... Im wesentlichen ist wohl ein eklatanter Aus- und Weiterbildungsmangel anzuschuldigen. Denn noch immer spukt in manchen ärztlichen Köpfen der Irrglaube, Morphin könne süchtig machen, obwohl längst nachgewiesen ist, daß bei schmerztherapeutisch korrekter Anwendung keinerlei Suchtgefahren drohen! Mancherorts ist auch der Irrglaube zu hören, Morphin wirke lebensverkürzend. Richtig ist dagegen, daß Morphin bei richtiger Anwendung – gerade bei Sterbenden – sogar lebensverlängernd wirken kann. Und Morphin sei, so hört man schließlich, das Medikament, das erst zum Einsatz kommen dürfe, ›wenn alle Stricke reißen‹. ›Falsch!‹ halten dem alle erfahrenen Schmerztherapeuten entgegen. Denn diese gut verträgliche Substanz kann über viele Jahre und in höchster Dosis ohne Wirkungseinbuße und Beeinträchtigung für den Patienten verwendet werden! Schwierig, das ist immerhin zuzugeben, ist die Situation in Deutschland dadurch, daß sich die verschreibenden Ärzte noch immer durch eine unnütze und hinterwäldlerische Gesetzeslage eingeengt fühlen. Tatsächlich aber haben die Gesetzesänderungen, die im Februar 1993 in Kraft traten, viele der Mißstände beseitigen können. Mit staatlicher Reglementierung allein kann sich also auch in Deutschland mittlerweile schon längst kein Arzt mehr wirklich entschuldigen...«

Was der Mitstreiter Renate Wiedemanns hier zornig konstatiert, klingt wie eine Nachricht von einem anderen Stern, denn unsere Politiker behaupten seit Jahrzehnten, Deutschland verfüge über das kompletteste, beste medizinische Versorgungswerk der Welt. Das ist eine Lüge – im Alter und im Sterben versagt diese Medizin total.

Renate Wiedemann hat für ihren unermüdlichen 15-Stunden-Tag bezahlen müssen: Sie brach zusammen. Darüber hinaus steckte sie 300000,– Mark eigenes Geld in dieses schier bodenlose Unternehmen – sie wird das Geld abschreiben müssen. Sie sagt empört: »Wie kann man Sterbende so elend allein lassen, wie wir das tun?« Als die Bundes-Seniorenministerin Hannelore Rönsch die erbärmlichen fünf Millionen Mark für den Bundesaltenplan als einen »Meilenstein in der Seniorenpolitik« bezeichnete, schrieb Renate Wiedemann im Magazin der Deutschen Hospizhilfe: »Hat sie wirklich allen Ernstes gehofft, hierfür auch noch Applaus zu bekommen? Für eine dicke ›Ohrfeige‹ und die Verhöhnung aller alten Menschen und ihrer Angehörigen in Deutschland? Nichts anderes nämlich ist dieser Plan, der – wie die neue Rentenanpassung – nahtlos in die bisherige Altenpolitik paßt. Denn 5 Millionen Mark zusätzlich für die 16 Millionen Bundesbürger über 60 – das macht ganze 31 Pfennig pro Person im Jahr! Aber allein 25 Millionen Mark Rüstungssoforthilfe an die Türkei...«

Wir haben in Deutschland 100 Schmerzkliniken, doch wir brauchen 1000. Wir brauchen dringend ein erweitertes Zentralbüro der Deutschen Hospizhilfe, aus dem heraus schnell und unbürokratisch geholfen werden kann, wenn der Tod sich nähert, wenn eine Familie Angst hat, wenn der Sterbende keinen Ausweg sieht, wenn die Trauer alles zu überschwemmen droht. Doch die halbe Million Mark im Jahr, die so ein mit 5 Mitarbeitern besetztes Büro kosten würde, will keines der zuständigen Bonner Ministerien bereitstellen. »Sie sollten sich das Geld dafür in den Fernsehsendungen ›Schreinemakers live‹ oder ›Wetten daß‹ zusammenbetteln«, hat man Renate Wiedemann bei ihrem letzten Bonn-Besuch in einer Bundesbehörde sogar geraten. Denn so wichtig ihre Arbeit auch sei: Geld gäb's für »so etwas« nicht. Glücklicherweise gibt es unter den Politikern unterdessen doch viele, die aus diesem Elendszustand herauswollen.

Ich habe in Heimen häufig eine makabre Szene erlebt: Da wird dem Besucher wortlos eine Reihe Zimmer gezeigt, in denen alte Menschen in Betten vor sich hindämmern. Einige von ihnen wimmern. Dazu sagt die Pflegerin dann erklärend: »Die haben Schmerzen, das geht zu Ende.« Daß diese Schmerzen ein grauenhafter, vollkommen unnötiger Zustand sind, erfüllt mich mit Zorn.

Immer wieder wurde ich von Zivildienstleistenden, aber auch von Angehörigen auf eine Situation bei Sterbenden mit großen Schmerzen aufmerksam gemacht, die skandalös ist. Die Station ruft den Arzt, der in der Regel erkennt, wie es um den Patienten steht. Nicht selten verschreibt er daraufhin Morphin. Was dann geschieht, ist unglaublich, aber an der Tagesordnung: Da sich durch eine veraltete Ausbildung bei Pflegerinnen und Pflegern der Gedanke, Morphin mache süchtig, festgesetzt hat, nehmen sie das Mittel, verstecken es tief unten in irgendeiner Schublade und erklären: »Das macht süchtig, und einen Süchtigen mehr zu haben, können wir uns aus arbeitstechnischen Gründen nicht erlauben. Wir teilen das Mittel nicht aus!« Zu beobachten sind solche Szenen häufig in konfessionell gebundenen Häusern.

Was können Sterbebegleiter hier verbessern? Was tun die Leute von der Hospizbewegung eigentlich?

Sie kümmern sich um den Sterbenden, sie sind eine ständige Wache an seinem Bett, sie sorgen dafür, daß er eine ausreichende Schmerztherapie erhält. Denn sie wissen, daß die palliative Therapie darin besteht, dem Leidenden durch fortlaufende Gabe von Schmerzmitteln einen bestimmten Pegel und damit Schmerzfreiheit zu verschaffen – und nicht darin, ihn »bei Bedarf« mit unzureichenden Dosen zu behandeln.

Darüber hinaus gehen sie zu den Behörden, kaufen für die Sterbenden ein, kümmern sich – fachlich ausgerüstet – um die Kinder und Angehörigen. »Und helfen macht reich«, sagt Renate Wiedemann. Sie erledigt die Tausende von Briefen, Anrufen und Bitten mit Hilfe von zwei Mitstreiterinnen, die gegen geringen Lohn praktisch bis an die Grenze ihrer Kraft arbeiten. Sie verschickt auf Anfrage eine Infomappe, die alle wichtigen Broschüren enthält, die Menschen lesen müssen, wenn sie zu Hause einen Angehörigen pflegen, einen Sterbenden betreuen – Broschüren wie »Schmerz-Therapie bei sterbenden Menschen«, »Zu Hause sterben«, »Wenn Sie trauern«. Es sind gute, einfache Texte, in Sachen Schmerztherapie ganz gezielt für praktische Ärzte, um sie darüber zu informieren, wie man Schmerzpatienten auf die richtige Weise schmerzfrei bekommen kann. Renate Wiedemann, soviel will ich sagen, erledigt eigentlich die Arbeit, die das Bundesministerium für Senioren zu erledigen hätte, würde es seine Aufgabe ernst nehmen.

11. Planspiel: Wie suche ich ein Altenheim?

In Gesprächen mit Professor Dr. Heinrich Kunze, dem ärztlichen Direktor des Psychiatrischen Krankenhauses Kassel-Merxhausen, stellte sich heraus, daß wir fast alle den Fehler machen, den auch Renate Wiedemann anprangert, wenn sie über Altern und Tod spricht: Wir sorgen nicht rechtzeitig vor! Das gilt nicht nur für uns persönlich und die Planung unseres Alters, das gilt auch für die, für die wir eigentlich sorgen müßten, unsere Eltern zum Beispiel.

Das ist Drückebergerei mit oft verheerenden Folgen.

Was machen wir alle verkehrt?

Der Sozialpsychiater Professor Kunze: »Es ist wichtig, sich selbst und dem anderen Zeit zu lassen, sich diesen Fragen der letzten Lebensphase zu nähern. Das bedeutet aber keineswegs, daß man sich selbst oder dem anderen damit die Möglichkeit geben sollte, diesen Fragen auf Dauer auszuweichen. Im Gegenteil: Jede Planung so früh wie möglich!

Wir sind zum Beispiel in der Klinik gezwungen, Langzeitpatienten in Heime zu verlegen, weil das aus finanziellen Gründen geschehen muß und gesundheitlich verantwortet werden kann. Wir verlegen aber niemanden in ein Heim ohne vorherige lange währende Information. Heime sind in dieser Gesellschaft etwas, in das man niemals geht, das man freiwillig nicht besucht. Heime sind die Inkarnation des Endes, also meidet man sie wie die Pest. Da aber für viele Menschen sowohl Heim wie Pflegeheim unvermeidbar sind, kann man sich diesem Gedanken nur langsam und zusammen mit dem Betroffenen nähern. Das heißt, lange, ehe eine Verlegung in ein Heim überhaupt in Frage kommt, sollte man vorschlagen: Willst du nicht einmal mitfahren ins Heim? Willst du dir das nicht einmal angucken? Dahinter steckt natürlich auch die Idee, frühzeitig Menschen kennenzulernen, die bereits in diesem Heim leben

198

und die man fragen kann, wie es denn dort ist. Wenn es in diesem Land gelingt, aus Altenwohnheimen und Pflegeheimen regionale Altenzentren zu machen, dann verlieren die auch ihren Schrecken. Sie sind dann nämlich offen, brauchen nichts zu verstecken und sind ganz normal der Ort, an den der alternde Mensch auch flüchten kann, wenn es ihm vorübergehend einmal nicht gut geht. Kurzzeitpflege also. Es wäre ja auch für die Pflegenden wünschenswert, wenn die Umgebung weiß, wie schwer der Beruf ist und was er an Leistung alles umfaßt. Schlechte Pfleger sind immer selbst menschlich vernachlässigt. Genau diesen wunden Punkt können wir durch Einrichtung regionaler Altenzentren aufheben: Dann sind diese Pfleger Teil dieser Gesellschaft, können ihren Beruf vorstellen, sind eingebunden, jeder kennt sie, weiß also, was sie tun. Ich weiß, daß auch die Heimaufsicht nicht überall funktioniert. Aber wie soll sie funktionieren, wenn bei uns jedermann ein Heim betreiben kann, es sei denn, er ist massiv vorbestraft? Laßt uns also die Welt der alten Menschen offenlegen, und gehen wir behutsam an die Planung unseres Alters und das unserer Mitmenschen.«

Also Zeit lassen! Aber wieviel Zeit?

Ich möchte Sie zu einem Planspiel einladen. Stellen wir uns vor, daß Sie entweder für sich oder aber einen nahen Verwandten einen Platz in einem Altersheim suchen. Dabei ist es zunächst unwichtig, ob es sich um Vater oder Mutter, Ihren Mann oder tatsächlich um Sie selbst handelt. Sie haben bei diesem Spiel einen in der Regel nicht vorhandenen Vorteil: Sie haben Zeit, Sie haben Wochen Zeit, Sie haben Monate Zeit, sogar zwei oder drei Jahre. Beachten Sie zunächst eine einfache Regel: Nutzen Sie die Situation, daß Sie selbst ganz ruhig und gelassen sind. Stellen Sie sich vor, Sie haben einen nahen Verwandten vor sich, den Sie davon überzeugen wollen, daß die sorgsame und vor allem rechtzeitige Planung des Alters sehr wichtig ist. Beachten Sie folgende Argumente:

Nichts ist schlimmer, als unter hohem Druck hier eine schnelle Entscheidung zu treffen. Je mehr Zeit Sie sich und dem anderen lassen, desto einfacher wird eine Entscheidung, desto weniger Fehler schleichen sich in die Planung ein. Machen Sie auch darauf aufmerksam, daß es eine Entscheidung ist, die die gesamte Familie betrifft – nicht nur den, der hinterher in ein Altenheim geht, eine Wohngemeinschaft aufmacht oder aber zu Hause gepflegt werden will. Und noch etwas: Zunächst geht es nicht um das liebe Geld, zunächst geht es nur um die Antwort auf die Frage: Wo will ich mein Alter verbringen?

Nun kann es sein, daß Ihr »Mitspieler« nur brummelt: »Wieso? Ich dachte, ich kann hier zu Hause alt werden, oder?«

»Na sicher«, antworten Sie, »aber reden müssen wir drüber.«

Diabolischerweise murrt der andere: »Wieso müssen wir denn darüber reden? Schließlich bin ich nicht achtzig oder neunzig, sondern erst siebzig!«

Geben Sie trotzdem nicht nach, überzeugen Sie ihn, daß Sie mit Entscheidungen nicht warten wollen, bis sich jemand die Hüfte bricht und zum Pflegefall wird, weil die Operation schiefgeht, weil die Rehabilitationsphase so lange dauert, daß das Krankenhaus den Patienten entlassen muß – irgendwohin, in ein Heim am besten.

Bei diesem Spiel, bei dem es um etwas geht, das mühsam und unangenehm, das mit Krankheit und Tod verbunden ist: um das Alter, kann es Ihnen passieren, daß Ihnen klar wird, wie unruhig Sie das Thema macht, wie zuwider es Ihnen ist. Nehmen Sie sich das nicht übel, das ist ganz normal.

Es kann auch sein, daß Sie in diesem Spiel Ihre Mutter oder Ihren Vater zu einer guten und rechtzeitigen Entscheidung bringen wollten. Dabei spüren Sie plötzlich, daß Geschichten und Gefühle aus der Kindheit, aus früheren Jahren wieder auftauchen – Geschichten und Gefühle, die eventuell viel mit Haß und ungelösten oder nie gestellten Fragen zu tun haben. Wenn Sie das spüren, müssen Sie für sich selbst diese Punkte abklären, ehe Sie mit sich im Spiel weitermachen. Sie haben viel Zeit, also erledigen Sie Ihr Spiel in Etappen, fangen Sie immer wieder an, verlangen Sie nicht zuviel von sich. Nur: Spielen Sie auf jeden Fall weiter, um herauszufinden, was Sie selbst wollen, und jener andere, für den Sie sorgen wollen.

Bleiben wir bei dem Punkt, der andere setze voraus, er

könne zu Hause bleiben. Dann haben Sie jetzt gleich den nächsten Schwung Hausaufgaben vor sich: Sie müssen nicht nur ihn selbst überzeugen, sondern die gesamte übrige Familie. Es macht keinen Sinn, einen Angehörigen zu Hause zu pflegen, wenn eine oder gar mehrere Personen in der Familie dagegen sind – das führt lediglich zu endlosem Ärger und zu Überforderungen.

Zunächst müssen Sie Ihr Umfeld erkunden, ob das Altwerden zu Hause bei Ihnen oder bei Ihrem »Mitspieler« überhaupt möglich ist. Normalerweise scheint das keine Frage zu sein, denn man weiß ja ganz genau, ob es »Essen auf Rädern« gibt, eine Sozialstation, private soziale Dienste, die einspringen können. Genau hier wird es aber kritisch: Wo immer Sie wohnen, verlassen Sie sich niemals darauf, daß diese Dienste wirklich einsetzbar sind und Sie und Ihren Haushalt als Kunden akzeptieren. Es kann sein, daß sie vollkommen ausgebucht und nicht in der Lage sind, im Fall der Pflege am Tag zweimal zu kommen. Es kann auch sein, daß es Essen auf Rädern zwar gibt, daß die Einrichtung aber total überlastet ist und keinen Kunden mehr annimmt. Möglicherweise haben Sie gehört, daß Ihre regionale Sozialstation Frauen und Männern die Grundpflege beibringt, also richtigen Unterricht erteilt. Verlassen Sie sich niemals aufs Hörensagen: Rufen Sie an, sprechen Sie dort vor, und fragen Sie. Sie können sonst eine böse Überraschung erleben.

Denken Sie unter allen Umständen daran, daß es nicht ausreicht, dem alten Menschen ein Zimmer zur Verfügung zu stellen und das Bad zur gemeinsamen Benutzung. Das kann innerhalb von Tagen zu einer unhaltbaren Situation führen. Ein altersgerecht ausgebautes Zimmer und Badezimmer erfordert Haltegriffe, rutschfeste Fußböden, möglicherweise Einsteighilfen in Dusche und Wanne, auf jeden Fall aber ein Mindestmaß an elektronischer Sicherung im Fall einer körperlichen Krise. Ich male hier nicht den Teufel an die Wand, ich gebe nur weiter, was Fachleute mir geraten haben.

Denken Sie daran, daß der Hausarzt eine wichtige Rolle spielt. Menschen halten an ihren gewohnten Ärzten fest und haben dafür keinen anderen Grund als den, sich an diesen

Arzt gewöhnt zu haben: »Der weiß alles über mich, dem brauche ich nichts mehr zu erzählen.« Das ist falsch und fahrlässig. Unter allen Umständen sollten sie einige wichtige Punkte klären:

1. Ist der Gesundheitszustand des zu Pflegenden unter Kontrolle, das heißt: Ist genau bekannt, welche Krankheiten er hat?
2. Ist der Arzt fachlich ausgerüstet, sich um spezifische Beschwerden des Alters zu kümmern?
3. Es kann sein, daß Oma oder Opa krebskrank werden, einen typischen Alterskrebs erleiden. Ist der Arzt bereit, Morphin zu geben? Beherrscht er die Schmerztherapie?
4. Rechnen Sie damit, daß einer der kritischsten Punkte im Alter die seelische Befindlichkeit ist. Kann der Arzt mit seelischen Problemen seiner Patienten umgehen?

Sie werden sich jetzt einigermaßen aufgebracht fragen, wie Sie das alles herausfinden sollen. Ganz einfach: Fragen Sie den Arzt Punkt für Punkt ab. Wenn er ärgerlich reagiert, ist er ohnehin der Falsche.

Ein ganz kritischer Punkt ist das Geld, vor allem das Geld, das jemand von Rechts wegen vom Staat erhalten könnte – wenn dieser Jemand das nur wirklich will. Es geht um Sozialhilfe, es geht um Hilfen zum Leben, es geht um Unterstützungsgelder. Unser zunehmend desolates System der Sicherung des Alters, unser elendes System der Heime und Pflegeheime funktioniert nur deshalb, weil wir es nicht gelernt haben, unsere Rechte einzufordern. Oma wie Opa, wir selbst oder unser Partner haben ein ganzes Leben lang geschuftet, um mit einer geradezu lächerlichen Rente belohnt zu werden, die weder für das Leben zu Hause reicht noch für ein Leben in einem Heim.

Daß Opa sagt: »Ich bin zu stolz, jetzt betteln zu gehen«, ist zwar verständlich, aber von der Sachlage her vollkommen falsch. Dieser Opa hat Monat für Monat dem Staat seine Steuern bezahlt und damit das Recht erworben, ohne Sorgen zu leben. Ausgerechnet derselbe Staat baut Hürden auf, wenn Opa sein Recht will: Der Staat tut so, als sei Opa jemand, dem er auf dem Gnadenwege Almosen zukommen lassen solle. Das ist verlogen, denn ohne diesen Opa wäre unser Staat gar nicht so reich geworden. Opa fordert lediglich einen Teil des Geldes zurück, das er dem Staat gepumpt hat. Auch wenn Staatsrechtler hier aufheulen: Mir ist wichtig, darauf aufmerksam zu machen, daß eine Lebensleistung bezahlt werden muß.

Machen Sie es sich einfach! Fordern Sie von den zuständigen Ministerien, also vom Bundesministerium für Arbeit und dem Bundesministerium für Senioren, alle auskunftgebenden Broschüren an. Sie werden erstaunt sein, auf wieviel mögliche Unterstützungen Menschen ein Anrecht haben.

Es ist doch zum Schmunzeln: Keine Hausfrau, die am Samstagmorgen durch zehn Geschäfte und quer über den Wochenmarkt einkaufen geht, wird es riskieren, die Hälfte des Einkaufs zu vergessen. Die Hausfrau macht sich einen Einkaufszettel. Wenn wir unser Alter planen, verzichten wir auf diese Zettelhilfe und landen über kurz oder lang in einem Straßengraben des Lebens, weil wir etwas Wichtiges zu klären vergessen haben.

Ich muß an dieser Stelle noch einmal auf eine Krise hinweisen, die uns alle erwischen kann, und zwar vollkommen unerwartet und ganz kurzfristig – die Altersverwirrtheit. Sie wirft die ganze Familie aus der Bahn, ja sie verändert den gesamten Alltag.

Nun kann es sein, daß in Ihrem Spiel eine Variante auftaucht: Der, mit dem Sie reden, weiß genau, was er will: in ein Heim. Überraschenderweise weiß er auch genau, in welches: in das kleine, private Heim, zwei Querstraßen weiter. Er sagt: »Ich habe gehört, das soll gut sein.« Gleichzeitig stellen Sie erschreckt fest, daß Sie zwar auch gehört haben, daß dieses kleine Heim ganz nett sein soll – aber mehr eben nicht. Sie haben im Grunde von Heimen und dem Leben dort nicht die geringste Ahnung. Das müssen Sie nun auf der Stelle ändern.

Im Grunde braucht jedes Alten- und jedes Pflegeheim Werbung – wie andere Dienstleistungsunternehmen auch. Einige Heime geben Hochglanzprospekte heraus, in denen sie die Schokoladenseiten des Unternehmens schildern, wobei man sich fragen kann, was an einem Heim überhaupt eine Schokoladenseite sein könnte. Diese Werbeversuche sind meist geradezu rührend naiv und treffen die Bedürfnisse der Menschen, die dort einmal zu Hause sein werden, und ihre eigentlichen Fragen in keiner Weise.

Das, was so viel wichtiger ist und so viel mehr aussagt über Leistungen und Standard eines Heims, läuft fast immer über Flüsterpropaganda. Da erfährt die Hausfrau beim Fleischer, daß das Heim nebenan gut ist, weil dort schließlich auch die Mutter vom Bürgermeister lebt. Da wird beim Bäcker gemunkelt, daß das Altenheim der Gemeinde mal wieder teurer geworden ist, obwohl die Leistungen angeblich nun nicht gerade großartig zu nennen sind.

Wenn Sie über das Heim in der Nachbarschaft nichts wissen und keine anderen Nachrichten haben als allgemeines Gemunkel, dann sollte Sie das nachdenklich machen. Jahrzehntelang lebten Wohnheime wie Pflegeheime ein geordnetes Leben im Dunkel. Einmal im Jahr berichtete die Presse darüber – meist in dem Sinne von: alles sei bestens, die Stimmung gut, und auch zu diesem Weihnachtsfest hätten die Heimbewohner jede Menge Christbaumschmuck für den Weihnachtsbasar gebastelt. Verschwiegen wurden dabei Kleinigkeiten wie die Tatsache, daß fast der gesamte Christbaumschmuck von den Zivildienstleistenden gebastelt wurden, daß man erhebliche Probleme mit städtischen Zuschüssen hatte, nicht genügend Fachpersonal, keinen funktionierenden Sozialdienst und beim Laienpersonal einen Krankenstand, der nicht zu verantworten ist. Das heißt: Heime blieben eine Insel, auf die niemand freiwillig ging.

Nur ganz wenige Heime haben bisher begriffen, daß es notwendig ist, sich für die Bevölkerung weit zu öffnen, Veranstaltungen zu machen, die auch die Nachbarn interessieren, nicht nur einmal im Jahr den Tag der offenen Tür zu veranstalten, sondern ständig offene Türen zu haben. Wichtig ist: Nur das Heim sollte Sie wirklich neugierig machen, in dem viel Leben stattfindet.

Wir vergessen immer wieder, daß dieses Heim eine Wohnung für viele ist. In einer Wohnung soll gelacht werden. Wenn Sie kein Lachen hören, wenn der Heimleiter Sie darauf aufmerksam macht, wie phantastisch still das Haus ist, sollten Sie sich freundlich, aber umgehend verabschieden.

Erinnern Sie sich an Professor Kunzes Rat: »Sich Zeit lassen. Einmal in ein Heim gehen.« Gehen Sie also hin, schauen Sie sich aufmerksam um. Ich kann Ihnen nur Hilfestellung dabei geben, die wichtigsten Fragen zu stellen.

Meist wird es so sein, daß die Heimleiterin oder der Oberpfleger Sie auf die geradezu phantastische Sauberkeit des Hauses aufmerksam macht. Und möglicherweise sind Sie als perfekte Hausfrau von einer derartigen Bemerkung entzückt. Fallen Sie trotzdem nicht darauf rein, denn über die Qualität der Sorge für alte Menschen besagt deutsche Reinlichkeit gar nichts.

Sie sollten darauf achten, wie die sogenannten Sozialräume aussehen und wie diese Sozialräume genutzt werden. Unter Sozialräume versteht man gemeinsame Räume, die jedermann nutzen kann. Wenn es solche Räume gar nicht gibt, sollten Sie das Heim als Zuhause für sich und die Oma vergessen. Und wenn diese Räume ebenso blitzblank, sauber und aufgeräumt sind wie das gesamte Heim, sollten Sie Mißtrauen hochkommen lassen: Räume, in denen wirklich Karten gespielt, gebastelt wird, jemand am Klavier klimpert, ein anderer ein Volkslied singt oder ein Video per Kopfhörer anschaut, können nicht blitzblank sauber sein.

Bewohner, die Sie fragen, werden Ihnen vielleicht sagen, das Heim sei einfach prima, ohne irgendein Detail zu erwähnen. Bleiben Sie freundlich, und denken Sie daran, daß viele alte Menschen – Sozialhilfempfänger zumeist – schlicht dankbar sind, im Alter überhaupt eine Unterkunft gefunden zu haben. Diese Menschen hatten keine Chance im Leben, ihre Rechte zu fordern und selbständig und urteilsfähig zu werden. Deshalb sind sie auch hier nicht kritisch.

Fragen Sie, wieviel Möbel Sie mitbringen dürfen. Heime, die komplett eingerichtete Kleinappartements anbieten und darum bitten, alle eigenen Möbel zu Hause zu lassen und einzulagern, sind nur darauf aus, keinerlei Wirbel im Haus zu haben, einen Umzug in Lautlosigkeit zu arrangieren, damit der Heimbetrieb auf keinen Fall gestört wird. Wenn es unmöglich ist, außer ein paar Fotos der Angehörigen liebgewordene Sachen mitzubringen, schlagen Sie sich das Heim aus dem Kopf.

Es kann Ihnen auch passieren, daß Sie bei diesen Heimbesuchen auf Heimleiter stoßen, die auf Ihren Besuch nicht vorbereitet sind. Da fallen Äußerungen wie: »Ach Gott, hätte ich nur gewußt, daß Sie kommen, dann hätte ich mich besser vorbereitet.« Dann sollten Sie sich, ohne zu zögern, verabschieden. Ein Altenheim, das sich – auf welche Weise auch immer – auf Ihren Besuch vorbereiten muß, ist für Sie nicht gut genug.

Bei diesem Spiel, das Sie – wie gesagt – in größter Gelassenheit spielen können, geschieht es auch, daß Sie in Heime kommen, in denen Sie nicht wohnen möchten, Sie können aber nicht begründen, warum. Vertrauen Sie Ihrem Gefühl, machen Sie kehrt.

Eine Schwierigkeit besteht darin, bei den Heimbesuchen die Rolle, die die Heimleiterin oder der Pflegeleiter spielt, richtig zu erkennen. Sie müssen herauszufinden versuchen, ob in diesem Heim eine strenge Hierarchie unter den Angestellten herrscht oder aber Teamarbeit oberstes Gebot ist. Eine strenge Hierarchie, eine stark ausgeprägte »ich bin der Chef«-Haltung sollte Sie mißtrauisch machen.

Fachleute, die sich in Heimen auskennen, sagen aus, daß immer das Heim das beste ist, in dem jede Stationsschwester und jeder Oberpfleger aus eigenem Ansporn Entscheidungen über ihre/seine Station treffen kann. Wenn Ihnen also eine Leitungspersönlichkeit sagt, sie hätte Betreuung und Pflege fest im Griff, sollten Sie mißtrauisch sein.

Zu Beginn meiner Recherchen stellte ich fest, daß ich über Heime wenig wußte – ich nehme an, Ihnen geht es ähnlich. Auf einige Punkte habe ich aufgrund meiner Erfahrungen aufmerksam gemacht, bei anderen Punkten will ich einem Fachmann folgen: Joachim Hagelskamp vom Paritätischen Wohlfahrtsverband, Sitz in Münster, dort zuständig für Essen auf Rädern.

206

Hagelskamp hat verdienstvollerweise sämtliche Fragen, die bei der Suche nach einem Wohn- oder Pflegeheim auftauchen, nach Sachgebieten geordnet. Wenn Sie sich diese Liste aneignen, werden Sie in den Heimen je nach dem unangenehm oder angenehm ausfallen: Das hängt von der Qualität der Einrichtung ab. Gute Heime mögen Leute, die die richtigen Fragen stellen.

Hier ist Hagelskamps Liste, in der wir manches hier schon Besprochene wiederfinden:

In welchem Ort sollte das Heim liegen?

Wichtig ist, ob Ihre Kinder, Enkel, Verwandte, Freunde in der Nähe wohnen. Gibt es dort öffentliche Verkehrsmittel für den Nah- und Fernreiseverkehr? Ist am Ort ein Krankenhaus, eine Fachklinik? Kann man bequem einkaufen? Achten Sie unter dem Gesichtspunkt Ihres Gesundheitszustands auch auf die klimatischen Gegebenheiten. Falls Verwandte und Bekannte von weither anreisen müssen, klären Sie ab, ob Unterkünfte in der Nähe sind oder ob das Heim für Unterkunft sorgt.

Welchen Standort sollte das Heim am Ort haben?

Bevorzugen Sie eine zentrale Lage, oder wohnen Sie lieber am Ortsrand? Achten Sie dabei auf die Entfernungen zu Bushaltestellen, zum Bahnhof, zu Bädern, Apotheken, zum Hausarzt, Masseur, zur Krankengymnastin, zum Optiker, zu Theatern, Geschäften, Kirchen etc. Fragen Sie im Heim, ob es einen Fahrdienst gibt und wie der bezahlt werden muß.

Wer ist der Träger des Heims?

Das ist eine ganz entscheidende Frage. Wenn in einem Ort mehrere Heime in Frage kommen, sollten Sie sich für den Träger entscheiden, der Ihnen durch klare Auskünfte am solidesten erscheint. Das können öffentliche Träger sein – also Städte, Gemeinden, Landkreise –, aber auch freie/gemeinnützige und kirchliche Organisationen – Arbeiterwohlfahrt, Deutsches Rotes Kreuz, Deutscher Paritätischer Wohlfahrtsverband, Caritas, Diakonie – ebenso wie Träger aus dem privat-gewerblichen Bereich. Ansprechpartner ist in der Regel die Heimleitung. Wenn die jedoch keine klaren Auskünfte über den finanziellen Hintergrund gibt, sollten Sie vorsichtig sein. Haben Sie auch den Mut zu fragen, ob das Heim bei diesem Träger bleiben wird. Neuerdings werden allzu viele Heime sehr plötzlich verkauft, eine neue Heimleitung kann die bisherige Situation buchstäblich auf den Kopf stellen.

Entspricht das Leistungsangebot des Heims meinen persönlichen Bedürfnissen?

Jedes Heim ist verpflichtet, seine Leistungen in Form eines Verzeichnissen offenzulegen. Sie müssen den Mut haben, Punkt für Punkt abzufragen, zum Beispiel wieviel Fachkräfte vorhanden sind. Wenn das Heim »aktivierende Pflege« anbietet, müssen Sie fragen, ob diese Pflege von Fachleuten vorgenommen wird oder von interessierten Laien. Fragen Sie nach Therapie- und Bewegungsgruppen und gleichzeitig danach, ob es entsprechende Therapeuten gibt. Fragen Sie vor allem nach Möglichkeiten, sich mit fachlicher Hilfe Selbständigkeit, körperliche und geistige Beweglichkeit zu erhalten und vor allem auch soziale Kontakte zu bekommen. Fragen Sie nach Betreuungsangeboten medizinischer Art, nach Pflegeleistungen im Pflegefall, nach vorbeugender und rehabilitativer Pflege. Sie müssen bedenken, daß nicht jedes Heim automatisch Pflegeleistungen anbietet. Fragen Sie auch danach, wann und wie Sie Besuche empfangen können.

Wie gestaltet sich die Versorgung mit Mahlzeiten?

Reicht das Essen? Gibt es Diätmöglichkeiten? Die Verbraucherzentralen in Hessen und Hamburg untersuchten das in fast 1000 Alten- und Pflegeheimen ausführlich. Durchaus nicht überall gab es spezielle Diäten. Zuweilen ist die »Diabetes-Diät« nichts als eine »getarnte Normalkost«. Hamburg und Hessen bieten übrigens kostenlose Überprüfungen an. Achten Sie auf Selbstversorgungsmöglichkeiten. Selbst phantastisch eingerichtete Bewohnerküchen sind keine Garantie dafür, daß Sie dort auch kochen dürfen. Zuweilen wird das mit dem Hinweis abgelehnt: Das anschließend notwendige Putzen der Küche sei zu kostspielig. Auf die Fragen nach den Diätarten sollten Sie die Frage nach einer Diätassistentin folgen lassen. Denken Sie daran: Es geht um Ihr Geld und Ihre Gesundheit!

Sind besondere Gebühren bei der Anmeldung fällig?

Da kann es die ersten wirklichen Überraschungen geben, denn eine »Gebühr« für die Anmeldung darf nicht erhoben werden! Es gibt Heime, die einen Baukostenzuschuß verlangen, der einige tausend Mark betragen kann. Daran denken: Dieser Baukostenzuschuß muß Ihnen zurückgezahlt werden, oder aber er wird mit dem Unterkunftsentgelt verrechnet. Der Heimträger muß den Zuschuß mit 4 Prozent pro Jahr verzinsen – auch diese Zinsen können mit dem Entgelt verrechnet werden. Wenn eine Kaution gefordert wird, darf sie nicht mehr als zwei Monatsmieten betragen und muß mit dem für Spareinlagen mit gesetzlicher Kündigungsfrist üblichen Zinssatz vom Heimträger auf einem gesonderten Konto angelegt werden. Bevor Sie irgendein Papier oder einen Vertrag unterschreiben, studieren Sie genau die Muster des Anwartschaftsvertrages, des Heimvertrages und der Hausordnung. Fragen Sie nach den Preissteigerungen in den vergangenen Jahren, und lassen Sie sich nicht auf schwammige und ausweichende Antworten ein.

In jüngster Zeit wurden von verschiedenen Heimträgern immer häufiger Bürgschaften für einen Bewohner durch dessen Angehörige oder Bekannte gefordert. Es ist typisch, daß diese Rechtssituation noch immer ungeklärt ist. Unterschreiben Sie nichts, gehen Sie zur nächsten Verbraucherzentrale oder zu einem Anwalt.

Entspricht die bauliche und räumliche Ausstattung den persönlichen Bedürfnissen?

Im Grunde ist die Beschaffenheit von Alten- und Pflegeheimen im Heimgesetz genau geregelt; aber die Häuser sind trotzdem sehr unterschiedlich! Prüfen Sie also das zukünftige Zuhause sehr gründlich. Sind Einzelzimmer vorhanden? Müssen Sie in ein Mehrbettzimmer? Werden die Zimmer möbliert gestellt, dürfen Sie eigene Möbel mitbringen? Hat jedes Schlafzimmer ein Fenster? Ist an jedem Schlafplatz ein Notruf installiert? Gibt es Aufgänge für Rollstühle? Gibt es Aufzüge? Dürfen Sie Ihre eigene Bettwäsche benutzen? Haben die Zimmer Teppichboden? Können Sie Bücher und Zeitschriften ins Zimmer bekommen? Sind Sessel oder Sitzecken in den allgemein zugänglichen Räumen vorhanden oder aufstellbar? Achten Sie auf Garderoben in den Zimmern, auf Fernseher, Blumen, verschließbare Geld- und Wertsachenaufbewahrung. Gibt es einen Kühlschrank zur privaten Nutzung? Wie sehen die Bade-, Wasch- und Duschmöglichkeiten aus?

Wie werden die Interessen der Bewohner vertreten?

Im Heimgesetz ist die Bildung von Heimbeiräten aus den Reihen der Bewohner vorgeschrieben. Das ist in vielen Heimen eine Institution ohne jede Macht. Dennoch: Erkundigen Sie sich nach einem Mitglied dieses Rates, und fragen Sie eindringlich danach, wieviel Einfluß der Beirat im Heim hat.

Ist der Vertrag rechtlich unbedenklich?

Sie müssen auf rechtswidrige Klauseln achten! Für den Laien ist das äußerst schwierig. Deswegen können Sie sich mit der für Sie zuständigen Verbraucherzentrale in Verbindung setzen, die in diesen Fällen auch anonym Hilfe anbietet. Es gibt nämlich viele unzulässige Kündigungsklauseln, knebelnde Haftungsregeln oder solche Vereinbarungen über bestimmte Nebenkosten. Enthält ein Vertrag derartige Konditionen, so muß der Heimträger sie korrigieren. Unzulässige Klauseln haben keine Wirksamkeit!

Übrigens: Wenn Kinder die Verträge für ihre pflegebedürftigen Eltern abschließen, sind *sie* die Vertragspartner des Heimträgers! Hier einige Beispiele für unzulässige Klauseln in Heimverträgen:

– »Der Heimvertrag kann mit einer Frist von 30 Tagen zum Monatsende schriftlich gekündigt werden.«
– »Der Vertrag kann gekündigt werden, wenn unwahre und unvollständige Angaben gemacht werden.«
– »Das Heim kann kündigen, wenn der Bewohner mit der Zahlung der Heimkosten länger als drei Kalenderwochen in Verzug ist.«
– »Keine Haftung (des Heims) für Feuer, Wasser oder Diebstahl.«
– »Der Bewohner haftet für alle Schäden, die er selbst, seine Gäste oder von ihm beauftragte Personen auch fahrlässig im und am Seniorenzentrum verursachen.«

– »Es ist ein jährlicher Therapiezuschlag in Höhe von 3600,– Mark zu zahlen, oder monatlich mit 300,– Mark abzugelten.«
Wenn Sie in dem Ihnen vorliegenden Vertrag auf solche Formulierungen stoßen, lehnen Sie es ab zu unterschreiben.

Wie kann man seine Freizeit verbringen?
Die Freizeitangebote in den Häusern sind sehr unterschiedlich, Mogelpackungen möglich. Erkundigen Sie sich nach den Aktivitäten des vergangenen Jahres, und lassen Sie sich das Angebot der Ausflüge, Vortragsveranstaltungen, der festen Kurse und Gruppen geben. Fragen Sie, inwieweit die Wünsche der Bewohner berücksichtigt werden. Auch die religiöse Betreuung im Haus ist wichtig. Ich wies schon darauf hin: Sind Lesestunden am schwarzen Brett angekündigt, heißt das noch lange nicht, daß so etwas auch wirklich stattfindet.

Wie wird mein Taschengeld verwaltet?
Ein schwieriger Punkt. Alten- und Pflegeheimbewohner, die auf finanzielle Unterstützung des Sozialamtes angewiesen sind, haben Anspruch auf einen monatlichen Barbetrag – das Taschengeld. Das muß meist eigens beantragt werden. Dieses Geld ist gedacht zur Deckung persönlicher Ausgaben: Toilettenartikel, Bekleidung, Friseur, Geschenke. Das Sozialamt überweist Ihnen das Geld auch auf Ihr eigenes Konto. Sehr häufig aber bekommt der Bewohner davon nichts zu sehen!

Wie lerne ich den Alltag im Haus am ehesten kennen?
Ganz einfach: am besten und gründlichsten, wenn man Ihnen erlaubt, eine gewisse Zeit auf Probe zu wohnen. Das ist die sicherste Methode, die allerdings von vielen Häusern nicht angeboten wird. Fragen Sie danach.

Gibt es Wartezeiten?
Ja, die gibt es. In Wohnanlagen oder Wohnstiften müssen Sie mit Wartezeiten bis zu 15 Jahren rechnen. In Notfällen kann ein Pflegeheimplatz sehr schnell bezogen werden – aber auf das Risiko hin, nicht bestimmen zu können, wohin man kommt.

Soweit die Liste von Joachim Hagelskamp, dessen Adresse Sie ebenfalls im Anhang finden. Die Liste (der ich noch die Frage hinzufügen will: »Kann ich im Fall von Pflegebedürftigkeit in meinem eigenen Zimmer bleiben?«) macht deutlich, als wie kompliziert diese Welt alter Menschen sich entpuppt, wenn man ahnungslos loszieht, um sich zu informieren. Mit Hagelskamps Liste kann einem allerdings nichts Unerwartetes und Schreckliches mehr passieren.

Wie schon gesagt, wird am häufigsten in der Personalsituation gemogelt. So ist es verwirrend, wenn bei einem Besuch in einem Heim Mitarbeiter in großer Zahl umherschwirren und rege Betriebsamkeit herrscht. Das besagt nämlich absolut nichts über die Qualität und fachliche Ausbildung dieser Mitarbeiter. Wenn die Heimleiterin etwa einen Betreuungsschlüssel von 1 : 5 oder bei der Pflege von 1 : 2,5 angibt und wenn sie zu erkennen gibt, das sei normal und gut, bedenken Sie, daß dann nicht eine Pflegekraft für fünf Leute da ist, sondern in drei Schichten gerechnet werden muß, also eine Pflegekraft auf 15(!) Bewohner kommt.

Nicht selten werden Sie hören: »Das Heim ist doch ein alter Kasten!« Lassen Sie sich nicht davon abschrecken, es kann sein, daß in einem alten Kasten genau die Zuwendung für die alten Menschen herrscht, die sie brauchen.

Das Erstaunlichste und Erfreulichste – und davon werden Sie bei Ihrer Fahndungsarbeit am meisten profitieren – ist die Tatsache, daß auf dem Heimsektor so viele Planungen laufen: Altenzentren errichtet werden sollen, alte Heime von neuen Betreibern übernommen, alte Heime vollkommen neu strukturiert werden. Im Grunde, so fand ich heraus, muß jeder von uns nicht länger als etwa zwei Arbeitstage gründlich herumtelefonieren, um herauszufinden, was sich auf dem Sektor der Heime in der eigenen Region tut, wie diese Heime zu bewerten sind, was an neuen Planungen in den nächsten Jahren kommt – wohin Sie letztlich gehen können, um gut versorgt zu sein.

Und wie steht es mit *Wohngemeinschaften*?

1. Die Wohngemeinschaft ist billiger als die Selbstversorgung und meist auch als das Leben im Altenwohnheim.

2. Auf diesem Wege läßt sich Einsamkeit und Isolation am besten überwinden.
3. Durch gegenseitige, behutsame Hilfe lassen sich nahezu alle Alltagsprobleme wesentlich leichter lösen.
4. Sind genügend regionale Sozialdienste vorhanden, so lassen sich Altenheim und Altenpflegeheim tatsächlich vermeiden.

Seit etwa 1980 liegen Wohngemeinschaften alter Menschen im Trend – eine Entwicklung, die besonders gut vom Kuratorium Deutsche Altershilfe dokumentiert wurde. (Sie können das Buch von 1988 anfordern!) Obwohl die Möglichkeit der Altenwohngemeinschaften auf Anhieb überzeugend ist, sind sie selten geblieben. Es ist nämlich schwierig, geeignete Wohnungen zu finden.

Außerdem sind, wie gesagt, die Probleme im Zusammenleben alter Menschen erheblich größer als bei jungen Menschen, da eingefahrene Lebensgewohnheiten das Wohnen miteinander erschweren, auch dann, wenn alle guten Willens sind. Wissenschaftler haben bei älteren Menschen einen wesentlich höheren Grad an Individualität festgestellt. Das bedeutet, daß sich ältere Menschen in Gruppen viel schwerer tun.

In diesem Zusammenhang erinnere ich an die politische Macht der alten Menschen. Würden sie als Gruppe solidarisch zusammenstehen, wären sie heute schon in der Lage, jede Regierung abzuwählen – sie tun es nicht, weil sie als Gruppe kaum zusammenzufassen sind.

Die Einrichtung einer Altenwohngemeinschaft kostet erfahrungsgemäß sehr viel Zeit: Da müssen alte Gewohnheiten abgelegt und neue gefunden werden. Ein besonderes Problem, so gaben ältere Menschen an, stellt in einer Wohngemeinschaft die Nutzung der Gemeinschaftsräume – Küche, Badezimmer – dar. Ein einfaches Beispiel: Im Alter läßt sich eine Frau viel Zeit beim Duschen, beim Baden, beim Sich-Zurechtmachen. Allein die Vorstellung, bei diesen sehr wichtigen Tätigkeiten unter Zeitdruck zu geraten, weil jemand anders in das Bad will, kann schon ausreichen, sie von einer Wohngemeinschaft abzuhalten.

Es mag erstaunlich klingen, aber Altenwohngemeinschaften

hat es auch früher immer schon gegeben. So finden wir auf großen Bauernhöfen das Altenteil, das im Grunde nichts anderes war, denn dort wohnten nicht nur die Altbauern, sondern häufig auch alte Mägde, Knechte und alte Verwandte. Die alte Fuggerei in Augsburg z. B., im 16. Jahrhundert gegründet, war nichts anderes als das Bemühen, älteren bedürftigen Bürgern ein menschenwürdiges Leben zu ermöglichen. In München gilt das auch für die in den 1920er Jahren entstandene Borstei.

Ältere Menschen haben ganz bestimmte Vorurteile, wenn sie das Wort Wohngemeinschaft hören. Sie fürchten, daß sie nicht genügend Raum für sich haben werden und daß in einer Wohngemeinschaft jeder private Raum für sie verlorengeht. Sie stellen sich vor, daß sie sogar den eigenen Schlafraum tagsüber mit jemandem teilen müssen – was ein Planungsfehler wäre, der leicht vermieden werden kann.

Neuerdings gibt es immer häufiger Modelle von Wohngemeinschaften zwischen Alt und Jung. In der Regel scheitern diese Gemeinschaften daran, daß die Planungen technisch nicht richtig durchdacht sind, aber auch an menschlichen Faktoren, so an Rollenkonflikten. Meist ist es so, wie ich an anderer Stelle in diesem Buch aufgezeigt habe, daß ein Mann oder eine Frau eine beherrschende Rolle innerhalb der Gemeinschaft übernimmt, die zunächst geduldet wird. Je krasser sich jedoch diese Führungspersönlichkeit herausbildet, desto mehr Konflikte entstehen.

Ich persönlich plädiere für den Versuch einer Wohngemeinschaft, vorausgesetzt, daß jedem Beteiligten genügend Raum und Zeit bleibt, sich zurückzuziehen, vorausgesetzt, daß regionale Sozialdienste vorhanden sind, die jede Pflegephase überbrücken können, vorausgesetzt, daß gute praktische Ärzte gerufen werden können, die kompetent sind, was die spezifischen Beschwerden älterer Menschen angeht.

Allerdings sollte eine Wohngemeinschaft nicht gleich allzusehr von Regeln eingeengt werden. Regeln müssen sich langsam entwickeln können, und die meisten erweisen sich mit der Zeit ohnehin als nutzlos und dem Alltag nicht angepaßt.

Sie werden im Anschluß an dieses Kapitel eine lange Liste

214

von Anschriften und Telefonnummern finden. Dabei möchte ich Ihnen einen handwerklichen Tip geben, wie Sie mit diesen Adressen umgehen können:

Journalisten, die sich auf dem höchst verwirrenden Feld der Altenwohnheime und Altenpflegeheime, der politischen Planungen im Bereich der sogenannten Altenpolitik kundig machen wollen, ziehen einfach »telefonische Kreise«. Das heißt, sie rufen alle für Heime und Planungen zuständigen Bundesstellen der einzelnen Träger (AWF, DPWV, Caritas usw.) an und erfahren auf diese Weise sehr rasch, was wo ist, was wo geplant wird, was wo schon im Bau befindlich ist, welche Adressen wichtig sind.

Beachten Sie dabei, daß die Zahl der Fachleute, die sich auf jedem Sektor um ein menschenwürdiges Alter bemühen, relativ klein ist. Sie können nun, nach der Lektüre dieses Buches, den Vorteil nutzen, daß sich diese Menschen durch Projektgruppen oder Veröffentlichungen kennen. Meist wissen sie – zumindest privat – voneinander.

Wir verbringen relativ viel Zeit damit, am Telefon zu hocken und Freunden oder Nachbarn mitzuteilen, wie zum Beispiel unser letzter Urlaub verlaufen ist. Eigentlich ist es unerfindlich, weshalb wir zur Vorbereitung unseres Alters nicht ein paar Stunden vertelefonieren sollten. Springen Sie also über Ihren Schatten, greifen Sie zum Hörer.

Der erste Anruf ist immer der in ihr eigenes *Bürgermeisteramt*. Dort laufen alle Fäden auch der Altenpolitik zusammen, dort müßte man eigentlich am besten wissen, welches Heim gut ist, welche anderen Möglichkeiten bestehen, an wen Sie sich wenden können, um Genaues zu erfahren. Lassen Sie sich nicht abwimmeln, bestehen Sie auf möglichst konkreten Auskünften.

Rufen Sie danach das für Sie zuständige *Sozialamt* in der Gemeinde an, das ebenfalls Auskunft geben muß über alle Möglichkeiten, die Ihnen im Alter zum Wohnen in dieser Gemeinde gegeben werden. Sie werden die Feststellung machen, daß niemand Ihnen präzise sagen will, welches Heim gut und welches schlecht ist. Der Grund ist einfach: Behörden geben niemals zu, daß bei ihnen irgend etwas schlecht ist. Sie werden den Satz hören: »Ach, eigentlich sind alle unsere Heime gut.«

Dann müssen Sie weitere Kreise ziehen. Rufen Sie die Zentralen der großen *Wohlfahrtsverbände* an, lassen Sie sich die Fachleute geben, die für Fragen des Wohnens im Alter zuständig sind.

Fragen Sie, welche Heime der jeweiligen Organisation sich in Ihrer Region befinden und welche zu empfehlen sind. Fragen Sie auch, ob irgendwelche ernstzunehmenden Planungen zur Errichtung eines Altenzentrums laufen und wo Sie Einzelheiten darüber erfahren können.

Denken Sie daran, daß *Sie* der Kunde sind! *Sie* bringen das Geld!

Erstaunlicherweise wissen die Wohlfahrtsverbände sehr häufig über Projekte in Ihrer Nähe Bescheid, von denen Ihnen weder das Bürgermeisteramt noch das Sozialamt irgend etwas erzählte, weil die Planungen noch nicht durch die parlamentarischen Gremien gelaufen sind.

Rufen Sie auch die *Initiativen* an, die Altenzentren einrichten wollen oder aber besondere Siedlungsformen für Alt und Jung bauen oder aber alte Heime übernehmen, um sie neu durchzuorganisieren und auf den modernsten Stand zu bringen.

Vergessen Sie bitte auch nicht, den *Sozialdienst der Krankenhäuser* in Ihrer Nähe zu kontaktieren. Sehr häufig wissen diese Leute sehr viel sowohl über die Qualität der Heime wie auch über laufende Planungen der Gemeinde oder aber von privaten Institutionen oder Vereinen.

Ganz entnervt werden Sie jetzt fragen: Wie soll ich erfahren, wer was wo plant, wer welches Heim wo betreibt? Kein Problem: Es gibt ein Adreßbuch aller Altenheime, Altenpflegeheime und Altenwohnheime. Es ist als »Altenheim-Adreßbuch« 1992 im Vincentz-Verlag in Hannover erschienen. Eine preiswertere Ausgabe kann Ihnen auf regionaler Ebene der Buchhandel vermitteln: Es gibt Auszugsdrucke. In der Gesamtausgabe finden Sie außerdem einen Leitfaden zum Einzug ins Altenheim.

Ich habe die Zeit gemessen, die ich selbst gebraucht habe, um festzustellen, welche Heime in der Eifel in Frage kommen, welche nicht, welche anderen Wohnformen es gibt. Ich habe nicht länger gebraucht als insgesamt sechs Stunden, um mir folgendes Grundwissen zu erarbeiten: Von den acht Heimen in naher Umgebung kommt nur eines wegen hervorragender Leistungen wirklich in Frage. Die Sozialen Dienste arbeiten noch nicht flächendeckend. Der Pflegedienst einer Sozialstation ist hervorragend gerüstet, das Essen auf Rädern läßt zu wünschen übrig. Es gibt Gemeinden, die noch nicht angefahren werden können. Es gibt mindestens drei Ärzte, die im Fall großer Schmerzen bereit sind, mit Morphin zu arbeiten, und die gleichzeitig über spezifische Altersbeschwerden gut Bescheid wissen und sie behandeln können.

Darüber hinaus stellte ich durch Anfrage auf Bundesebene fest, daß in mindestens drei Gemeinden in unmittelbarer Nähe Altenzentren geplant sind, zwei sind bereits im Bau und werden in Kürze den Betrieb aufnehmen.

Außerdem erfuhr ich, daß mindestens acht Frauen und sechs Männer aus meiner unmittelbaren Bekanntschaft und Umgebung ebenfalls daran denken, eine Wohngemeinschaft aufzuziehen, und dabei an den (übrigens nicht sehr teuren) Umbau eines Bauernhauses denken.

Kurz: Ich habe in sechs Stunden Telefonarbeit die Feststellung machen können, daß grundsätzlich für mich gesorgt ist, daß ich in Ruhe an die Planung gehen kann, nichts überstürzen muß.

Ein letzter Hinweis: Wenn ich in dieses Buch auch eine Reihe von Adressen der Hospizbewegung aufgenommen habe, so müssen Sie wissen, daß ich es nicht ausschließlich in der Absicht tat, Sterbebegleitung populär zu machen. Es ist vielmehr eine Tatsache, daß Hospizlerinnen und Hospizler in der Regel sehr viel über die Qualität von Altenwohn- und Pflegeheimen wissen.

Literaturhinweise

Altenheim-Adreßbuch. Vincentz, Hannover 1992

Barbara Brasse, Michael Klingeisen, Ulla Schirmer (Hrsg.), Alt sein – aber nicht allein, Votum, Münster 1993

Brian Cooper, Horst Bickel, Demenzerkrankungen in der Altenbevölkerung, Springer, Berlin/Wien/New York 1989

Dierl, Hogers, Deutsche Altershilfe, Köln 1988

Walter Dreher, Die Zukunft der Deutschen,
in: »Focus« 32/93 (Serie)

Wilhelm Frieling-Sonnenberg, Altenheime in der Krise? Vincentz, Hannover 1992

Heinz Häfner (Hrsg.), Psychiatrie – ein Lesebuch, Fischer, Frankfurt 1991

Richard Hauser, Werner Hübinger, Arme unter uns. 2 Bände, Lambertus, Freiburg 1993

Erich Hermann, Mach das Licht nicht aus, Brockhaus, Wuppertal/Zürich 1993

Michael Konrad, P.-O. Schmidt-Michel (Hrsg.), Die 2te Familie, Psychiatrie-Verlag, Bonn 1993

Matthias Kowalski, Christian Reiermann, Pleite geboren,
in: »Focus« 33/93 (Serie)

Christian Linder, Heinrich Böll, Rowohlt, Reinbek 1978

Hans Mohl, Die Altersexplosion, Kreuz-Verlag, München 1993

Michael Preute, Dat Leben lohnt nich mehr,
in: »Der Spiegel« 14/85

Michael Preute, Da verliert der Mensch seinen Schatten,
in: »Der Spiegel« 41/88

SPD-Bundestagsfraktion, Bei uns hat Alter Zukunft, Bonn 1993

Statistisches Bundesamt, Im Blickpunkt: Ältere Menschen, Metzler/Poeschel, Stuttgart 1991

Anna Streller-Holzner, Umzug ins Altenwohnheim? Reinhardt, München 1991

J.-Ch. Student (Hrsg.), Das Hospiz-Buch, Lambertus, Freiburg 1991

Trude Unruh, Aufruf zur Rebellion, Klartext, Essen 1988
dies. (Hrsg.), Tatort Pflegeheim, Klartext, Essen 1989
Stiftung Warentest, Richtig vorsorgen, Berlin 1992

Wichtige Adressen – wichtige Kontakte

allgemein

Aktionsgemeinschaft deutscher Rentner, Limburger Straße 8, 50672 Köln.

Alten- und Rentnergemeinschaft der Katholischen Arbeitnehmerbewegung, Bernd-Letterhaus-Straße 28, 50670 Köln.

Bund der Ruhestandsbeamten, Witwen und Hinterbliebenen, Aliceplatz 2, 55116 Mainz.

Bundesarbeitsgemeinschaft »Hilfe für Behinderte«, Kirchfeldstraße 149, 34128 Kassel.

Deutscher Berufsverband staatlich anerkannter Altenpflegerinnen und Altenpfleger, Bahnstraße 32, 63303 Dreieich.

Deutsches Zentralinstitut für soziale Fragen, Miquelstraße 83, 14195 Berlin.

Deutsches Zentrum für Altersfragen e.V. An der Pauluskirche 3, 50677 Köln.

Forum für gemeinschaftliches Wohnen im Alter (ein Zusammenschluß von Initiativen und Projekten zum gemeinschaftlichen Wohnen im Alter!) Marienplatz 6, 50676 Köln.

Hausnotruf Bayern, Johanniter-Unfallhilfe, Hauptstraße 50, 93173 Wenzenbach.

Interessengemeinschaft der Bewohner von Altenheimen, Altenwohnheimen und gleichartigen Einrichtungen e.V., Vorgebirgsstraße 1, 53913 Swisttal-Heimerzheim.

Kuratorium Deutsche Altershilfe, Wilhelmine-Lübke-Stiftung e.V., An der Pauluskirche 3, 50677 Köln.

Kuratorium Wohnen im Alter e.V., Rathausstraße 36, 82008 Unterhaching

Lebensabend-Bewegung e.V., Burgfeldstraße 17, 34131 Kassel.

Seniorenschutzbund »Graue Panther« e.V., Bundeszentrale, Rathenaustraße 2, 42277 Wuppertal.

Zentrale deutsche Institutionen:
Bundesministerium für Arbeit und Sozialordnung, Referat Öffentlichkeitsarbeit, Postfach 140280, 53107 Bonn.
Bundesministerium für Familie und Senioren, Broschürenstelle, Postfach 201551, 53145 Bonn.

bei massiven Beschwerden:
Petitionsausschuß des Deutschen Bundestages, Bundeshaus, 53113 Bonn.
(die Petitionsausschüsse der Länder über die Landtage!)

Alles Wichtige über die *Vorsorge im Alter* enthält die gleichnamige Broschüre von:
Stiftung Warentest, Lützowplatz 11–13, 10785 Berlin.

Über regionale und lokale Altenhilfen, Projekte und Heime aller Art sind am besten informiert:
Bundesarbeitsgemeinschaft der Freien Wohlfahrtspflege (BAGFW), Franz-Lohe-Straße 17, 53129 Bonn.
Arbeiterwohlfahrt, Oppelner Straße 130, 53119 Bonn.
Deutscher Caritasverband, Karlstraße 40, 79104 Freiburg.
Deutscher Paritätischer Wohlfahrtsverband (als Dachorganisation zahlreicher Träger), Heinrich-Hoffmann-Straße 3, 60528 Frankfurt/Main.
Deutsches Rotes Kreuz, Friedrich-Ebert-Allee 71, 53113 Bonn.
Diakonisches Werk der Evangelischen Kirche Deutschlands (EKD), Stafflenbergstraße 76, 70184 Stuttgart.
Zentralwohlfahrtsstelle der Juden in Deutschland, Hebelstr. 6, 60318 Frankfurt/Main.
(Von dort aus können Sie weitergeleitet werden an die nächste für Sie zuständige Kontaktadresse.)

Kontaktadressen, die Sie brauchen, um einen Überblick zu bekommen:
Arbeitsgemeinschaft Wohnberatung e.V. (AGW), Heilsbachstraße 20, 53123 Bonn.
Bund der älteren Generation Europas (EURAG), Schmiedgasse 26/I–100, A 8010 Graz/Österreich.
Bundesarbeitsgemeinschaft »Die Öffnung der Hochschulen für

ältere Erwachsene«, Universität Dortmund – Zentralstelle für Weiterbildung, Postfach 500500, 44221 Dortmund.

Bundesforschungsanstalt für Landeskunde und Raumordnung, Am Michaelshof 8, Postfach 200130, 53177 Bonn.

Verlag Wohlfahrtswerk, Blätter der Wohlfahrtspflege, Falkertstraße 29, Postfach 105341, 70176 Stuttgart.

Deutscher Verein für öffentliche und private Fürsorge, Am Stockborn 1–3, 60439, Frankfurt/Main.

Deutsche Vereinigung für die Rehabilitation Behinderter e.V., Friedrich-Ebert-Anlage 9, 69177 Heidelberg.

Deutsches Institut für Urbanistik, Straße des 17. Juni 110, Postfach 126224, 10623 Berlin.

Deutsches Zentrum für Altersfragen e.V., Manfred-von-Richthofen-Straße 2, 12101 Berlin.

Freie Altenhilfe auf Bundesebene e.V., L14 Nr. 11, 68161 Mannheim.

Institut Wohnen und Umwelt, Annastraße 15, 64285 Darmstadt.

Niedersächsisches Beratungsbüro der Mütterzentren, Mütterzentrum Salzgitter, Erikastraße 11, 38259 Salzgitter-Bad.

Neues Wohnen – Neues Arbeiten e.V., Libanonstraße 72 A, 70184 Stuttgart.

Stiftung Rehabilitation, Postfach 101409, 69123 Heidelberg.

Verein für Gemeinwesen-Sozialarbeit Kreuzviertel e.V., Kreuzstraße 61, 44139 Dortmund.

Wohnbund e.V., Kasseler Straße 1a, 60486 Frankfurt/Main.

ZWAR, Zwischen Arbeit und Ruhestand, Rheinische Straße 130, 44147 Dortmund.

Interessante Projekte für alte Menschen, die nach Alternativen suchen. Um die Adressen und Tel.-Nummern zu bekommen, wendet man sich am besten ans Sozialamt oder den Baudezernenten der jeweiligen Stadt.

(Über die im Text S. 166–186 besprochenen Projekte können Sie sich darüber hinaus weiter informieren beim Votum-Verlag, Studtstr. 20, 48149 Münster)

Aachen:

Fauna e.V., Büro für Nachbarschaftshilfe und Wohnungsberatungsangebot im Rahmen einer Sozialstation.

Altusried:
Integriertes Wohnen, Neubau von Sozialwohnungen mit Gemeinschaftseinrichtungen für ältere Menschen und Familien.

Berlin:
Heerstraße-Nord: Ausstattung eines Wohnviertels mit differenzierten infrastrukturellen Einrichtungen und Diensten für ältere Menschen;
Verein Leben und Arbeiten in Schöneberg e.V., Gesamtstädtisches Beratungsprogramm eines freien Trägers für Wohnungsanpassungsmaßnahmen u. andere Dienste; Steglitz, Sanierungsmaßnahmen m. Sonderwohnformen für alte Menschen, Jugendliche, Frauen, Behinderte, kinderreiche Familien. Gemeinnützige Siedlungs- u. Wohnungsbaugesellschaft Berlin mbH.

Bielefeld:
Wohngemeinschaft »Alt und Jung« in einem besetzten Haus.

Bonn:
Wohnhaus für Behinderte und ältere Menschen in einer entsprechend gestalteten Siedlung mit ambulanten Pflegeeinrichtungen, Haushelfern, Notrufanlage und einem umfangreichen Gemeinschaftsraumangebot.

Bönen (Nordrhein-Westfalen):
Beethovenstraße, Wohnungsanpassungsmaßnahmen und Neubau von Gemeinschaftsräumen in einer Wohnsiedlung.

Bremen:
Ostertor, Auf den Häfen: Neubau eines Mehrgenerationenprojektes in einem innerstädtischen Sanierungsgebiet, Bremische Gesellschaft für Stadterneuerung, Stadtentwicklung und Wohnungsbau; Bromberger Viertel: Wohnungsanpassungsmaßnahmen im Stadtteil und Sozialeinrichtungen, organisiert durch Gemeinwesenarbeit.

Büdelsdorf (Schleswig-Holstein):
Wohnungsanpassung, Neubau von Altenwohnungen und Gemeinschaftseinrichtungen in einem Wohnviertel.

Dettenhausen (Württemberg):
Altenzentrum mit Wohnanlage, Serviceeinrichtungen und Wohnungen für betreutes Wohnen.

Dietzenbach (Hessen):
Neubau von Eigentumswohnungen für ältere Menschen mit einer Pflegewohnung im Gemeinschaftseigentum.

Dortmund:
Verein für Gemeinwesen- und Sozialarbeit Kreuzviertel e.V.: Stadtteilorientiertes Beratungsangebot.

Duisburg:
Rheinpreußensiedlung: Anpassungsmaßnahmen, soziale und gemeinschaftliche Einrichtungen in einer Bergarbeitersiedlung.

Frankfurt:
Starkenburgerstraße: »Wohngemeinschaft als Familienersatz«. Projekt der *Grauen Panther* für mehrere Generationen; Altenwohnprojekt Rödelheim: Wohnanlage mit Serviceeinrichtungen für die Nachbarschaft, angeschlossen an eine Telekommunikationszentrale.

Gerolstein (Rheinland-Pfalz):
Anpassungsmaßnahmen und Errichtung von Gemeinschaftsräumen für ältere Menschen in einer ländlichen Gemeinde.

Gießen:
Wohngemeinschaft älterer Frauen.

Goldenstedt-Luten (Niedersachsen):
Neubau von Altenwohnungen mit Sozial- und Gemeinschaftseinrichtungen.

Hamburg:
Lohbrügge-Nord: Neubau eines Wohnprojektes für alte Menschen und Alleinerziehende mit Kindern in einer Großwohnsiedlung der 60er Jahre am Stadtrand; Iserbrooker Weg: Wohnungsanpassungsmaßnahmen, Sozial- und Gemeinschaftseinrichtungen in einer Wohnsiedlung; Lohbrügge-Zentrum: Neubau eines Mehrgenerationenprojektes für alte Menschen, Behinderte, Alleinerziehende in einem Bezirkszentrum von Hamburg, Gemeinnützige Wohnungsgesellschaft-GWG; St. Pauli, Lerchenstraße: Mehrgenerationen Wohnprojekt im Altbau, Kooperation einer Selbsthilfegruppe mit einer städtischen Wohnungsbaugesellschaft; Winterhude, Jarresstraße: Generationenübergreifende Wohngemeinschaft in einer Wohnsiedlung der 20er Jahre, Projektträger Wohngemeinschaft Jung und Alt; Altona, Bahrenfelder Straße: Neubau eines Mehrfamilienhauses durch eine Eigentümergemeinschaft für Alleinstehende, Alleinerziehende, ältere Menschen, Famlien und eine Wohngemeinschaft in einem innerstädtischen Sanierungsgebiet; St. Georg, Hansaplatz: Neubau eines Mehrge-

nerationenhauses in einem innerstädtischen Wohngebiet mit Wohnungen für pflegebedürftige ältere Menschen; St. Georg: Stadterneuerung unter dem Aspekt der Lebensbedingungen älterer Menschen; Barmbek, Wendebecken: Neubau eines Hauses für Alleinstehende, Alleinerziehende, ältere Menschen, Familien und eine Wohngemeinschaft durch eine neu zu gründende Genossenschaft.

Kiel:
Beratungsangebot für ältere Menschen der Wohnungsbaugesellschaft Schleswig-Holstein, Zusammenarbeit mit der Arbeiterwohlfahrt.

Kassel:
Umbau von Sozialwohnungen für ältere Menschen im Rahmen eines Programms des Wohnungsbauunternehmens »Genossenschaft 1889«.

Kempten:
Integriertes Wohnen, Träger Sozialbau Kempten.

Köln:
Südstadt, Veldastraße: Generationenübergreifendes Neubauprojekt – freifinanziert – in einem innerstädtischen Gebiet; Neues Wohnen im Alter e.V.: Wohnraumbeschaffung und Beratung von Wohngruppenprojekten mit älteren Menschen.

Mainz:
Beratungsangebot des Wohnungsbauunternehmens Wohnbau Mainz GmbH für Wohnungsanpassungsmaßnahmen.

Markgröningen (Baden-Württemberg):
Neubau von Altenwohnungen im sozialen Wohnungsbau für ältere Menschen und Familien, Beteiligung der Mieter.

München:
Integriertes Wohnen Nymphenburg: Neubau einer Wohnsiedlung im sozialen Wohnungsbau für ältere Menschen und Familien, Beteiligung der Mieter; Nachbarschaft Georgenschwaige: Stadtteilbezogene Beratung durch das WZM-Nachbarschaftsbüro auf Grundlage eines städtischen Programms.

Neu-Isenburg:
Stadterneuerung unter dem Aspekt der Lebensbedingungen älterer Menschen.

Nordhorn:
Am Strampel, Wohnungsanpassungsmaßnahmen und Verbesse-

226

rung des Wohnumfeldes für ältere Menschen in einer Wohnsiedlung.

Oldenburg:
»Gesundes Wohnen im Alter«, Wohnberatung der Gemeinnützigen Siedlungsgesellschaft Oldenburg.

Oldenburg in Holstein:
Neubau von Altenwohnungen und Gemeinschaftseinrichtungen zur Schaffung einer »altengerechten« Wohnsiedlung.

Salzgitter:
Stadtteil Bad, ein Mütterzentrum des SOS-Kinderdorf e.V. unter dem Leitsatz »Generationenübergreifend leben und arbeiten«, diverse Selbsthilfeprojekte für Kinder und Frauen, mit kinderfreundlichen Frauenarbeitsplätzen u.a. in einem Stadtteilservice, einer Tagesbetreuung und einer Pension für alte Menschen.

Saarbrücken:
Neuwieser Viertel, ab 1994: 33 Wohnungen für Jung und Alt der städtischen Entwicklungs- und Sanierungsgesellschaft im Verbund mit einem generationenübergreifenden Dienstleistungszentrum des SOS-Kinderdorf e.V., darin: Innerstädtische Mobile Soziale Dienste und Qualifizierungsprogramme für hauswirtschaftliche Alten(pflege)hilfen (bereits seit 1985 in Betrieb), neu: gemeinwesenorientierter Treffpunkt für Jung und Alt, Tages- und Kurzzeitbetreuung für Alte, betreutes Wohnen für Alleinerziehende und altersgemischte Kinderbetreuungsangebote.

Stuttgart:
Neubau von Altenwohnanlagen mit Serviceeinrichtungen für den Stadtteil; Obertürkheim: Servicehaus mit Wohnungen auch für Wohngemeinschaften; der Verein Neues Wohnen-Neues Arbeiten e.V. und die »Victor-Aimé-Huber-Stiftung«, Projektierung einer Umnutzung von Gewerberaum für Wohnzwecke mit Gemeinschaftsanlagen an der Weißenburgstraße.

Süßen (Baden-Württemberg):
Neubau einer Anlage mit einem integrierten differenzierten Pflegekonzept und Gemeinschaftsräume unter Trägerschaft der Wilhelmshilfe e.V. Göppingen.

Trier:
Schammatdorf: Neubau einer Wohnanlage für ältere Menschen,

junge Familien, Behinderte und Alleinerziehende am Rande einer Wohnsiedlung, Stadt Trier, Benediktiner Abtei, Wohnungs- und Treuhand AG; Am Weidegraben: Kooperationsmodell nachbarschaftlicher Selbsthilfe, Gebäudeanpassung und Organisation von Hilfsstrukturen.

Urbach:

Umnutzung des Urbacher Schlößles für Sozial- und Gemeinschaftseinrichtungen und Neubau von behindertengerechten Altenwohnungen, damit verbunden: Dienstleistungsvertrag.

Viernheim:

Stadterneuerung der Innenstadt unter dem Aspekt »Wohnen älterer Menschen«.

Hospize und Palliativstationen in Deutschland:

(diese Liste ist nicht vollständig)

(Palliativstationen sind Stationen, in denen die Schmerztherapie beherrscht wird)

Deutsche Hospizhilfe (die in ganz Deutschland am besten informierte Adresse) Renate Wiedemann, Reit 25, 21244 Buchholz.

Palliativstation Krankenhaus Spandau, Lynarstraße 12, 13585 Berlin.

Palliativstation Allgemeines Krankenhaus Barmbek, Rübenkamp 148, 22145 Hamburg.

Palliativstation Klinik Dr. Hancken, Harsefelder Straße 8, 21680 Stade.

Katharinen Hospiz am Park, Palliativstation, Hospiz-Hausbetreuungsdienst, Mühlenstraße 1, 24937 Flensburg.

Palliativstation, Uni-Klinik Lübeck, Ratzeburger Allee 160, 23562 Lübeck

Palliativstation St. Joseph Hospital, Wiener Straße 1, 27568 Bremerhaven.

Palliativstation ev. Krankenhaus Göttingen-Weende, 37077 Göttingen.

Ambulanter Hospizdienst Marburg, Tumorzentrum, Alte Kassler Straße 43, 35039 Marburg.

Hospiz-Haus-Betreuungs-Team, St. Elisabeth Krankenhaus, Mauerstraße 6–10, 06110 Halle.

Tageshospiz, Steinweg 54, 06110 Halle.

Hospiz Steele e.V., Hellweg 100, 45279 Essen.

Hospiz zum hl. Franziskus, Röntgenstraße 39, 45661 Recklinghausen.

Palliativstation, Elisabeth-Krankenhaus, Röntgenstraße 10, 45661 Recklinghausen-Süd.

Hospiz St. Christophorus, Rathausstraße 19, 41061, Mönchengladbach.

Elisabeth-Hospiz, St. Vinzenz-Straße 6, 45711 Datteln.

Station für palliative Therapie, Chirurgische Uni-Klinik Köln, Joseph-Stelzmannstraße 20, 50931 Köln.

Hausbetreuungsdienst – die gleiche Kölner Adresse.

Dr. Mildred-Scheel-Haus, Joseph-Stelzmannstr. 20, 50931 Köln.

Hospiz Köln-Heimersdorf, Pater-Dionysius-Straße 14, 50767 Köln.

Hospiz »Haus Hörn«, Johann-von-den-Drisch-Weg 4, 52074 Aachen.

Palliativstation Kreiskrankenhaus Marienhöhe, Mauerfeldchen 25, 52146 Würselen.

Station für palliative Therapie, Robert-Janker-Klinik, Baumschulallee 12, 53115 Bonn.

Station für palliative Therapie, Malteser Krankenhaus, von-Hompesch-Straße 1, 53123 Bonn.

Elisabeth-Hospiz, Ühmichbach 7, 53797 Lohmar-Deesem.

Palliativstation, St. Elisabeth-Krankenhaus, Friedrich-Ebert-Straße 59, 56564 Neuwied.

Hospiz zur hl. Elisabeth, Pfarrgasse 5, 57368 Lennestadt.

Christophorus Haus, Roßmarkt 23, 60311 Frankfurt/Main.

Palliativstation, St. Michael Krankenhaus, Kühlweinstraße 103, 66333 Völklingen.

Hospiz Louise, Kaiserstraße 21, 69115 Heidelberg.

Palliativstation, Marienhospital, Böhlheimstraße 37, 70199 Stuttgart.

Hospiz »Sonnenlicht«, Ettlingerstraße 39 B, 76337 Waldbronn.

Haus Maria Frieden, AIDS-Hospiz, Auf der Hub 1, 77784 Oberharmersbach.

Johannes-Hospiz, Barmherzige Brüder, Romanstraße 93, 80639 München.

Wichtige Adressen aus diesem Buch:

Martin Ehmer, Altenzentrum Lohfelden, 34253 Lohfelden.

Joachim Hagelskamp c/o Deutscher Paritätischer Wohlfahrtsverband, Grevenerstr. 89, 48149 Münster

Dr. Paul-Otto Schmidt-Michel, c/o Arkade Ravensburg e.V.,
Gartenstraße 3, 88212 Ravensburg.

Jürgen Neidhöfer c/o Mehr-Generationen-Wohnen, Mayen.

Renate Wiedemann, Hospiz-Bewegung (Nachrichtenmagazin),
Reit 25, 21244 Buchholz.

Familienwelten:

Bücher,
die Einsichten in neue
Gestaltungsmöglichkeiten
des Zusammenlebens in
Familien geben.

303 Seiten. Kt.

336 Seiten. Kt.

256 Seiten. Kt.

PIPER

Der beste Experte des Körpers ist der Mensch selbst

196 Seiten. Kt.

Heiko Ernst, als Chefredakteur der vielgelesenen und
-beachteten Zeitschrift »Psychologie heute« ständig mit den
neuesten Ergebnissen internationaler psychologischer und
medizinischer Forschung konfrontiert, hat mit dem
vorliegenden Buch keinen der vollmundigen, viel
versprechenden Gesundheitsratgeber geschrieben, die es zu
Dutzenden gibt; sondern einen zum Nachdenken anregenden
Text über das Wesen von Gesundheit als Seele-Körper-
Wechselwirkung, einen Text, aus dem der Leser seine eigene
»Anleitung zum Handeln« gewinnt.

PIPER

**Ein eindringliches Plädoyer
für ein neues Verständnis
der ärztlichen Aufklärung**

Rolf Verres
Die Kunst zu leben
Krebsrisiko und Psyche
232 Seiten. Serie Piper 1815

Dieses Buch bietet einen ungewöhnlichen Zugang zum
umstrittenen Thema Krebs und Psyche. Prof. Dr. Rolf Verres,
der seit 15 Jahren mit Krebskranken arbeitet,
zeigt anhand zahlreicher Beispiele auf, wie falsch die
landläufigen Vorstellungen über das Wesen
von Krebserkrankungen sind. Er fordert ein völlig neues
Verständnis der ärztlichen Aufklärung,
da dieser Mangel, gepaart mit inneren Widerständen bei vielen
Patienten, eine tiefergehende Auseinandersetzung
mit der Krebsgefahr oder ihrer Krebserkrankung verhindert.
Verres plädiert dafür, mit dem Risiko
aufgeklärt und beherzt umzugehen, das Leben mit dem Risiko
anzunehmen, nicht zwanghaft dagegen anzuleben.

PIPER

Peter Noll
Diktate über Sterben & Tod
Mit der Totenrede von Max Frisch
358 Seiten. Serie Piper 539

Peter Noll, Professor für Strafrecht in Zürich, erfährt im
Dezember 1981, daß er an Blasenkrebs erkrankt ist. Eine
vielleicht lebensverlängernde Operation lehnt er ab. Durch
Aufzeichnungen, die er von Dezember 1981 bis kurz vor
seinem Tod im Oktober 1982 führt, will er seine Erfahrungen
weitergeben an die Lebenden – die ja auch einmal sterben
müssen. Diese Reflexionen »sind sympathisch, mutig,
ängstlich oder gedankenschnell; freiheitsliebend, kritisch,
frivol, kokett, eitel, auch gekränkt, kurz: menschlich und so
lebendig, daß wir dabei an den Tod am allerwenigsten denken
möchten.«
Neue Zürcher Zeitung

Vom gleichen Autor ist lieferbar:

Gedanken über Unruhe und Ordnung
221 Seiten. Serie Piper 626

Peter Noll / Hans Rudolf Bachmann

Der kleine Machiavelli
Handbuch der Macht für den alltäglichen Gebrauch
154 Seiten. Serie Piper 958

PIPER